The Lady Tasting Tea

How Statistics Revolutionized Science
in the Twentieth Century

女士品茶

统计学如何变革科学和生活

[美]戴维·萨尔斯伯格 （David Salsburg） 著

刘清山 译

九州出版社
JIUZHOUPRESS

谨以此书献给我42岁的妻子，亲爱的弗兰。我醉心于在职业生涯中收集统计革命先驱们的故事时，她一直在督促我将这些故事整理成一部不涉及数学符号的书籍。弗兰并没有接受过专业数学教育，她帮助我对本书进行了数次修改，指出我在哪些地方的解释不够清晰。这本书的成形，尤其是那些表述清晰的段落的成形，都要归功于她坚持不懈的努力。

你们不要回答调查问卷，

也不要询问尘世上的事情，

更不要顺从别人参与任何测试。

你们不要与统计学家为伍，

也不要研究社会科学。

——W. H. 奥登

    为了理解上帝的思想，我们必须学习统计学，因为统计学测量的是上帝的旨意。

——弗洛伦斯·南丁格尔

自　序

科学进入 19 世纪，形成了一种坚定的哲学观念，这种观念被人们称为"机械宇宙"。科学家相信，他们可以用少量数学公式（如牛顿运动定律和波义耳气体定律）描述现实，预测未来事件。这种预测只需要一组完整的公式和一组精度足够高的相关测量数据。普通民众花了 40 年时间才理解了这种科学观念。

这种文化差距的一个典型例子就是 19 世纪早期拿破仑皇帝（Emperor Napoléon）与皮埃尔·西蒙·拉普拉斯（Pierre Simon Laplace）之间的对话。拉普拉斯曾写就一部权威著作，描述了如何根据地球上的少量观测数据计算行星和彗星未来的位置。据说，拿破仑对拉普拉斯说："我发现您在著作中没有提到上帝，拉普拉斯先生。""我不需要这个假设。"拉普拉斯回答道。

对于并不存在上帝、没有神圣力量推动、按照机械运动永远运行下去、一切未来事件由过去事件所决定的观念,许多人感到恐惧。在某种程度上,19世纪的浪漫主义运动就是对这种冷酷精准推理的回应。不过,19世纪40年代,这种新兴的科学理念获得了一个证据,令普通民众惊讶万分。科学家用牛顿数学定律预测了海王星的存在,而且人们在预测的位置发现了这颗行星。几乎所有反对"机械宇宙"的声音都消失了,这种哲学观念成了大众文化一个不可分割的组成部分。

不过,虽然拉普拉斯在公式中无须提到上帝,但他却需要所谓的"误差函数"。从地球上观测到的行星和彗星的数据与它们的预测位置并不完全吻合,拉普拉斯和同时代的科学家将其归结为观测误差。这种误差有时是由地球的大气扰动引起的,有时是由人为差错引起的。拉普拉斯把所有这些误差放在一个附加项里(误差函数),加入他的数学公式中。这种误差函数吸收了所有误差成分,让拉普拉斯得到了预测天体真实位置的准确运动定律。人们相信,随着测量精度的提高,误差函数最终会消失。有了用于解释观测值和预测值之间微小偏差的误差函数,决定论哲学掌控了19世纪早期的科学，人们相信一切事情的发生都是由宇宙初始条件和描述宇宙运动的数学公式事先决定的。

到了 19 世纪末，这种误差不但没有消失，反而变大了。随着测量精度的提高，人们发现了越来越多的误差。"机械宇宙"开始松动。人们试图发现生物学定律和社会学定律的努力失败了。在更加成熟的科学领域如物理学和化学中，人们发现，牛顿和拉普拉斯使用过的定律只是一种粗略的估计。科学逐渐开始使用一种新的模式，即现实的统计模型。到了 20 世纪末，几乎所有学科都已经转移到了使用统计模型的阵营。

大众文化没有跟上这种科学革命的脚步。有些模糊的概念和表述（如"相关性""概率"和"风险"）成为大众词汇，大多数人也知道了一些科学领域（如医学和经济学）上的不确定性，不过大多数普通人并没有意识到哲学观念已发生了深刻转变。这些统计模型到底是什么？它们是如何出现的？它们在现实生活中意味着什么？它们是对现实的准确描述吗？本书将尝试回答这些问题。同时，我们还会介绍与这场革命有关的一些重要人物。

在探讨这些问题时，我们必须区分三个数学概念：随机性、概率和统计。对大多数人来说，随机性只是不可预测性的同义词。《塔木德》中的一句格言可以体现这种流行观念："不要寻找埋在地下的宝藏，因为宝藏埋藏的位置是随机的，从道理上说，我们无法寻找某种随机出现的东西。"不过，对现代科学家来说，随机性有许多不同的种类。概率分布的概念（本书第二章将会介绍）可以让我们对这种随机性加以限制，让我们获得预测未来随机事件的有限能力。因此，对现代科学家来说，随机事件并不是没有规律、出乎意料、无法预测的，它们拥有一个可以进行数学描述的结构。

概率是一个现代词汇，但它表达的概念非常古老。亚里士多德（Aristotle）曾说："概率使那些不太可能发生的事情得以发生。"最初，这个词语表达了人们对可能发生的事件的感受。17、18世纪，包括伯努利家族（the Bernoullis）两代人、费马（Fermat）、棣莫弗（de Moivre）、帕斯卡（Pascal）在内的一批数学家共同建立了概率的数学理论，这个过程始于概率游戏。他们提出了一些非常复杂的方法，用于计算等概率事件。棣莫弗成功地将微积分方法应用到了这些计算中，伯努利家族则发现了一些非常基本的定律，叫作"大数定律"。到了19世纪末，概率数学主要由复杂的技巧组成，但是缺乏坚实的理论基础。

虽然概率理论并不完善，但它对统计分布概念的提出厥功至伟。在我们考虑一个具体科学问题时，往往需要用到统计分布。例如，1971年，哈佛公共卫生学院在知名医学期刊《柳叶刀》上发布了一份研究报告，研究喝咖啡与下尿道癌是否存在相关性。该报告研究了一些病人，其中有些人患有下尿道癌，有些人患有其他疾病。报告作者还收集了这些病人的其他数据，如年龄、性别、家族患癌史。不是每个喝咖啡的人都得了尿道癌，也并非每个尿道癌患者都喝咖啡，所以有一些事件与他们的假设相矛盾。不过，25%的尿道癌患者经常每天至少喝四杯咖啡，而只有10%的非尿道癌患者喝咖啡达到这样的数量。看起来，似乎存在支持这种假设的某种证据。

报告作者收集的数据形成了一种统计分布。利用概率数学工具，他们为这种分布构造了一个理论公式，叫作"概率分布函数"，简称分布函数，用于研究这个问题。这个函数类似于拉普拉斯的误差函数，不过更为复杂。分布函数理论的构造用到了概率理论，他们用该函数描述从同一人群随机获取的未来数据的期望值。

本书并不是一本介绍概率和概率理论这些抽象数学概念的书。本书介绍的是一些概率定律在科学问题、统计分布领域及分布函数方面的应用。概率理论本身不足以描述统计方法，有时科学上的统计方法还会违反某些概率定律。读者将会发现，概率这个概念在本书各个章节中时隐时现，在需要的时候会提及，不需要的时候则会忽略。

现实的统计模型属于数学模型，只有通过数学公式和数学符号才能让人充分理解。我不想把这本书写得特别复杂，我只是通过20世纪科学统计革命中的一些相关人物（许多人仍然健在）来描述这场革命。我只是介绍了他们的工作，以便让读者感受到他们的个人发现是如何融入整个革命进程中的。

本书无法让读者学到足够多、可用于科学数据分析的统计方法。这需要数年研究生课程的学习。不过，我希望读者阅读本书之后能够对科学统计思想体现出的哲学基础的深刻转变获得一些理解。那么，对于一个对数学知之甚少的人来说，从哪里开始了解这场科学革命呢？我觉得品茶的女士是一个不错的选择……

目　录

第一章　品茶的女士　001
　　科学的合作本质　004
　　实验设计　006

第二章　偏态分布　013
　　高尔顿的生物统计实验室　017
　　相关与回归　019
　　分布与参数　021
　　《生物统计》的计划　026

第三章　亲爱的戈塞特先生　035
　　"学生"的诞生　039
　　"学生"的t检验　042

第四章　堆积如山的记事本　049
　　费希尔与卡尔·皮尔逊的对立　053
　　"法西斯主义者"费希尔　054
　　《研究工作者的统计方法》　057
　　洛桑与农业实验　060

第五章　《收成变动研究》　063
　　《收成变动研究一》　067
　　高尔顿均值回归的推广　068
　　随机对照实验　071
　　费希尔的方差分析　074
　　自由度　075
　　《收成变动研究三》　077

第六章　"百年一遇的洪水"　081
　　极值分布　087
　　标志性作品　088

第七章　费希尔的胜利　091
　　费希尔和皮尔逊的统计观点　096
　　费希尔的最大似然方法　100
　　迭代算法　102

第八章　致死剂量　107

概率单位分析　111

布利斯的后期工作　115

第九章　钟形曲线　119

什么是中心极限定理？　122

"死亡万岁！"　125

从林德伯格-列维到 U 型统计量　128

霍夫丁在柏林　130

运筹学　132

第十章　拟合优度检验　135

混沌理论与拟合优度　139

皮尔逊的拟合优度检验　140

检验女士能否品尝出茶水的差异　142

费希尔对 p 值的使用　143

耶日·内曼的数学教育　146

内曼的数学风格　150

第十一章　假设检验　155

概率是什么？　161

概率与频数学派　163

第十二章　信任的骗局　171
　　内曼的解决方法　176
　　概率与置信水平　180

第十三章　贝叶斯的"异端邪说"　183
　　"逆概率"的问题　189
　　贝叶斯层次模型　190
　　个人概率　194

第十四章　数学界的莫扎特　199
　　柯尔莫哥洛夫的个人经历　205
　　柯尔莫哥洛夫在数理统计方面的工作　208
　　概率在现实生活中意味着什么？　211

第十五章　小人物的视角　215
　　为卡尔·皮尔逊工作　220
　　战争工作　224

第十六章　摆脱参数　229
　　还会进一步发展　235
　　悬而未决的问题　236

第十七章　部分优于整体　243
　　罗斯福新政与取样　249

　　　　　　杰罗姆·康菲尔德　　254
　　　　　　经济指数　　258

第十八章　吸烟会致癌吗？　　261
　　　　　　原因和结果真的存在吗？　　265
　　　　　　实质蕴涵　　269
　　　　　　康菲尔德的解决方案　　271
　　　　　　从吸烟与癌症到橙剂　　276
　　　　　　发表性偏倚　　278
　　　　　　费希尔的解决方法　　279

第十九章　如果你想得到最佳人选……　　283
　　　　　　妇女的贡献　　288
　　　　　　如何选择经济指标　　292
　　　　　　统计理论中的女性　　297

第二十章　单纯的得州农家孩子　　301
　　　　　　普林斯顿的统计学　　306
　　　　　　统计学与战争工作　　308
　　　　　　抽象统计学　　311

第二十一章　家族中的天才　315
　　I. J. 古德　317
　　佩尔西·戴康尼斯　324

第二十二章　统计领域的毕加索　331
　　全面的数学家　336

第二十三章　污染处理　345
　　博克斯成了统计学家　350
　　博克斯在美国　354
　　博克斯和考克斯　358

第二十四章　工业的重新缔造者　361
　　戴明向高管传达的信息　365
　　质量控制的本质　369
　　戴明与假设检验　373

第二十五章　黑衣女子的建议　375
　　吉尼斯的统计学　380
　　预料之外的变化　383
　　抽象数学与应用统计学　388

第二十六章　鞅的发展历程　391
　　早期理论工作　395
　　鞅与充血性心力衰竭　398

第二十七章　意向性治疗　401
　　考克斯的观点　408
　　博克斯的方法　409
　　戴明的看法　411
　　科克伦的观察性研究　412
　　鲁宾的模型　413

第二十八章　将自己提起来的计算机　417
　　格里文科-坎泰利引理　421
　　埃弗龙的"靴襻"　424
　　重复采样及其他计算机密集型方法　425
　　统计模型的胜利　427

第二十九章　建立在沙土上的摩天大厦　429
　　统计革命脱离了统计学家的控制　434
　　统计革命是否已经走到尽头？　436
　　统计模型可以用于制订决策吗？　438
　　在现实生活中，概率意味着什么？　441

人们真的理解概率吗？　446

概率真的有存在的必要吗？　450

21 世纪将会发生什么？　451

后　　记　453

大事年表　456

女士品茶

The Lady Tasting Tea: How Statistics Revolutionized Science In The Twentieth Century

第一章 品茶的女士

20 世纪 20 年代末一个夏日的午后，在英国剑桥，一群大学教员、他们的妻子以及一些客人围坐在室外的一张桌子周围喝下午茶。一位女士坚持认为，将茶倒进牛奶里和将牛奶倒进茶里的味道是不同的。在座的科学家都觉得这种观点很可笑，没有任何意义。这能有什么区别呢？他们觉得两种液体的混合物在化学成分上不可能有任何区别。此时，一个又瘦又矮、戴着厚厚的眼镜、留着尖髯的男子表情变得严肃起来，这个问题让他陷入了沉思。

"让我们检验这个命题吧。"他激动地说。他开始规划一个实验，让声称两种茶存在区别的女士按顺序品尝若干杯饮品，其中有些是加了茶的牛奶，有些是加了牛奶的茶。

有些读者会说：这绝对是吃饱了撑得！他们会问："不管这位女士能否分辨两种饮品，这件事有什么意义呢？""这个问题一点儿也不重要，对科学也没有益处，"他们嘲笑道，"这些聪明人应该把他们的头脑用在能够造福人类的事情上。"

不幸的是，不管普通大众如何看待科学及其影响，根据我的经验，大多数科学家之所以投入研究当中，是因为他们对结果感兴趣，并能从工作中获得知识性的乐趣。优秀的科学家很少会考虑他们的工作是否具有重要意义。回到剑桥那个阳光明媚的夏日午后。女士有可能猜中饮品的混合方式，也有可能猜错。这件事的乐趣在于找出一种方法判断她的说法是否正确。在尖髯男子的指导下，他们开始讨论如何验证这种判断。

许多人充满热情地加入设计实验的工作中。几分钟之后，他们开始在那位女士看不到的地方以不同的方式泡茶。最后，决定性的时刻到了，尖髯男子把第一杯茶递给了女士。她品了一分钟，宣布这杯茶是将牛奶倒在茶里制作出来的。尖髯男子将她的回答记录下来，没有发表任何评论，然后把第二杯茶递给她……

科学的合作本质

20 世纪 60 年代末，我从一个当天下午在场的人那里听到了这个故事。他叫休·史密斯（Hugh Smith），不过他的科学论文都是以 H. 费尔菲尔德·史密斯（H. Fairfield Smith）的名字发表的。我认识他的时候，他是斯托斯的康涅狄格大学的统计学教授。两年之前，我在康涅狄格大学获得了统计学博士学位。在宾夕法尼亚大学任教之后，我加入了大型制药公司辉瑞公司的临床研究部。该研究部位于康涅狄格州格罗顿市，距离斯托斯大约一个小时车程。我在辉瑞需要处理许多棘手的数学问题。当时我是那里唯一的统计学家，我需要与大家讨论这些问题和我的"解决方案"。

通过在辉瑞的工作，我发现科学研究几乎无法依靠一个人独自完成，通常需要多人合作。这是因为人们很容易犯错误。当我提出用于解决某个问题的数学模型，这个模型有时是不恰当的，或者我对当时的情况引入了一条错误的假设，或者我发现的"解决方案"来自等式的一个错误分支，就连我的验算也可能出错。

每当我去斯托斯的大学与史密斯教授讨论，或是去找辉瑞公司的化学家和药理学家讨论问题，他们通常都对我提出的问题表示欢迎。他们会带着热情和兴趣和我讨论。大多数科学家对工作的兴趣通常来自解决问题的激情。他们期待着研究问题、理解问题时与他人交流。

实验设计

回到那个夏日午后的剑桥。留着尖髯的男子叫罗纳德·艾尔默·费希尔（Ronald Aylmer Fisher），当时不到40岁。他后来被封为罗纳德·费希尔爵士。1935年，他写了一本名为《实验设计》的书，在第二章描述了女士品茶的实验。在书中，费希尔将这位女士和她的观点作为假设问题进行了讨论。他考虑了各种实验设计方法，以确定这位女士是否能判断出两种茶的区别。设计这项实验的问题在于，如果给她一杯茶，那么即使她无法判断出区别，她也有50%的机会猜对茶的种类。如果给她两杯茶，她仍然可能猜对。实际上，如果她知道两杯茶的制作方式不同，那么她对两杯茶的猜测可能都是对的（或者都是错的）。

类似地，即使她能判断出区别，仍然存在问题。她可能犯错误：某杯茶可能混合得不够好，或者混合的时候茶的温度可能不够高。面对10杯茶，她也可能只答对9杯。

在书中，费希尔讨论了这种实验的各种可能结果，描述了如何确定应当测试多少杯茶、测试的顺序以及应向女士透露多少顺序信息。他计算出了在女士拥有或没有辨别能力时出现不同结果的概率。在讨论中，他并没有暗示这种实验曾经发生过，也没有描述实验的真正结果。

费希尔这本关于实验设计的书是 20 世纪上半叶横扫所有科学领域的一场统计革命的重要组成部分。在费希尔登场前，科学实验已经进行了几百年。16 世纪后期，英国物理学家威廉·哈维（William Harvey）曾用动物做实验，通过阻断不同静脉和动脉的血流，发现血液是循环流动的，从心脏流到肺，回到心脏，再流向身体各个部分，最后流回心脏。

费希尔并没有将实验作为获取新知识的方式。在费希尔以前，实验是每个科学家的个人作品。优秀的科学家通过构造实验获取新的知识。平庸的科学家往往会通过"实验"得到许多数据，但是无法获得新的知识，如 19 世纪晚期诸多试图测量光速的科学家毫无结果的努力。直到美国物理学家阿尔伯特·迈克尔逊（Albert Michelson）用光和镜子构造了一系列非常复杂的实验，人们才得到了第一组良好的光速估计值。

19世纪，科学家很少发布实验结果，他们会宣布他们已发表的数据"证明了"他们所得结论的正确性。格雷戈尔·孟德尔（Gregor Mendel）没有公布所有豌豆育种实验的数据。他描述了实验顺序，然后写道："两组实验的前10个结果可以用于说明……"（20世纪40年代，费希尔检查了孟德尔用于"说明"的数据，发现它们的精确程度过高，没有表现出应当具有的随机性，不可能是真实的。）

尽管科学的发展来自仔细的思考、观察和实验，但从来没有人能说清应当如何做实验，而且人们通常不会把完整的实验结果告诉读者。

19世纪末20世纪初的农业研究尤其如此。20世纪早期费希尔工作过的洛桑农业实验站在费希尔到来之前对不同肥料成分（叫作"人造肥料"）进行了将近90年的实验。在每次实验中，工人通常会在整块田地上播撒磷酸盐和氮盐的混合物，然后种植谷物，并对收获的粮食以及当年夏季的降水量进行统计。他们用一些详细的公式"修正"一年中一块田地的产出，以便与另一块田地或同一块田地其他年份的产出进行比较。它们被称为"肥料指数"。每个农业实验站都有自己的肥料指数，人们都认为自己的指数比别人的指数准确。

实验站 90 年实验的结果是一堆混乱的结论和大量没有发表的、毫无用处的数据。看起来，某些小麦品种比其他品种更适合某种肥料，前提是当年要有足够多的雨水。另一些实验似乎表明，头一年使用硫酸钾，第二年使用硫酸钠，可以让某些马铃薯品种增收，但对其他品种没有效果。对于这些人造肥料，人们能得出的最好结论是，有些肥料有时也许可能有效。

作为一名出色的数学家，费希尔查看了洛桑的农业科学家用于修正实验结果中不同年份天气差异因素的肥料指数。他研究了与之竞争的其他农业实验站使用的指数。他发现，在基本的代数层面上，它们属于同一公式的不同表现形式。换句话说，相互之间激烈竞争的两组指数实际上做的是同样的修正。1921 年，他在顶级农业期刊《应用生物学年报》发表了一篇论文，指出使用不同指数的效果是相同的。这篇论文还指出，所有这些修正都不足以纠正不同田地肥料的差异。这篇出色的论文结束了 20 多年的科学争论。

接着，费希尔研究了过去 90 年的降水量和作物产量数据，指出不同年份天气因素的影响比不同肥料的影响大得多。根据费希尔后来在实验设计理论中的说法，不同年份的天气差异和不同年份的人造肥料差异是"混合的"。这意味着我们无法将二者从这些实验数据中分离开。这表明，90年的实验和超过20年的科学争论几乎完全是在浪费时间。

这让费希尔开始思考实验和实验设计。他的结论是，科学家在实验之前需要为实验结果建立数学模型。所谓数学模型，指的是一组等式，其中一些符号代表实验中收集的数据，另一些符号代表实验的总体结果。科学家需要根据实验中得到的数据，计算出相应科学问题的合理结果。

考虑一位老师与某个学生的简单例子。老师想用某种方法衡量学生对知识的掌握程度。为此，老师通过对学生进行一组测试来"实验"。每个测试的评分为0到100分。任何一次测试对学生学习程度的估计并不准确。学生可能不知道测试上的那些问题，但是知道许多测试上没有提到的知识；学生可能在参加某次测试的当天头疼；学生可能在参加某次测试的早上与父母吵了一架。出于很多原因，一次测试无法对学生掌握的知识做出良好的估计。所以，老师布置了一组测试，将所有这些测试的平均分作为对学生学习程度的参考。学生对知识的掌握程度是结果。每次测试的分数是数据。

老师如何组织这些测试呢？每次测试应当只涉及过去几

天讲授的内容吗？每次测试应当包含之前讲授过的所有内容吗？这些测试应当每月进行一次，每天进行一次，还是每个单元结束后进行一次呢？所有这些都是实验设计需要考虑的问题。

如果农业科学家想知道某种人造肥料对小麦生长的影响，他需要构造一个实验，得出对这种影响进行估计的数据。费希尔指出，这种实验设计的第一步是建立一组描述实验测量数据与估计结果之间关系的数学等式。接着，为了实现目的，这个实验必须能够让人们对这些结果进行估计。实验必须是具体的，能让科学家确定源自天气的结果差异与源自不同肥料的结果差异的比值。此外，必须将同一实验中比较的所有处理因素包含进来，这些因素后来被称为"对照因素"。

在《实验设计》中，费希尔提供了几个优秀的实验设计例子，总结出了良好实验设计的一般原则。不过，他的方法涉及的数学非常复杂，大多数科学家都无法独自构造实验设计，只能使用费希尔在书中提到的某个设计模型。

农业科学家们认识到了费希尔在实验设计上所做工作的巨大价值，费氏方法很快在大多数英语国家的农学院占据了统治地位。费希尔最初的工作引出了一大批描述不同实验设计的科学文献，这些设计应用到了农学以外的其他领域，包括医学、化学、工业质量控制。许多领域涉及的数学都非常深奥复杂。不过目前，我们只需要知道，科学家无法随心所欲地"实验"。这需要长期仔细的思考，通常还涉及大量深奥的数学知识。

至于那位品茶的女士，她后来怎样了呢？费希尔没有描述那个阳光明媚的夏日午后发生在剑桥的那场实验最终的结果如何。不过史密斯教授告诉我，那位女士正确判断出了每一杯茶的制作方式。

女士品茶

The Lady Tasting Tea: How Statistics Revolutionized Science In The Twentieth Century

第二章 偏态分布

与人类思想史的许多次革命一样，我们很难找到统计模型概念融入科学的确切时刻。我们可以在19世纪早期德国和法国数学家的作品中找到统计模型概念的具体例子，甚至可以在17世纪伟大的天文学家约翰尼斯·开普勒（Johannes Kepler）的论文中找到它的影子。正如本书序言所说，拉普拉斯发明了所谓的"误差函数"，用于解决天文学的统计问题。我个人倾向于认为统计革命始于19世纪90年代卡尔·皮尔逊（Karl Pearson）的工作。查尔斯·达尔文（Charles Darwin）认为生物变异是生命的一个基本要素，并将其作为适者生存理论的基础。他的英国同胞卡尔·皮尔逊则首先认识到了统计模型的基本性质及其与19世纪科学决定论迥异的观念。

在20世纪60年代开始学习数理统计学时，我的老师很少提到皮尔逊的名字。当我与这个领域的大腕见面交谈时，我也很少听到人们提及皮尔逊或者他的作品。人们不是将他遗忘，就是把他看作一个无足轻重的小人物，认为他所从事的活动早已过时了。例如，在卡尔·皮尔逊人生的最后几年，美国国家标准局的邱吉尔·艾森哈特（Churchill Eisenhart）当时在伦敦大学学院学习，他印象中的皮尔逊压根儿是一个没有什么精神头的老头，统计研究的发展已经把他远远甩在了后面，将他和他的大部分作品扔进了历史的垃圾堆。伦敦大学学院年轻而聪明的学生们都聚集在比他更加年轻的伟大人物身边，其中包括卡尔·皮尔逊的儿子。没有人愿意来看望年迈的卡尔，他的办公室冷冷清清，与远处喧嚣繁忙的新兴学术中心形成鲜明的对比。

情况并不总是这样。19世纪70年代，年轻的卡尔·皮尔逊离开英国，到德国攻读政治学研究生。在那里，他迷上了卡尔·马克思（Karl Marx）的作品。为了向马克思表达敬意，他改变了自己名字的首字母。他在这个领域写了两本不错的作品，取得了政治学博士学位，然后回到了伦敦。在保守的维多利亚时代，在英国的中心，他竟然组织了一个青年男女讨论俱乐部。在俱乐部里，青年男女们仿照德国和法国上流社会沙龙的形式，以男女人数相等的形式聚在一起

（没有年长妇女陪同）。在这里，他们讨论世界上的重大政治和哲学问题。事实上，皮尔逊在这个环境中结识了自己的妻子，这表明他成立俱乐部的动机可能不止一个。通过这个小型社交活动，我们可以领略到卡尔·皮尔逊最初的内心想法和他对既有传统的蔑视。

虽然皮尔逊获得了政治学博士学位，但他主要的兴趣却是在科学和数学模型的本质上。19 世纪 80 年代，他出版了《科学的规范》。这本书后来多次再版。在第一次世界大战之前的大部分时间里，这本书被看作介绍科学和数学本质的最伟大书籍之一。书中充满了具有原创性的杰出思想，使其成为科学史上的一部重要作品。而且，这本书文笔流畅，语言平实，任何人都可以拿来一读。即使你不懂数学，你也能读懂这本《科学的规范》。这本书到现在已经有 100 多年历史了，但书中的思想和洞见仍然非常适合 21 世纪的数学研究，其对科学本质的理解即使在今天仍然适用。

高尔顿的生物统计实验室

此时，皮尔逊受到了英国科学家弗朗西斯·高尔顿爵士（Sir Francis Galton）的影响。大多数听说过高尔顿的人都知道他是指纹的"发现者"。高尔顿发现每个人的指纹都是独一无二的，并提出了指纹分类和识别的常用方法。指纹的独特性在于指纹图案的不规则突起和凹陷，它们被称为"高尔顿标识"。高尔顿的工作成果远不止这些。他是一位独立而富有的业余科学家，希望通过对大量模式的研究将数学的严格性引入生物学。他的一项早期研究是天赋的遗传。他寻找公认的非常聪明的父子，搜集他们的信息。不过，他发现这个问题非常难以解决，因为当时并没有很好的智力测量手段。因此他决定研究更容易测量的遗传特征，如身高。

高尔顿在伦敦建立了一家生物统计实验室，征集家庭成员前来测量。在生物统计实验室，他收集了家庭成员的身高、体重、特定骨骼数据以及其他特征。他和助手将这些数据制作成表格，反复研究。他希望找到某种方法，根据父母的测量数据预测孩子的测量数据。例如，高个子父母显然更容易拥有高个子后代，但是否存在某种只用父母身高就能预测孩子身高的数学公式呢？

相关与回归

通过这种方法，高尔顿发现了一个现象，他称之为"均值回归"。实际上，如果父亲非常高，孩子往往比父亲矮；如果父亲非常矮，孩子往往比父亲高。似乎存在某种神秘力量让人类身高远离极端，朝着所有人的平均值靠拢。均值回归现象不仅仅适用于人类身高，几乎所有科学观测都面临着均值回归问题的困扰。我们将在第五章和第七章看到费希尔如何将高尔顿的均值回归转变成目前主导经济学、医学研究和大部分工程学的统计模型。

高尔顿对这个不同寻常的发现进行了思考，发现实际情况只能如此，即使不进行这些观测，他也能预测到这一现象。他认为，假如不存在均值回归现象，那么平均来说，高个子父亲的后代会和他们的父亲一样高。这样一来，有些儿子的身高就会超过父亲（为了平衡比父亲矮的儿子）。高个子父亲的后代这一代平均身高与父亲相同，所以有些儿子就会比父亲高。这种结果会一代一代持续下去。类似地，有的儿子会比父亲矮，一些孙子会更矮，依此类推。用不了许多代，人类当中就会出现一些越来越高的人和越来越矮的人。

这种情况并没有发生。平均来说，人类身高基本维持稳定。只有在非常高的父亲后代平均身高比他矮，同时非常矮的父亲后代平均身高比他高的情况下，才会出现这种结果。均值回归现象可以维持物种平稳，确保一个物种代与代之间保持基本的"相似性"。

高尔顿发现了对这种关系的一种数学度量，他称之为"相关系数"。高尔顿给出了一个公式，并根据生物统计实验室收集到的相关数据计算该系数。这是一个非常具体的公式，可以测量均值回归的一个参数，但它并不能告诉我们这种现象出现的原因是什么。高尔顿首先在这个语境下使用了"相关"这个词语。从此，这个词语融入了大众语言。"相关"常常用来表示某种比高尔顿的"相关系数"更为模糊的概念。它听上去是个科学术语，普通人常常随意使用这个词，仿佛它描述了两种事物的关联方式。不过，高尔顿使用的这个词语是有特指意义的，如果你使用这个词时并不是在描述高尔顿的数学度量，那么你对它的使用就不是很准确，或者说不是很科学。

分布与参数

高尔顿提出的相关公式已经与即将改变20世纪所有科学领域的革命性新思想非常接近了。不过，首次将这种思想以公式形式完整表达出来的人却是他的学生卡尔·皮尔逊。

为了理解这种革命性思想，你需要抛开一切已有的科学观念。老师常常教导我们，科学就是测量。我们通过仔细的测量发现了描述自然的数学公式。在高中物理课上，老师告诉我们，物体自由落体的距离与时间的关系可以用一个公式表示，公式中包含一个符号 g，表示重力加速度常量。老师告诉我们，可以用实验确定 g 的值。不过，当高中学生为确定 g 的值而进行一系列实验——让小型重物滚下斜坡、测量它们抵达斜坡不同位置所需时间时，发生了什么现象呢？他们很少能测出正确的结果。学生的实验次数越多，他们就越困惑，因为不同的实验测出了不同的 g 值。这时，老师从高高的讲台上探下身来，安慰学生们说，他们之所以没有得到正确的结果，并不是因为他们马虎粗心或者抄错了数字。

老师并没有告诉学生们，所有的实验都是不准确的，即使是最仔细的科学家，也很少能测出准确的数字。每个实验都会出现无法预测的、难以观测到的干扰。室内的空气可能过于温暖；下滑的重物可能在滑动之前停顿了一微秒；一只蝴蝶经过时产生的一丝微风可能也会产生影响。我们真正从实验中得到的只是一堆数字，其中没有一个数字是正确的，但我们可以用这些数字对准确值做出近似的估计。

根据皮尔逊的革命性思想，我们无须将实验结果看作仔细测量的精确数字。相反，它们只是一堆数字，更常用的说法叫作数字的分布。这种数字的分布可以写成数学公式，用于描述某个观测值等于某个给定值的概率。这个数在某个具体实验中取什么值是无法预测的。我们只能谈论数值的概率，而不是确定的数值。每个实验的结果是随机的，因为它们是无法预测的。不过，我们可以用分布的统计模型描述这种随机性的数学本质。

科学界花了很长时间才意识到观测值固有的随机性。18、19 世纪，天文学家和物理学家提出的数学公式对观测值的预测准确性是可以被人们接受的。人们觉得观测值和预测值之间的偏差是观测仪器本身的不精确造成的，可以忽略不计。他们认为，行星和其他天体按照基本运动公式所决定的精确轨道运行。不确定性是糟糕的测量仪器导致的，并不是大自然固有的。

随着物理学测量仪器精度的不断提高,随着这种测量科学在生物学和社会学上的扩展,大自然的固有随机性变得越来越明显。如何处理这个问题呢?一种方法是保留精确的数学公式,将观测值和预测值之间的偏差看作不重要的微小误差。实际上,早在1820年,拉普拉斯就在数学论文中描述了首个概率分布:误差分布,即这些不重要的微小误差概率的数学公式。这种分布被普通民众称为"钟形曲线",或者叫正态分布。[1]

皮尔逊在正态分布或者叫误差分布的基础上又向前迈进了一步。皮尔逊在研究生物学积累的数据时,想到具有概率分布的可能不是测量值的误差,而是测量值本身。我们测量到的数据只是随机分布的一部分,而随机分布的概率是由分布函数这个数学函数描述的。皮尔逊发现了一系列分布函数,

---

[1] 正态分布有时又叫高斯分布,这是因为人们曾经认为高斯是第一个写出正态分布公式的人。实际上,首个写下正态分布公式的不是卡尔·弗里德里希·高斯,而是一位更早的数学家,名叫亚伯拉罕·棣莫弗。另外,我们有理由相信,在此之前,丹尼尔·伯努利曾在无意中发现了这个公式。这些事实可以证明当代科学史学家斯蒂芬·施蒂格勒所说的误称定律,即数学上一切以人命名的概念都不是以发现者的名字命名的。

他称之为"偏态分布"。他宣称偏态分布可以描述科学家在一切数据中可能看到的任何一种分布。在这个体系中，每个分布由四个数值确定。

确定分布函数的数值与观测值并不是同一种"数值"。这些数值无法观测，但是可以根据观测值的分布方式推算出来。这些数值后来被称为参数——这个词来自希腊语，意为"准观测值"。能够完整描述皮尔逊体系中数字的四个参数分别叫作：

1. 均值——观测值分布的中间值；
2. 标准差——大多数观测值相对于均值的分散程度；
3. 对称度——观测值偏向均值一边的程度；
4. 峰度——罕见观测值相对于均值的分散程度。

用皮尔逊的偏态分布系统思考问题，思想就会发生某种微妙的转变。在皮尔逊之前，科学的处理对象是看得见摸得着的真实存在。开普勒试图发现能够描述行星在太空中运行规律的数学公式；哈维的实验试图确定血液在某个动物静脉和动脉中的流动方式；化学处理的是元素和由元素组成的化合物。不过，开普勒试图掌控的"行星"实际上只是一组数据，用来给地球上的观测者所看到的天空中微弱的光点定位。

血液在一匹马静脉中的准确流动路径可能与另一匹马不同，或者与某个人不同。没有人能制造出纯粹的铁单质，尽管人们知道铁是一种元素。

皮尔逊提出，这些可以观测到的现象只是一些随机的映象，概率分布才是真实的东西。科学研究的真正对象不是我们可以触摸观测到的物体，而是描述我们观测的事物随机性的数学函数。在科学研究中，我们真正需要确定的是分布的四个参数。从某种程度上说，我们永远无法真正确定这四个参数，只能通过数据对它们进行估计。

皮尔逊没有认识到最后这个区别。他认为，如果我们收集到足够多的数据，就可以获得参数的真实值。他的年轻对手费希尔指出，皮尔逊的许多估计方法并不是最优方法。20世纪30年代后期，在卡尔·皮尔逊人生的最后时刻，年轻而又聪明的波兰数学家耶日·内曼（Jerzy Neyman）指出，皮尔逊的偏态分布系统并没有涵盖所有分布，而且无法解决许多重要的问题。

不过，让我们放过1934年孤独年迈的卡尔·皮尔逊，回头来看不到40岁、充满干劲的皮尔逊，当时他对自己发现的偏态分布充满了热情。1897年，他接手了高尔顿位于伦敦的生物统计实验室，组织许多年轻女性（被称为"计算员"）根据高尔顿在人体测量方面积累的数据计算相关的分布参数。到了世纪之交，高尔顿、皮尔逊和拉斐尔·韦尔登（Raphael Weldon）联合创办了一个新的科学期刊，用于将皮尔逊的思想应用到生物学数据上。高尔顿用他的财富建立了一个信托基金，以支持这家新创办的期刊。在创刊号上，编辑们制订了一个雄心勃勃的计划。

《生物统计》的计划

包括高尔顿、皮尔逊、韦尔登在内的一群充满干劲的英国科学家正在研究如何利用一位杰出同胞——查尔斯·达尔文的思想。达尔文的进化论认为，生命形式在环境压力下会发生改变。他认为，变化的环境能让更适应新环境的随机生物获得微弱优势。渐渐地，随着环境的变化和生命形式的不断随机突变，一个更加适合在新环境下生存繁衍的新物种就会出现。这种思想简称为"适者生存"，它对社会学产生了不利影响，因为傲慢的政治学者将其搬到了社会生活中，宣称在经济博弈中获胜的富人比失败的穷人更适合生存。适者生存理论为猖狂的资本主义提供了一个合法证明,富人得以心安理得地鄙视穷人。

在生物学领域,达尔文的思想似乎具有很强的合理性。达尔文指出,亲缘物种的相似性表明这些现代物种源自某个相同的早期物种;居住在不同岛屿上、差异很小的鸟类物种在结构上有许多相同点。他还指出,不同物种的胚胎具有相似性,包括最初长有尾巴的人类胚胎。

美中不足的是,达尔文无法举出一种在人类历史上产生的新物种。达尔文认为新物种产生的原因是适者生存,但是他并没有证据。他只能指出现代物种非常"适应"它们的环境。达尔文的观点看起来可以解释我们已知的事实,而且拥有迷人的逻辑结构。不过,犹太人有一句古话这样说——"举例并不是证明"。

皮尔逊、高尔顿和韦尔登在新期刊中试图弥补这个缺点。根据皮尔逊将现实看作概率分布的观点,达尔文雀(他在书中使用的一个重要例子)并不是科学研究的对象,真正的对象是某个雀鸟物种所有个体的随机分布。如果能测量出某个雀鸟物种所有个体的喙长,就能得到这些喙长的分布函数的四个参数,而这四个参数就代表了该物种的喙长。

皮尔逊说，假设某种环境力量能够让某些特定的随机突变获得生存优势，进而改变某个物种。我们可能无法在有生之年看到新物种出现，但我们也许可以看到四个分布参数的变化。在创刊号中，三位编辑宣布，他们的新期刊将收集来自全世界的数据，以确定分布参数，希望最终能看到与环境变化相关的参数变化。

他们将新期刊命名为《生物统计》。这份期刊得到了高尔顿成立的生物统计学信托基金的慷慨资助。资助可谓非常慷慨，因为该期刊是第一份刊印全彩照片并带有复杂绘图的半透明折页期刊。它使用优质碎布纸，并且用到了极其复杂昂贵的排版技术，以便将最复杂的数学公式刊登出来。

接下来的25年，《生物统计》刊登了记者发来的各种数据。有的记者深入非洲丛林，测量当地生物的胫骨和腓骨；有的记者在中美洲热带雨林捕捉鸟类，测量其喙长；还有的记者造访古墓，挖出人类头骨，倒入铅弹，测量颅容量。1910年，该期刊登载了几幅全彩照片，这些照片上俾格米男人裸身躺在地上，松弛的生殖器旁还摆着量尺。

1921年，年轻的女记者朱莉娅·贝尔（Julia Bell）描述了她试图对阿尔巴尼亚军队招收的新兵进行人体测量时遇到的麻烦。她离开维也纳,千里迢迢来到阿尔巴尼亚的一个军事据点,相信能找到讲德语的军官帮助她。结果,那里仅仅有一位会说三个德语单词的军士。朱莉娅并不气馁,她取出青铜测量杆,然后胳肢那些年轻人,结果他们像她希望的那样抬起了手和脚。士兵们终于理解了她的意图。

对于每一组数据,皮尔逊和他的计算员们都会算出四个分布参数。他们会在文章中展示拟合程度最好的分布图像,并就这种分布与其他相关数据的分布有何区别发表见解。现在想来,我们很难看出所有这些活动对证明达尔文的理论有什么帮助。在浏览《生物统计》期刊时,我感觉到这些活动很快变成一种为了计算而计算的工作,除了估计出一组给定数据的参数外,没有其他实际作用。

期刊中还夹杂着其他一些文章。有些涉及理论数学,用于解决伴随概率分布的发展而产生的问题。例如,1908 年,不知哪位作者以"学生"为笔名,提出了"学生"的"t 检验",这一检验至今仍然在几乎所有现代科学工作中发挥着重要作用。我们在后面几章还会提到这位匿名作者,讨论他在卡尔·皮尔逊和罗纳德·费希尔之间不成功的调解工作。

高尔顿死于 1911 年,而韦尔登之前已死于阿尔卑斯山的一场滑雪事故。这让皮尔逊成了《生物统计》的唯一编辑和信托基金的唯一使用者。接下来的 20 年,《生物统计》成了皮尔逊的个人期刊,只刊登皮尔逊认为重量级的文章,不刊登皮尔逊认为不值一提的文章。期刊中充斥着皮尔逊撰写的评论,他在评论中运用丰富的想象力涉猎了各个领域的问题。人们在翻修一座古老的爱尔兰教堂时,在墙壁中发现了白骨,皮尔逊通过对这些骨骼进行测量以及复杂的数学推理,以判断它们是否是某个中世纪圣徒的骨骼。有人发现了一个头骨,称这是奥利弗·克伦威尔(Oliver Cromwell)的头骨。皮尔逊在一篇精彩的文章中对此进行了研究。文章描述了当时已知的克伦威尔尸体的可能遭遇,然后比较了根据克伦威尔油画得到的测量结果与头骨的测量结果。① 在其他文章中,皮尔逊研究了古罗马君主的在位时间和古罗马贵族的衰

---

① 在君主复辟、取代克伦威尔的独裁统治后,英国内战中的双方达成停战协定,约定新的统治者不会对任何在世的克伦威尔追随者提起诉讼。不过,停战协定并没有提及死者。所以,克伦威尔和下令处死查理一世的两名法官的尸体被挖出来,并以弑君罪接受审判。结果他们被判有罪,头颅被砍掉,挂在了威斯敏斯特教堂的尖顶上。三颗人头在那里挂了很多年,最后不见了。后来,一颗据称属于克伦威尔的人头出现在了伦敦一家"博物馆"中。皮尔逊研究的正是这颗人头。他的结论是,这的确是克伦威尔的头颅。

落，还涉猎了社会学、政治学、植物学，所有这些都用到了复杂的数学工具。

临终前，卡尔·皮尔逊发表了一篇短文，名为《论犹太人与非犹太人的关系》。他在文中分析了来自世界各个地区的犹太人和非犹太人的人体数据，认为国家社会主义党人（即纳粹党人的正式称呼）的种族理论没有任何意义，世界上并不存在犹太种族或雅利安种族。这份遗作体现了他思路清晰、条理分明、推理严谨的一贯风格。

皮尔逊用数学方法研究了人类思想的许多领域，不过很少有人会认为这些领域属于正常的科学范畴。通读他在《生物统计》中撰写的文章，我仿佛看到了一个兴趣广泛的人，这个人拥有一种出众的本领，能够发现任何问题的本质并找到一个解决问题的数学模型。通读他的文章，我仿佛又看到了一个意志坚定、固执己见的人，这个人将下属和学生看作自己意志的一种延伸。我想我愿意跟卡尔·皮尔逊待上一天——前提是我和他不会发生思想上的冲突。

他们证明了达尔文的适者生存进化论吗？也许吧。通过比较古墓中头骨的颅容量和现代人的颅容量，他们证明了人类在数千年的历史中一直保持着稳定的特征。通过证明澳大利亚土著的人体测量结果与欧洲人的人体测量结果具有相同的分布，他们推翻了澳大利亚人关于土著不属于人类的论断。在这项工作中，皮尔逊提出一种被称为"拟合优度检验"的基本统计工具，这是现代科学不可缺少的一项工具。科学家可以通过它判断一组给定的观测值是否符合某个数学分布函数。在第十章，我们将会看到皮尔逊的儿子如何用这种拟合优度检验将其父亲的大部分工作成果推翻。

随着时间的推移，《生物统计》的文章越来越多地关注数理统计中的理论问题，很少再去关注具体数据的分布。当卡尔·皮尔逊的儿子埃贡·皮尔逊（Egon Pearson）继任编辑时，这份期刊已经完全转移到了理论数学领域。今天，《生物统计》仍然是该领域的一份杰出期刊。

他们到底是否证明了适者生存理论呢？最接近答案的一次探索发生在 20 世纪早期。在那时韦尔登设计了一项大型实验。由于 18 世纪英格兰南部瓷器工厂的发展，一些河流淤积了大量黏土，普利茅斯和达特茅斯的港口也因此发生了改变，内港区的淤泥含量高于外港区。韦尔登在这些港口捕捉了几百只螃蟹，将它们放入单独的玻璃罐中，其中一半的玻璃罐使用内港区富含淤泥的水，另一半的玻璃罐使用外港区淤泥含量较少的水。过了一段时间，他对活下来的螃蟹的甲壳进行测量，以确定在清水中和泥水中幸存的两个螃蟹群体的分布参数。

正如达尔文预测的那样，在泥水中幸存的螃蟹的分布参数发生了改变！这是否证明了进化论呢？遗憾的是，韦尔登还没来得及整理实验结果就去世了。皮尔逊在对数据的初步分析中描述了这个实验及其结果，但最终分析结果一直没有出来。英国政府作为实验经费的提供者，要求他们提交一份最终报告，但这份报告一直没有出现。既然韦尔登已经去世，实验也就只能不了了之了。

对细菌和果蝇等短命物种而言，达尔文的理论被证明是真实的。通过这些物种，科学家可以在短时间内对数千代个体进行实验。现代 DNA 研究，作为遗传的基石，已经为物种之间的联系提供了更有力的证据。如果我们假设基因的突变速度在过去 1000 万年或更长的时间里保持稳定，我们就可以通过研究 DNA 来估计灵长类物种和其他哺乳类物种诞生的时间范围。至少，它们已经有数十万年的历史了。目前，大多数科学家都相信达尔文的进化论是正确的。除了进化论，没有哪个理论能够与所有已知事实匹配得如此完美。科学家对此很满意，没有人再去尝试通过分布参数的变化证明生物在短时间内发生了进化。

皮尔逊掀起的这场革命为我们留下了一份宝贵的思想遗产，那就是，科学研究的对象不是可以观察到的事物，而是描述观测值概率的数学分布函数。今天，医学研究用精妙的数学分布模型确定各种治疗方法可能对患者产生的长期影响；社会学家和经济学家用数学分布来描述人类社会的行为表现；物理学家在量子力学中用数学分布描述亚原子粒子。没有哪个科学领域能够躲过这场革命。有些科学家认为使用概率分布只是权宜之计，最终我们一定有办法回归19世纪的科学决定论。爱因斯坦（Einstein）的名言"我不相信上帝在宇宙中掷骰子"就是这种观点的一个例子。其他人则相信宇宙的基础是随机的，唯一的现实存在于分布函数之中。不管你持有哪种观点，你都不得不承认，皮尔逊关于分布函数和参数的思想统治了20世纪的科学，而且这种趋势在21世纪初依然没有衰退的迹象。

女士品茶

The Lady Tasting Tea: How Statistics Revolutionized Science In The Twentieth Century

第三章　亲爱的戈塞特先生

爱尔兰都柏林市久负盛誉的吉尼斯酿酒公司即将步入20世纪的时候，在科学领域做了一项投资。少东家吉尼斯刚刚继承这家企业，他决定雇用牛津大学和剑桥大学化学领域的杰出毕业生，将现代科学方法引入企业。1899年，他将23岁的威廉·西利·戈塞特（William Sealy Gosset）招入公司，当时戈塞特刚刚从牛津大学毕业，获得了化学和数学双学位。戈塞特接受的是传统数学教育，包括微积分、微分方程、天文学以及以科学决定论为基础的其他分支学科。当时卡尔·皮尔逊的创新和量子力学的萌芽还没有写进大学教材。公司招聘戈塞特时看重的是他的化学知识。的确，啤酒厂要数学家有什么用呢？

事实证明，吉尼斯公司的这项投资是正确的。戈塞特的管理水平非常出众，而且最终成为公司整个大伦敦地区的主管。实际上，戈塞特对酿酒工艺的第一个重要贡献源于他的数学知识。数年前,丹麦电话公司是最早雇用数学家的工业公司之一,但他们亟须解决的数学问题是明确的,那就是电话交换总机的容量究竟达到何种程度合适?而在啤酒和麦芽酒的制作过程中,有什么需要解决的数学问题吗?

戈塞特1904年发表的第一篇论文讨论的就是这种问题。当人们准备发酵用的麦芽浆时,需要使用经过仔细测量的酵母。酵母是一种生物,人们将酵母加入麦芽浆前,在装有液体的罐子里培养和繁殖酵母。工人需要测量罐子里的酵母含量,以决定使用多少液体。他们提取液体样本,放在显微镜下检查,计算其中酵母细胞的数量。这种测量的准确度如何呢?这一点很重要,因为人们需要严格控制麦芽浆中的酵母含量。放少了会导致发酵不充分,放多了又会导致啤酒味道变苦。

请注意,我们此时可以使用皮尔逊的科学方法。我们测量的是样品中酵母细胞的数量,但我们研究的真正"对象"是整个罐子里的酵母细胞浓度。由于酵母是活的,细胞又在不断繁殖分裂,因此这个"对象"实际上并不存在。从某种程度上说,现实中存在的仅仅是单位容积内酵母细胞的概率分布。戈塞特对数据进行了研究，认为酵母细胞数量可以用一种概率分布来模拟，这种分布被称为"泊松分布"[①]，它并不属于皮尔逊的偏态分布。实际上，这是一种特殊的分布，只包含一个参数，而不是四个。

确定了样品中活酵母细胞的数量服从泊松分布以后，戈塞特设计出了一些测量酵母细胞浓度的规则和方法，大大提高了测量的准确性。利用戈塞特的方法，吉尼斯公司极大地提高了产品的稳定性。

"学生"的诞生

戈塞特想在一份合适的期刊上发表这项结果。泊松分布（或者说其公式）已经出现100多年了，人们曾努力在现实生活中寻找它的例子。例如，有人曾在普鲁士军队中统计被马踢死的士兵人数。戈塞特统计的酵母细胞显然服从泊松分布，而且这也是统计分布新概念的一个重要应用。不过，公

[①] 泊松分布是以18—19世纪数学家西米恩·丹尼斯·泊松的名字命名的，但伯努利家族的一个成员之前描述过这个分布。这是施蒂格勒误称定律的又一个例子。

司不允许员工发表任何文章。几年前，吉尼斯的一位酿酒师写了一篇文章，公布了某个酿造环节使用的秘密原料。从那时起，为避免公司宝贵财产的进一步损失，吉尼斯禁止员工发表任何作品。

当时，戈塞特和《生物统计》的编辑之一卡尔·皮尔逊成了朋友，戈塞特出众的数学才华给皮尔逊留下了深刻的印象。1906年，在戈塞特的恳求下，他的老板相信了新的数学思想对啤酒公司是有价值的，并且给了戈塞特一年的假期，允许他在高尔顿生物统计实验室跟随皮尔逊学习。两年之前，当戈塞特讲述他在酵母实验中取得的结果时，皮尔逊急切要求戈塞特在他的期刊上把这个结果发表出来。他们决定用一个笔名发表这篇文章。就这样，戈塞特以"学生"为笔名发表了他的第一项研究成果。

接下来的30年，"学生"撰写了一系列非常重要的论文。几乎所有论文都是在《生物统计》上发表的。后来，吉尼斯家族发现了他们"亲爱的戈塞特先生"一直在秘密地撰写和发表科学论文，这违反了公司政策。"学生"的大多数数学活动都是在正常工作时间之外、在家里进行的。戈塞特在公司里不断获得提拔，责任越来越重，说明他的业余活动并没有影响工作。有一个故事不一定是真实的，但很能说明问题：戈塞特1937年突然死于心脏病时，他的数学家朋友们来到吉尼斯公司，希望出钱将他的论文结集出版，此时吉尼斯家族才第一次听说戈塞特所做的工作。不管这个传说是真是假，至少我们可以相信美国统计学家哈罗德·霍特林（Harold Hotelling）在回忆录中提到的事实。哈罗德在20世纪30年代末想和"学生"见见面，结果他受到了秘密接见，整个过程就像间谍活动一样。这表明当时"学生"的真实身份对吉尼斯公司来说仍然是一个秘密。"学生"在《生物统计》上发表的论文介于理论和应用之间，因为戈塞特时而将非常现实的问题提炼成复杂的数学公式，时而又将理论性的解决方案应用到现实世界中，供其他人参考。

尽管戈塞特取得了巨大的成就，但他为人却十分谦逊。我们可以在他的信件中发现，他经常写下这样的话语："我的个人研究仅仅为这个问题提供了一个粗略的概念……"或者澄清某项发现并不是他一个人的功劳，因为"所有数学基础实际上都是费希尔完成的……"。

"学生"的 t 检验

1908年,戈塞特在《生物统计》上发表了一篇短文《均值的概然误差》。即使不考虑戈塞特的其他贡献,这篇论文也足以让所有科学家记住他的名字。费希尔最先指出了这篇论文的普遍意义。戈塞特遇到了一个具体问题,他还是像以前一样利用晚上的时间在家里进行耐心而细致的研究。找到解决方法以后,他又用其他数据检验了这个方法,重新核对结果,并且检查自己是否忽略了任何细微的差异。他对需要做出的假设进行了思考,并对他的发现进行了反复计算。他采用了现代计算机经常使用的蒙特卡洛方法,即对一个数学模型进行多次模拟,以确定其概率分布。不过,他手上并没有计算机。他极其辛苦地将数据相加,对数百个样本取平均,并将得到的频率画出来——这一切都是手工完成的。

戈塞特研究的是小样本问题。卡尔·皮尔逊通过对一个分布进行数千次测量来计算四个分布参数。由于他使用了大样本,因此他认为自己得到的参数估计值是正确的。后来,费希尔证明他的想法是错误的。在戈塞特的实验中,科学家很少有条件获得如此巨大的样本。通常的实验只能获得10到

20个观测值。他进而发现，这一情况在所有科学领域都很常见。他在一封寄给皮尔逊的信中写道："如果我是你遇到的唯一一个使用小样本的人，这就太奇怪了。在这个问题上，我和斯特拉顿（Stratton，剑桥大学的一位教员）进行了一些交流……他曾在一项研究中仅仅使用了4个样本！"

皮尔逊的研究认为，如果收集到足够大的数据样本，就可以精确地计算出参数。对此，戈塞特提出了疑问：如果使用小样本，会出现什么情况呢？我们如何处理这些注定会在计算结果中出现的随机误差呢？

戈塞特每天晚上坐在餐桌前，寻找小样本数据，计算均值和标准差的估计值，将二者相除，然后把结果画在坐标纸上。他计算出这个比率的四个参数，将其与皮尔逊偏态分布中的一个进行对比，发现了一个重要结果：我们并不需要知道原始分布所有四个参数的精确值。前两个参数估计值的比值即可制作成表格的概率分布。这些数据的来源以及标准差的绝对值是多少并不重要，因为这两个参数估计值的比值拥有一个已知的分布。

正如弗雷德里克·莫斯特勒（Frederick Mosteller）和约翰·图基（John Tukey）所说，如果没有这个发现，统计分析的回归步骤将无穷无尽地进行下去。如果没有这个被称为"学生"的t检验[①]，分析师需要估计观测数据的四个参数，然后估计四个参数估计值的四个参数，再对这些估计值的四个参数进行估计，依此类推，这种计算永远也无法得到最终结果。戈塞特的发现表明，分析师只需要进行第一步估计就足够了。

戈塞特的工作有一个基本假设，他认为最初的测量值服从正态分布。后来，在使用"学生"的t检验的过程中，许多科学家认为这个假设是没有必要的。他们常常发现，不管最初的测量值是否服从正态分布，"学生"的t检验都具有相同的分布。1967年，斯坦福大学的布拉德利·埃弗龙（Bradley Efron）证明了这一点。准确地说，埃弗龙发现了不需要上述假设的一般条件。

随着"学生"t检验的发展，统计分布理论在科学界得到了广泛应用，不过，这种应用存在深层次的哲学问题。这些理论被称为"假设检验"或"显著性检验"。我们将在后

[①] 我们也许可以根据施蒂格勒误称定律导出一个推论，而这就是该推论的一个例子。戈塞特用字母z表示这个比值。而几年以后，教科书作者形成了一个传统，用字母z表示服从正态分布的变量，同时开始用字母t表示"学生"的比值。

面一章进一步讨论这个问题。现在我们只需要知道，几乎所有人都在使用"学生"提出的科学方法——虽然很少有人真正理解其思想。

与此同时，"亲爱的戈塞特先生"成了两大对立天才卡尔·皮尔逊和费希尔之间的调解人。他和两个人维持着亲密的关系，尽管他常常向皮尔逊抱怨说，他不理解费希尔在信中所写的内容。费希尔还在剑桥大学上学时，戈塞特就和他建立了良好的关系。1912 年，通过助教①的介绍，费希尔认识了戈塞特，当时费希尔刚刚成为剑桥大学的"牧人"（最高数学荣誉）。他正在研究一个天文学问题，为此写了一篇论文，重新发现了"学生"1908 年得到的结果——年轻的费希尔显然不知道戈塞特之前的工作。

费希尔向戈塞特展示的论文中有一个小错误，被戈塞特发现了。当戈塞特回到家里时，他发现费希尔寄来了两页详细的数学公式。年轻的费希尔重新完成了戈塞特的原创性工作，并进行了推广，他还发现了戈塞特犯下的一个错误。戈塞特给皮尔逊写信说："附上一封信，它证明了我关于'学

---

① 像剑桥这样的英国大学会为每个学生分配一名教员，对他的学习进行辅导，这名教员被称为学生的助教。

生't检验的频率分布公式,您是否介意替我看一下。即使我可以理解,超过三维空间我还是觉着不自在。"费希尔用多维几何证明了戈塞特的成果。

戈塞特在给皮尔逊的一封信中解释了自己和费希尔认识的过程。当时他去剑桥见一位朋友,这位朋友在冈维尔与凯厄斯学院担任费希尔的导师,这位朋友将戈塞特介绍给了这位22岁的学生。戈塞特接着写道:"这个叫费希尔的小伙子写了一篇论文,提出了'一个新的概率标准'或者某种与此类似的东西。这篇论文形式非常工整,不过根据我的理解,这种看待事物的方法非常不切实际,几乎没有任何意义。"

在描述了他与费希尔在剑桥的讨论之后,戈塞特写道:

> 对此,他回复了两页大纸,上面写满了极为复杂的数学公式,证明了(后面是一堆数学公式)……我无法理解这些内容,于是写信说,我会在有空的时候研究这封信。实际上,我把它带到了苏格兰西北湖区,然后把它弄丢了!
>
> 现在,他又给我寄了这些东西。我觉得如果合适的话,你也许愿意把这个证明过程放在注释里面。这

个证明非常优雅，运用了大量数学推导，也许会吸引一些人……

就这样，20世纪最伟大的天才之一登上了历史舞台。皮尔逊在《生物统计》上发表了这位年轻人的证明过程。三年之后，在皮尔逊以屈尊俯就的口气给费希尔写了一系列信件之后，在他确认费希尔的一篇论文只能被看作对皮尔逊一位同事所做工作无关紧要的补充之后，他才第二次发表了费希尔的论文。此后，皮尔逊再也没有让费希尔的论文出现在自己的期刊上。费希尔继续在皮尔逊最引以为傲的工作成果中寻找错误，皮尔逊也经常在《生物统计》的文章中指出"费希尔先生"或"费希尔先生的一位学生"在其他期刊发表的论文中存在的错误。我们会在下一章讲述这些内容。戈塞特还会在后面某些地方出现。作为一位慈祥的导师，他将许多年轻男女带进了统计分布的新世界里，他的许多学生和同事也为这门新的数学分支做出了重要贡献。尽管戈塞特做了许多谦虚的声明，但这个领域许多影响深远的重大贡献都是他一个人做出来的。

女士品茶

The Lady Tasting Tea: How Statistics Revolutionized Science In The Twentieth Century

第四章　堆积如山的记事本

1919 年春，29 岁的费希尔带着他的妻子、三个孩子和小姨子搬到了伦敦北部洛桑农业实验站附近的一座古老农舍。从许多角度看，费希尔的人生都是失败的。他幼年体弱多病，孤苦伶仃，视力严重受损。为保护他高度近视的眼睛，医生禁止他在灯光下看书。费希尔很早就喜欢上了数学和天文学。他 6 岁就迷上了天文学。七八岁时，他已经开始出席著名天文学家罗伯特·鲍尔（Robert Ball）的大众讲座了。

　　费希尔进入了著名的哈罗公学[①]。在这里，他表现出了惊人的数学才华。由于他无法使用电灯看书，因此他的数学助教晚上教他的时候不能用纸笔或其他辅助工具。结果，费希尔培养出了极强的几何思维能力。在未来的岁月里，他超乎常人的几何思维能力帮助他解决了数理统计中的许多难题。

---

① 误称现象不仅存在于数学领域。在英国，像哈罗这种私立中学对学生的选拔最为严格，却被人们称为"公学"。

有些结论在他看来是不言而喻的，而其他人却常常无法理解他的思想。其他数学家需要花费数月乃至数年的时间去证明费希尔认为无须证明的东西。

1909 年，费希尔进入剑桥大学。1912 年，他获得了受人尊重的"牧人"头衔。在剑桥，学生只有通过一系列难度极高的口头和书面数学考试，才能成为"牧人"。每年能成为"牧人"的尖子生不过一两个，有些年份甚至没有人获得这一头衔。费希尔在本科阶段就发表了第一篇科学论文，用多维几何空间解释复杂的迭代公式。在这篇论文中，费希尔指出，之前曾被认为非常复杂的一种计算方法在多维几何中是非常简单的。毕业后，他在学校待了一年，研究统计力学和量子理论。1913 年，统计革命已经进入了物理学，这两个领域出现了非常多的新思想，足以升级为正式的课程。

费希尔先是在一家投资公司的统计办公室上班，随后突然辞职，到加拿大的一家农场工作；接着，他又在第一次世界大战开始时突然辞职，回到了英国。尽管他有资格担任军队中的一项职务，但他的视力太差，无法入伍。战争期间，他在好几所公学教授数学，这些经历一次比一次糟糕。学生们无法理解在他看来显而易见的内容，对此他非常生气。

费希尔与卡尔·皮尔逊的对立

上一章说过,费希尔还在上大学时,就在《生物统计》上发表了一篇文章。通过这件事,费希尔认识了卡尔·皮尔逊。皮尔逊把确定高尔顿相关系数统计分布的难题告诉了费希尔。费希尔对这个问题进行了思考,将其转化成了几何公式,并在一个星期内得到了完整的答案。他把结果提交给皮尔逊,准备在《生物统计》上发表。皮尔逊无法理解其中的数学内容,把论文拿给了戈塞特,结果戈塞特也很难理解这篇论文。皮尔逊知道在特殊情形中如何得到问题的部分解,而他的方法需要大量计算,因此他让生物统计实验室的计算员计算这些特殊解。结果,每一个特殊解都符合费希尔的一般解。不过,皮尔逊仍然没有发表费希尔的论文。他要求费希尔修改,降低其一般性。皮尔逊拖了费希尔一年多的时间,同时让他的助手(即"计算员")计算特定参数值的大型分布表格。最后,他和一个助手在一篇大型论文中列举了这些表格,并将费希尔的成果作为注释发表出来。结果,在普通读者看来,费希尔的数学处理仅仅是对皮尔逊及其同事所做的大量重要计算工作的补充说明而已。

费希尔此后从未在《生物统计》上发表论文，尽管这是该领域的一份顶级期刊。在接下来的岁月里，他的论文出现在了《农业科学期刊》《皇家气象学会季刊》《爱丁堡皇家学会会刊》以及《心灵研究学会会刊》中。正常人不会将这些期刊与数学研究联系在一起。一些认识费希尔的人表示，费希尔之所以做出这些选择，是因为皮尔逊和他的朋友成功地将费希尔挡在了数学和统计研究的主流圈子之外。另一些人则表示，皮尔逊在论文的发表问题上态度傲慢，而且该领域另一份有声望的期刊《皇家统计学会期刊》也没有发表费希尔的一篇类似论文，这让费希尔感觉自己受到了排斥，因此他开始使用其他期刊，有时甚至出钱让这些期刊发表自己的论文。

"法西斯主义者"费希尔

在费希尔的这些早期论文中，有些论文数学性很强。他论述相关性的文章，也就是皮尔逊最终同意发表的那篇，使用了大量数学符号，一个标准页里一多半都是数学公式。他也有一些论文没有任何数学成分。在其中一篇论文中，费希尔讨论了如何用达尔文的随机适应理论圆满地解释最为复杂的生物解剖结构。在另一篇论文中，他对性取向的进化进行了推测。他参与了优生学运动，并于1917年在《优生学评论》上发表了一篇文章，号召统一国家政策，"提高专业阶层和高级工匠阶层的生育率"，压制下层社会的生育率。在这篇文章中，他认为向穷人提供福利的国家政策起到了鼓励他们繁衍后代、将基因传给下一代的作用，而中产阶级对经济安全的担忧导致他们推迟婚期，少生儿女。费希尔忧心忡忡地指出，这一趋势的最终结果就是国家为子孙后代选择了"最差"的基因，剔除了"更好"的基因。通过选择性生育提高人类整体基因状况的优生学理论主导了费希尔的政治观点。二战期间，他被人们错误地当成法西斯主义者，无法参与任何与战争有关的工作。

卡尔·皮尔逊的政治观点与费希尔不同。皮尔逊曾经热衷于社会主义和马克思主义，他同情受压迫的人民，喜欢挑战稳定的"上流"社会。皮尔逊的政治观点看起来对他的科学工作几乎没有影响，但费希尔对优生学的关注却导致他在优生学的数学问题上投入了极大的精力。当时人们已经知道，植物或动物的特定性状可以归因于单一基因，这一基因可以通过两种形式中的一种表现出来。从这一新思想出发，费希尔突破了格雷戈尔·孟德尔[①]的工作，提出了估计相邻基因相互影响程度的方法。

存在着控制生命性质的基因，这一观念是科学中广义统计革命的一个部分。我们可以观察到植物和动物的性状，它们被称为"表型"，但我们认为这些表型是各基因以不同概率相互作用的结果。我们希望描述这些看不见的生物内部基因的表型分布。在20世纪后期，生物学家识别出这些基因，以确定它们让细胞制造什么样的蛋白质。我们说起这类事就像真的一样，但我们所观察到的还只是概率的分布。我们所说的基因，即DNA链，正是来自这些分布。

[①] 孟德尔是中欧的一位修道士（他的真名叫约翰——这也是误称的一个例子），他在19世纪60年代出版了一系列文章，描述了豌豆育种实验。他的工作并没有受到关注，因为它不符合当时出版的植物学论文的一般模式。后来，威廉·贝特森在剑桥大学成立了遗传学系，在他的领导下，剑桥大学的一群生物学家重新发现了孟德尔的研究成果。卡尔·皮尔逊看不起这些遗传学家的工作，因为他们研究的是生物的微小离散变化，皮尔逊则是将巨大而连续的生物参数变化看作真正的进化，这也成了皮尔逊的诸多争议之一。费希尔在早期的一篇论文中指出，皮尔逊的公式可以根据贝特森的微小离散变化推导出来。对此，皮尔逊讽刺费希尔应该把论文寄给贝特森，把这件事告诉贝特森。贝特森则表示，费希尔应该把论文寄给皮尔逊，让皮尔逊知道这个事实。后来，费希尔接替贝特森，成为剑桥大学优生学系主任。

本书介绍的是统计革命的全貌，费希尔在其中扮演了重要角色。他对他在遗传学上取得的成就感到非常自豪，而且他几乎一半的工作成果都与遗传学有关。不过，现在让我们暂且放下遗传学家费希尔不表，看看费希尔在一般性统计方法和统计思想上的成果。他的早期论文已经显现出了这些思想的萌芽，不过这些思想真正成熟则是在 20 世纪 20 年代和 30 年代早期他在洛桑工作的时候。

《研究工作者的统计方法》

尽管费希尔当时被数学界忽视，但他出版的论文和书籍对农业和生物领域的科学家产生了极大的影响。1925 年，他出版了《研究工作者的统计方法》第一版。这本书的英文版本更新了 14 版，而且被翻译成了法语、德语、意大利语、日语、西班牙语和俄语。

《研究工作者的统计方法》与之前的数学书籍风格迥异。通常，一本数学书会列举一些定理及其证明过程，介绍一些抽象概念并将其推广，把它们与其他抽象概念联系起来。如果这些书中有具体应用，它们通常会出现在完整的数学原理之后，而且会有证明过程。《研究工作者的统计方法》开篇讨论如何根据数据绘制曲线图，如何对曲线图进行解释。第一个例子出现在第三页，讨论的是一个婴儿生命前 13 周每周的重量。这个婴儿就是费希尔的第一个儿子乔治（George）。后面各章介绍如何分析数据，列举了一些公式和例子，对这些例子的结果进行了解释，然后介绍其他公式。所有这些公式都没有数学推导和证明过程。书中通常会介绍这些公式在机械计算器上的详细使用方法，但也没有提供证明过程。

尽管这本书缺乏数学理论支撑，或者说正是由于它没有介绍太多的数学理论，这本书很快就在科学界流行起来。它的需求量非常大。你只需要对一个实验室技术人员进行最低限度的数学培训，他就可以使用这本书。科学家相信费希尔的说法是正确的，数学家则带着怀疑的眼光看待这些未经证明的大胆论断。许多人纳闷，他到底是怎么得出这些结论的呢？

第二次世界大战期间，由于战争的关系，瑞典数学家哈拉尔德·克拉默（Harald Cramér）与国际科学界失去了联系，他花了大量时间研究这本书和费希尔出版过的论文，将证明过程中缺失的步骤补充完整，并对没有得到证明的结论进行了证明。1945年，克拉默写了一本书，叫作《统计学的数学方法》，对费希尔的许多说法给出了正式证明过程。费希尔这位多产的天才发表了许多研究成果，克拉默只能选择其中的一部分进行证明，因此费希尔的大量结论并没有出现在这本书中。克拉默的书教育了一代数学家和统计学家，他对费希尔的解读成为人们了解费希尔的范本。20世纪70年代，耶鲁大学的L.J.萨维奇（L.J. Savage）重新研究费希尔的原始论文，发现克拉默遗漏了许多东西。萨维奇惊奇地发现，费希尔早已完成了人们后来做的一些工作，而且解决了20世纪70年代许多仍然没有解决的问题。

所有这些都是后来的事情。1919年，费希尔结束了不成功的教师生涯。他刚刚完成了一件具有历史意义的工作，将高尔顿的相关系数与孟德尔的遗传基因理论联系起来。不过，这篇论文遭到了皇家统计学会和皮尔逊所在的《生物统计》期刊的拒绝。费希尔听说爱丁堡皇家学会正在为他们的学报征集论文，不过作者需要自付出版费。于是，他自掏腰包，将自己的又一篇伟大数学作品刊登在了这份不知名的期刊上。

此时，卡尔·皮尔逊仍然对年轻的费希尔非常感兴趣，他邀请费希尔担任高尔顿生物统计实验室的首席统计员。两个人之间的通信是友好的，不过费希尔显然感受到了皮尔逊的霸道和固执己见。在皮尔逊看来，首席统计员的工作仅仅是完成他所规定的具体计算任务而已。

洛桑与农业实验

此时，洛桑农业实验站主任约翰·拉塞尔爵士（Sir John Russell）也向费希尔抛出了橄榄枝。洛桑实验站是一个英国化肥制造商在一座古老的农场上建立的，这个农场曾经是化肥公司原主人的财产。这里的黏土不利于大部分农作物的生长，但农场主人将石头敲碎，与酸混合在一起，制造出了过磷酸盐。他们用制造过磷酸盐挣到的钱建立了一个实验站，开发新的人造肥料。90年来，实验站一直在进行"实验"，对无机盐和小麦、黑麦、大麦、马铃薯不同品种的不同组合进行测试。他们得到的数据堆满了巨大的库房，包括降水量和温度的每日精确记录，施肥量和土壤检测数据的每周记录，以及收成的每年记录——所有这些都保存在皮面装订的记事本里。大多数实验并没有得到一致的结果，不过这些记事本在实验站的档案室里得到了精心的保管。

约翰爵士看着这些堆积如山的记事本，决定找一个人，看看里面到底隐藏着什么秘密，以统计学的眼光研究一下这些记录。他四处打听，结果有人推荐了费希尔。他向费希尔提供了为期一年的合同，工资为 1000 英镑。他只能提供这个价格，而且无法保证一年后继续保留这个职位。

费希尔接受了拉塞尔的邀请。他带着妻子、小姨子和三个孩子来到了伦敦以北的农村地区。他们在实验站旁边租了一座农场。他的妻子和小姨子负责照顾菜园，操持家务。费希尔则蹬上靴子，穿过农田，来到洛桑农业实验站，取出积累了 90 年的数据，开始了他后来称之为"耙粪堆"的工作。

女士品茶

The Lady Tasting Tea: How Statistics Revolutionized Science In The Twentieth Century

第五章 《收成变动研究》

在我成为生物统计学家后不久，有一次，我去斯托斯的康涅狄格大学找史密斯教授讨论问题，他给了我一份礼物。这是一篇论文，题目是《收成变动研究三：降水量对洛桑小麦产量的影响》。这篇论文共有53页。它是一个重要数学论文系列的第三篇，第一篇于1921年发表在《农业科学期刊》第十一卷上。收成变动是实验科学家的烦恼，但却是统计方法的基本材料。"变动"这个词很少出现在现代科学文献中，它已被其他词语所取代，如表示具体分布参数的"方差"。"变动"这个词含义非常模糊，不适合现代科学使用，但它用在这一系列论文中却是恰当的，因为作者以不同年份不同田地的收成变动为出发点，得出了新的分析方法。

大多数科学论文末尾都有一长串与论文内容相关的参考文献，《收成变动研究一》只列出了三篇参考文献：一篇发表于1907年的文献试图将降水量与小麦的生长联系起来，但没有成功；另一篇是用德语写成的，发表于1909年，描述了计算一个复杂数学公式最小值的方法；第三篇是卡尔·皮尔逊发表的一组数据表格。先前没有什么论文涉足这一杰出研究系列所涵盖的题目。《收成变动研究》自成体系，其作者正是哈彭登镇洛桑实验站统计实验室的文学硕士R.A.费希尔。

1950年，约翰·威利出版公司邀请费希尔在出版过的论文中挑选一些最重要的论文，结集成一本书。这本书题目叫《数理统计论文集》，扉页上印着一张费希尔的近照。照片上的人头发已经白了，双唇紧闭，领带歪在一边，白色的胡须参差不齐。照片下面写着"剑桥大学遗传学系R.A.费希尔"。《收成变动研究一》是书中的第三篇文章。在这篇论文前面，作者写了一小段话，指出了它的重要性以及它在作者所有作品中的地位：

> 作者在洛桑的早期，对这家实验站在漫长的历史中积累下来的关于天气、产量、产量分析等内容的大量记录进行了深入研究。这些材料显然对于这种研究具有独特的价值，因为它们可以用于确定气象条件能够在多大程度上预测接下来的作物产量。这篇论文是研究这一问

题的一系列论文的第一篇。

"研究这一问题的一系列论文"共有六篇文章。《收成变动研究二》发表于 1923 年。史密斯教授送给我的那篇论文《降水量对洛桑小麦产量的影响》是第三篇，发表于 1924 年。《收成变动研究四》于 1927 年问世，《收成变动研究六》发表于 1929 年。第五篇研究报告没有出现在费希尔的论文集当中。这些文章的标题很难显示出其内容的重要性，但这样的一系列论文在科学史上是很少见的。在这些论文中，费希尔提出了数据分析的原创性工具，提供了这些工具的数学推导过程，描述了它们在其他领域的应用，并把它们用到了他在洛桑发现的"粪堆"中。这些论文显示了独出心裁的原创性，而且充满了未经证实的迷人想法，让理论家们在 20 世纪剩余的时间里忙得不亦乐乎。在未来的岁月里，它很可能还会继续启发人们做出更多工作成果。

《收成变动研究一》

这一系列论文的后面两篇由费希尔与其他作者共同完成。

《收成变动研究一》则是费希尔一个人的工作成果。完成这篇文章需要进行大量的计算。费希尔的唯一助手是一个名叫"百万通"的计算机。这是一个原始的手摇机械计算机。如果我们想将 3342 与 27 相乘,我们需要把压盘放在个位位置,把数字设为 3342,摇动七次,然后把压盘放在十位位置,把数字设为 3342,再摇动两次。这个计算机之所以叫作"百万通",是因为压盘的位数很多,可以计算百万量级的数据。

  我们可以这样体会作者为这篇论文所耗费的力气,以《收成变动研究一》第 123 页的表格七为例:如果完成一次多位数乘法需要大约一分钟,那么我估计费希尔制作这张表格需要花费大约 185 个小时的劳动。这篇文章中有 15 幅复杂程度类似的表格和 4 幅巨大的复杂曲线图。以每天工作 12 小时计算,光是制作这些表格的体力劳动就需要花费至少 8 个月的时间。此外,费希尔还需要花时间研究数学理论基础,组织数据,制订分析计划,纠正难以避免的错误。

高尔顿均值回归的推广

  前面提到,高尔顿发现了均值回归现象,希望找到一个数学公式，将随机事件相互联系起来。费希尔沿用了高尔顿使用的"回归"一词，在年份和给定田地的小麦产量之间建立了一般性的数学关系。在这里，皮尔逊的概率分布变成了将年份与产量相联系的公式。这个更为复杂的分布参数描述了小麦产出变化的不同特点。要想理解费希尔的数学语言，我们需要坚实的微积分基础、敏锐的概率分布理论视角和一定的多维几何知识。不过，他的结论理解起来要容易得多。

　　费希尔将小麦产量的时间走向分解成了几个部分。第一部分是土壤退化导致的产量总体稳步减小。第二部分是长期缓慢的变化，每个变化阶段为期数年。第三部分是由不同年份气候变化导致的一组迅速改变的变化。自从费希尔做了这些开创性工作以来，关于时间序列的统计分析一直以他的思想和方法为基础。我们现在的计算机可以用巧妙的算法进行大量计算，但这些基本的思想和方法一直保持不变。面对一组随时间变动的数据，我们可以根据不同影响因素将它们分解成不同部分。时间序列分析可以让我们通过研究美国太平洋海岸的海浪，确定印度洋的风暴；分辨地下核爆炸与地震；根据心跳确定疾病类型；量化环境法规对空气质量的影响；

而且，这种方法的应用范围还在不断扩大。

在对一片叫作"宽埂"的田地进行粮食收成分析时，费希尔遇到了一个难以解释的问题。这片田地只使用过自然界的动物粪便，因此不同年份的产量变化不可能是实验所用肥料导致的。产量的长期下降可以得到解释，因为肥料中富含的营养物质在土壤中的含量越来越少。此外，他还可以确定不同降水量模式对不同年份产量变化的影响。那么，这些缓慢的变化到底是什么因素引起的呢？缓慢的变化模式显示，产量从 1876 年开始下降，其剧烈程度超出了另外两个因素所产生的预期效果。从 1880 年开始，这种下降变得更加剧烈。1894 年，产量开始改善，这种状况持续到了 1901 年，之后又开始下降。

费希尔发现了另一份具有相同变化模式但方向相反的记录，那就是小麦田地中杂草的生长情况。从 1876 年开始，杂草变得越来越多，包括一些新的多年生品种。到了 1894 年，杂草突然开始减少，直到 1901 年才重新恢复增长。

事情是这样的。在 1876 年以前，人们会雇用小男孩到田里除草。当时，英国人经常可以在下午看到孩子们在田里疲惫地劳动，在小麦和其他粮食作物中间辛勤地寻找杂草。

1876年,《教育法》规定孩子必须上学,大批小男孩在田地上消失。1880年,另一部《教育法》规定不让孩子上学的家庭需要接受处罚,最后一批男孩子也离开了田地。没有了孩子们的约束,杂草开始疯狂生长。

1894年发生了什么扭转这一趋势的事情呢?洛桑附近有一所女子寄宿学校,新校长约翰·劳斯爵士(Sir John Lawes)认为高强度的户外活动有利于孩子们的健康。他联系了实验站主任,然后在晚上和星期六把女孩子们带到田里除草。1901年,约翰爵士去世了,小女孩们重新开始了室内活动,"宽埂"上的杂草又长了出来。

随机对照实验

1923年,第二篇收成变动研究同样出现在《农业科学期刊》上。这篇论文研究的不是洛桑过去在实验中积累的数据。相反,它介绍了一组研究不同混合肥料对不同马铃薯品种有何影响的实验。费希尔到来之后,洛桑的实验出现了明显的变化。他们不再对整片田地施用一种实验肥料。现在,他们把田地分成了小块,并把每块地进一步分成了若干排,对每块地的每一排进行不同的处理。

这里的基本思想很简单——这是因为费希尔已经把这种思想提出来了。在费希尔以前,没有人想过这个问题。我们观察一片粮田,自然会发现某些区域的粮食长得比其他区域好。在某些角落,植物长得很高,结了很多谷粒。在另一些角落,植物则很稀疏。这可能是由于排水方式、土质变化、未知营养物质、多年生杂草或者其他未知因素导致的。如果农业科学家想要检测两种肥料成分的区别,他可以对田地的一个部分施加一种肥料,对其他部分施加另一种肥料。这会导致肥料的影响与土壤或排水的影响混合在一起。如果在同一块田地的不同年份进行测试,肥料的影响又会与不同年份的气候变化混合在一起。

如果我们在同一年将不同肥料施加在紧紧相邻的土地上,土壤引起的差异就会降到最小。这种差异仍然存在,因为这些植物并不是生长在完全相同的土壤中。如果我们使用许多组相同的实验,土壤引起的差异就会在某种程度上得到抵消。假设我们想要比较两种肥料,一种含磷量是另一种的两倍。我们将田地分割成许多小块,每块地上种两排植物。我们总是对北边的一排植物使用含磷量高的化肥,对南边一排植物使用另一种化肥。有些人会说，如果土壤的肥力从北向南逐渐下降，土壤因素就不会"抵消"了，因为每块地的北边一排土壤要稍微好于南边一排。

那么我们就调整一下吧。在第一块地，含磷量高的肥料施加在北边一排。在第二块地，含磷量高的肥料施加在南边一排，依此类推。现在，一位读者画了一张田地草图，用 X 指示高磷肥料的施加位置。他指出，如果肥力从西北向东南逐渐下降，那么施加高磷肥料的土壤会全都好于施加低磷肥料的土壤。另一个人指出，如果肥力从东北向西南逐渐下降，那么结论恰好相反。另一位读者问，谁说的是对的呢？肥力梯度到底是什么方向呢？对此，我们只能回答"不知道"。肥力梯度是一个抽象概念。真实的肥力模式比较复杂，在南北和东西方向上可能是有升有降的。

我可以想象得出来，当费希尔提出小地块定型处理将得到更为精确的实验数据时，洛桑实验站的科学家们之间也会有这样的讨论。我可以想象当人们讨论如何确定肥力梯度时，费希尔微笑着坐在椅子上，看着他们越来越纠结于复杂的实验构造。他已经考虑了这个问题，想到了一个简单的答案。他把烟斗从嘴上移开。认识他的人回忆说，当其他人争执不休时，费希尔坐在那里，静静地吸着烟斗，等待着说话的机会。"随机化。"他开口了。

费希尔的方差分析

很简单。科学家只需要随机对同一小块地的两排植物进行处理。由于随机顺序没有固定模式，因此平均来看，肥力梯度的任何可能结构都会被抵消。费希尔一跃而起，在黑板上刷刷点点，迅速写出各种数学符号，在一行行数学公式之间挥动双臂，划去等式两边可以抵消的系数，得到了生物科学中最为重要的一个工具。这种方法用精心设计的科学实验将不同处理方式的影响因素分离开，费希尔称之为"方差分析"。在《收成变动研究二》中，方差分析首次与世人见面。

方差分析应用于某些例子的公式出现在了《研究工作者的统计方法》中，但在《收成变动研究二》中，它们得到了数学推导。这种方法的细节在论文中描述得不够充分，无法让理论数学家满意。论文中的代数过程针对的是对 3 种肥料、10 个马铃薯品种和 4 块土壤进行比较的具体例子。人们需要花费几个小时的努力才能将这种方法改成用于 2 种肥料和 5 种马铃薯或者 6 种肥料和 1 种马铃薯的形式。要想得到适用于所有情形的一般公式，需要花费更大的精力。费希尔当然知道这些一般公式。他觉得这些公式是显而易见的，根本不需要写出来。

难怪同时代的人难以理解这个年轻人的工作！

《收成变动研究四》介绍的方法被费希尔称为"协方差分析"。这种方法可以将实验设计没有包含在内但在现实中存在且可以测量的条件性影响因素分离出去。当医学期刊中的某篇文章称某种处理因素"对性别和体重进行了调整"时，它使用的就是费希尔在这篇论文中开创的方法。《收成变动研究六》对实验设计理论进行了改进。史密斯教授介绍给我的那篇《收成变动研究三》将在本章后面讨论。

自由度

1922 年，费希尔终于在《皇家统计学会期刊》上发表了第一篇文章。这是一篇短文，以谦虚的口吻证明了卡尔·皮尔逊的一个公式是错误的。多年以后，在提到这篇论文时，

费希尔写道:

> 我写这篇短文时年岁尚浅,能力有限,不过这篇文章在某种程度上打破了僵局。请不要被它那犹豫而零碎的特点所激怒,因为你应该想到,这篇文章发表之前需要经过评审员之手,而这些评审员不仅无法相信皮尔逊的工作成果需要修改,而且相信即使需要修改,他们也早已把修改工作做完了。

1924 年,费希尔在《皇家统计学会期刊》上发表了一篇篇幅更长、更具一般性的论文。后来,他对这篇论文和在一份经济学期刊上发表的另一篇相关论文进行了评论:"(这些论文)希望借助自由度的新概念,调和不同作者观察到的互相冲突的异常结果⋯⋯"

这个"自由度的新概念"是费希尔的发明,这与他的几何直觉和将数学问题投射到多维几何空间中的能力关系密切。"异常结果"是纽约一个叫 T. L. 凯利(T. L. Kelley)的人出版的一本没有名气的书中提到的。凯利发现了一些数据,而且发现皮尔逊的一些公式似乎无法对这些数据得出正确的结果。看起来，只有费希尔看了凯利的书。以凯利发现的异常数据为出发点，费希尔完全推翻了皮尔逊最引以为傲的另一项成果。

《收成变动研究三》

收成变动研究的第三篇论文于 1924 年在《伦敦皇家学会哲学学报》上发表。文章开头是这样写的：

> 目前，关于气候对农作物的影响，我们的知识极其有限。这个主题对国家的某个大型产业极为重要，但是至今没有得到清晰的研究，部分原因在于这个问题的内在复杂性……以及……缺乏在实验条件或工业条件下获得的大量数据……

接下来就是一篇长达 53 页的精彩论文。以这篇论文为基础的现代统计方法被用在了经济学、医学、化学、计算机科学、社会学、天文学、药理学——任何需要确定大量相互关联的因素之间影响的领域。文中包含了非常巧妙的计算方法（别忘了，费希尔只有一个手动的"百万通"）以及关于如何为统计分析组织数据的明智建议。我要永远感谢史密斯教授,在他的介绍下,我才看到了这篇论文。每次阅读,我都会有新的发现。

《费希尔论文集》五卷本第一卷的最后一篇是他发表于1924年的论文。这一卷靠近末尾的地方有一张费希尔的照片,当时费希尔34岁,抱着肩膀,胡须修理得很干净,眼镜看上去并不像之前照片里那么厚。他的表情看上去镇定而自信。在之前的五年里,他在洛桑建立了一个了不起的统计学系。他招募了包括弗兰克·耶茨(Frank Yates)在内的一些同事。在费希尔的鼓励下,耶茨还会继续对统计分析的理论和实践做出重大贡献。卡尔·皮尔逊的大部分学生都没有继续留在统计学舞台上。他们在生物统计实验室工作期间只是在给皮尔逊打下手,他们只是皮尔逊意志的延伸而已。相反,在费希尔的鼓励下,他的大部分学生都表现不俗,独自开创了光辉的道路。

1947年,费希尔受邀在英国广播公司的广播网络上发表关于科学和科学研究本质的一系列讲话。在其中一讲的开始,他这样说:

科学家的职业生涯在某种程度上是很奇怪的。科学家存在的意义在于增加人类的自然知识。因此,人类的自然知识偶尔会增加。不过,这种变化并非是圆滑世故的,会伤害人们的感情。从某种程度上说,前人阐述的观点可能会被后人证明是过时或错误的,这是不可避免的事情。我想,如果人们发现他们宣传了十年左右的思想需要做出一定的修改,大多数人都能明白这个道理,欣然接受事实;不过有的人显然很难接受这一变化,认为这是对他们自尊心的严重伤害,甚至是对他们自认为的私人领地的侵略,他们必须做出猛烈的反抗,就像春天的知更鸟和苍头燕雀面对其他鸟儿对它们小小领地的侵犯时反抗一样。对此,我想我们没有任何解决办法。这是我们这个行业固有的问题。不过,我们应该对年轻的科学家提出提醒和建议:当他想要为人类的知识宝库献上一颗宝石的时候,他一定会受到某些人的攻击。

女士品茶

The Lady Tasting Tea: How Statistics Revolutionized Science In The Twentieth Century

第六章 "百年一遇的洪水"

有些洪水顺流而下，来势凶猛，非常罕见，一百年才能出现一次。有什么能比这种"百年一遇的洪水"更加难以预测呢？谁能为这类事件制订计划呢？我们如何对如此罕见的洪水峰值进行估计呢？如果现代科学统计模型处理的是许多观测值的分布，那么这些统计模型如何处理这些没有人见过或者只出现过一次的洪水问题呢？L. H. C. 蒂皮特找到了一种解决方法。

伦纳德·亨利·凯莱布·蒂皮特（Leonard Henry Caleb Tippett）1902 年出生于伦敦，在帝国理工学院学习物理学，1923 年毕业。他说，他之所以迷上物理学，是因为物理学"强调准确测量……而且对当时的科学争议持有谨慎的态度"。回顾年轻时代的热情，蒂皮特感叹道："我们往往认为一个假设要么是正确的，要么是错误的，将重要实验看成增长知识的主要工具。"他有机会做实验时，会发现实验结果永远无法和理论预测值完全吻合。他说,根据经验,"我发现改善采样技术(他在这里指的是统计分布)比抛弃理论的做法要好"。蒂皮特发现,他所钟爱的理论仅仅提供了关于参数的信息,并没有提到关于每个观测值的信息。

于是,L. H. C. 蒂皮特(他在发表的论文中就是这么署名的)通过自己对实验的理解,加入了统计革命中。毕业后,他在英国棉纺织工业研究协会(俗称锡莱研究所)担任统计学家。当时这家研究所正在研究如何通过现代科学方法改善棉线和布料的制造。一个最让人头疼的问题与新纺出的棉线强度有关。对于不同棉线来说,拉断一股棉线所需要的力量差异很大,即使是在相似环境下纺出的线也是如此。蒂皮特做了一些细致的实验,用不同的拉力拉动棉线后,将棉线放在显微镜下研究。他发现,棉线的断裂取决于其中最弱一根纤维的强度。

最弱的纤维?如何为最弱一根纤维的强度建立数学模型?蒂皮特无法解决这个问题。1924 年,他请了一年的假,去伦敦大学学院高尔顿生物统计实验室跟随卡尔·皮尔逊学习。关于这段经历,蒂皮特写道:

在伦敦大学学院的时光是激动人心的。卡尔·皮尔逊是个非常了不起的人,我们能感受到他的伟大之处。他工作勤奋,充满热情,不断对员工和学生给予鼓励。我在那里学习的时候,他仍然在从事研究工作,而且会在讲座上激动而充满热情地将新鲜出炉的研究成果公之于众。他的研究方向当时有些过时,但他的讲座依然十分精彩……他的兴趣非常广泛,例如,有一堂课的题目是"17和18世纪统计学史"……他喜欢与人争辩……他曾发表一系列文章,题为《今日争论问题》……他过去那精力旺盛、喜欢争论的性格仍然弥漫在那里的空气中。统计系的墙壁上装饰着格言和卡通……有一个……由"斯派"画的卡通漫画,讽刺的是"圆滑的萨姆",即1860年在英国学会上与T. H. 赫胥黎(T. H. Huxley)就达尔文学说进行著名辩论的威尔伯福斯(Wilberforce)主教。这里还陈列了过去数十年发行的出版物,从《人类遗产宝库(人类身体、灵魂和病理特征的谱系)》和《达尔文学说、医学进步与优生学》这些题目,你可以看出统计系的兴趣之广。在一次系年度晚宴上,皮尔逊炫耀了他与高尔顿的亲密关系,当时他在一份报告中总结了一年的工作，并表示，如果高尔顿还活着，他就会把这份报告提交给高尔顿。我们都向这位"逝去的生物统计前辈"敬了酒。

这就是处于人生中最后几年活跃时期的卡尔·皮尔逊。不久之后，皮尔逊的大部分科学成果就会被费希尔和他自己的儿子扫进历史的垃圾堆，被人们遗忘。

尽管皮尔逊的实验室有种种激动人心之处，蒂皮特在此学到的数学知识颇丰，但最弱纤维的强度分布问题始终没有解决。回到锡莱研究所以后，蒂皮特发现了一些伟大的数学发现背后隐藏的一个简单的逻辑道理。他发现了一个看似简单的方程式，这个方程式可以将极值分布与样本数据分布联系起来。

写出方程式是一回事，求解又是另一回事。蒂皮特去请教皮尔逊，但是皮尔逊也帮不了他。在之前的75年里，工程界发现了大量方程及其解法，散布在大量文献资料里。不过，蒂皮特在这些文献中并没有找到他想要的方程式。

于是，他像高中代数课上表现不好的学生那样，猜了一个答案——结果这个答案真的解开了方程。它是方程的唯一解吗？是这个问题的"正确"答案吗？蒂皮特去请教费希尔。费希尔推导出了蒂皮特猜出来的解，还得到了另外两个解，而且证明该方程式只有这些解。它们被称为"蒂皮特的三条极值渐近线"。

极值分布

知道极值分布有什么好处呢？如果我们知道极值分布与普通值分布的联系，我们就可以通过记录每年的洪水峰值来预测"百年一遇的洪水"最有可能达到的峰值。我们之所以能够这么做，是因为每年的洪水观测值足以用来估计蒂皮特的分布参数。因此，美国陆军工程部队可以计算出河堤的合适高度；环境保护署可以设置排放标准，以控制工厂烟囱排烟量的瞬时极值；棉纺织工业也可以确定影响最弱纤维强度分布参数的棉线制造因素。

1958 年，哥伦比亚大学工程学教授埃米尔·J. 耿贝尔（Emil J. Gumbel）出版了一本关于该主题的权威著作，题为《极值统计学》。耿贝尔的作品覆盖了一个统计学家关于这个主题需要知道的全部内容。这本书不仅包括蒂皮特最初的成果，还包括后人对该理论的改进，其中许多工作都是耿贝尔亲自完成的。从那以后，该理论又获得了一定的补充，其概念也被扩展到了类似情形中。

标志性作品

不同数学家的写作风格千差万别。有些"权威性"的文本冷淡而苍白，只提供一系列定理和证明，并没有介绍任何动机。在有些文本中，证明过程晦涩难懂，有些地方从假设直接跳到了结论。有些权威文本充满了优雅的证明，其数学推导过程被分解成了极其简单的步骤，我们可以毫不费力地得到最终结论。还有极少数的权威文本，作者会努力介绍问题的背景和思想，追溯问题的历史，并在现实生活中选取有趣的例子。

耿贝尔的《极值统计学》就属于最后这一类书籍。它通过对该主题发展过程的大量引述，将这个深奥的主题完整而清晰地呈现在读者面前。第一章《目标和工具》介绍了全书主题，提出了理解本书所需要的数学基础。这一章本身就是对统计分布数学理论的精彩介绍。即使是只学过大学一年级微积分的人也可以理解这些内容。我第一次读这本书是在我获得数理统计学博士学位之后,不过我仍然从这本书的第一章中学到了许多东西。在前言中,作者谦虚地表示:"本书的写作目的是希望科学的进步能够给人类带来一点点好处。如果能实现这一点,我就谢天谢地了。"

这本书的贡献远非"一点点"可以形容。它是 20 世纪一位最伟大的教师留下的标志性作品。耿贝尔是少数既具有非凡的勇气,又能将一些极其复杂的思想以清晰简洁的方式呈现出来的人才之一。

女士品茶

The Lady Tasting Tea: How Statistics Revolutionized Science In The Twentieth Century

第七章　费希尔的胜利

英国皇家统计学会发行三份期刊，每年举办各种会议，这些会议邀请嘉宾展示他们的最新工作成果。在他们的期刊上发表文章是很不容易的。至少两名审查专家负责判断文章是否正确，主编还要和一名副主编共同确认每篇论文是否代表人类自然知识的重大发展。受邀在会议上讲话更是难上加难，只有该领域最杰出的人士才能获得这种荣誉。

　　根据学会惯例，每位受邀嘉宾讲话结束后，听众需要进行一次讨论。高级会员手里拿着事先准备好的演讲文稿，因此他们的讨论往往具体而尖锐。随后，皇家统计学会会将演讲者的论文和讨论者的评论共同出版。

　　你可以在期刊中看到，这种讨论非常正式，具有英国特色。会议主持人（或者某个指定人员）首先站起来，向演讲者公开致谢，然后发表自己的评论。接着，指定的学会高级会员站起来，向演讲者二度公开致谢，然后发表自己的评论。

接着,学会最有名气的成员一个一个站起来,发表自己的评论。听众通常来自美国、英联邦成员国和其他国家,他们可以发表评论,演讲者需要对这些评论做出回应。在出版之前,讨论者和演讲者都可以对他们的谈话内容进行编辑。

1934年12月18日,皇家学会会员理学博士R. A. 费希尔获得了发表这种文章的殊荣。20世纪20年代,费希尔在事实上脱离了统计学界。现在,他的天才终于得到了承认。我们上一次见到他时(在前几章里),他的最高学位只是理学硕士,他的"大学"是伦敦之外一座遥远的农业实验站。到了1934年,费希尔已经获得了另一个学位,即理学博士,而且被选为久负盛名的皇家学会的会员(因此他获得了F. R. S. 头衔,意为皇家学会会员)。现在,皇家统计学会终于让他进入了该领域的领导者之列。这一次,费希尔发表了一篇题为《归纳推理的逻辑》的论文。主持会议的是学会主席、皇家学会会员M. 格林伍德(M. Greenwood)。文章出版之后共有16页,是对费希尔最近工作的精心编排和清晰总结。第一位讨论者是A. L. 鲍利(A. L. Bowley),他站起来向演讲者公开致谢。接着,他说道:

很高兴有这个机会感谢费希尔教授，不只是感谢他让我们阅读这篇论文，更是感谢他对统计学所做的总体贡献。我想借此机会声明：我和我所结交的所有统计学家都能感受到费希尔对统计学研究的巨大热情，他的方法所具有的巨大能量，他在英国、美国和其他地区的巨大影响，以及他对他所信奉的正确数学应用的推动作用。

卡尔·皮尔逊不在讨论者之列。三年前，他已从伦敦大学学院退休。在他的领导下，高尔顿生物统计实验室发展成了这所大学里的一个正式部门，叫作生物统计系。当他退休时，这个系分裂成了两个系。费希尔被任命为新的优生学系主任，卡尔·皮尔逊的儿子埃贡·皮尔逊被任命为生物统计系主任，负责高尔顿生物统计实验室，同时担任《生物统计》编辑。费希尔和年轻的皮尔逊个人关系并不好。这都是费希尔的错，他对埃贡·皮尔逊怀有明显的敌意。费希尔既不喜欢他的父亲，也不喜欢内曼，埃贡因此受到了牵连。我们将在第十章介绍内曼与埃贡·皮尔逊的合作。不过，年轻的皮尔逊非常尊重费希尔，重视他的工作。后来，他写道，他早已习惯了费希尔在论文中不提自己名字的做法。尽管两个人之间存在这种紧张关系，尽管两个系存在一些管辖纠纷，费希尔和埃贡·皮尔逊还是会派学生参加对方的讲座，而且没有公开争执。

此时，卡尔·皮尔逊被人们称为"老头子"，他只有一个研究生助手。他有一间办公室，但这间办公室距离两个统计学系和生物统计实验室所在的教学楼很远。来自美国的艾森哈特跟随费希尔和埃贡·皮尔逊学习了一年时间，他想去看看卡尔·皮尔逊，但他的同学和其他教员都不鼓励他这样做。他们说，你为什么要去见卡尔·皮尔逊呢？和费希尔令人激动的众多新思想和新方法相比，他能给我们带来什么呢？艾森哈特在伦敦学习期间没有拜访卡尔·皮尔逊，这让他非常遗憾。皮尔逊也是在那一年去世的。

费希尔和皮尔逊的统计观点

卡尔·皮尔逊的统计方法与费希尔的统计方法存在哲学上的差异。卡尔·皮尔逊认为统计分布是对他所分析的实际数据集合的描述。费希尔则认为真正的分布是抽象的数学公式，人们所收集的数据只能用于估计真实分布的参数。由于所有这种估计都会引入误差，因此费希尔提出了使这类误差程度最小化或使估计值距离真实分布最近的工具。20 世纪 30 年代，费希尔似乎赢得了这场争论。到了 70 年代，皮尔逊的观点再度兴起。到本书写作时，统计学界在这个问题上分成了两个阵营，尽管皮尔逊很难对他这一派门徒的观点表示认同。费希尔用清晰的数学头脑将大部分困扰皮尔逊的问题梳理整齐，将皮尔逊观点的内在本质显露出来。后来人们在复兴皮尔逊方法时仍然需要使用费希尔的理论成果。我准备在本书的数个章节探讨这些哲学问题，因为统计方法在现实中的应用存在严重的问题。现在我要开始第一次讨论。

皮尔逊将测量值的分布看作真实存在的事物。在他的方法中，在给定情形里，存在一个巨大但有限的测量值集合。理想情况下，科学家可以收集所有这些测量值，确定分布参数。如果无法收集所有测量值，那么你可以收集一个具有代表性的巨大子集。根据这个具有代表性的巨大子集计算出的参数与整个集合的参数是一样的。此外，用于计算整个集合参数值的数学方法也可以用于计算具有代表性子集的参数，不会带来严重的误差。

对费希尔来说，这组测量值是从所有可能的测量值集合中随机选择的。因此,根据这种随机选择得到的任何参数估计值都是随机的,具有某种概率分布。为区别实际参数,费希尔将这种估计值叫作"统计量",现代的说法通常叫"估计量"。假设我们有两种方法获得估计给定参数的统计量。例如,老师希望确定学生掌握的知识(参数),进行了一组测试(测量值),得到了平均值(统计量)。他应该将中值作为统计量,还是将这组测试中的最高分和最低分的平均分作为统计量,抑或是去掉最高分和最低分、将其余测试的平均值作为统计量呢?

由于统计量是随机的,因此谈论统计量的某个值多么准确是没有意义的。这和谈论一次测量的准确度没有意义是一样的道理。我们需要的是统计量的概率分布标准,正如皮尔逊认为需要评估的是一组测量值的概率分布而不是个体观测值。费希尔提出了良好统计量的几个标准:

一致性:你得到的数据越多,你计算出的统计量越有可能接近参数真值。

无偏性:如果你对不同数据集多次使用某个统计量,这个统计量的平均值应接近参数真值。

有效性：统计量的值不会与参数真值完全相等，但在估计一个参数的众多统计量当中，大多数统计量与真值的差异不会很大。

这些描述有些模糊，因为我已将精确的数学公式翻译成了简单的文字。在实践中，人们可以用适当的公式评估费希尔的标准。

在费希尔之后，统计学家又提出了其他标准。费希尔本人在之后的工作中也提出了一些辅助标准。在这些复杂的标准中，最重要的一点在于考虑到统计量的随机性，良好的统计量具有良好的概率特性。我们永远无法知道一组数据的统计量的值是否正确，只能说使用某种程序得到了满足这些标准的统计量。

在费希尔提出的三个基本标准中，无偏标准吸引了公众的注意力。这很可能是因为"偏差"这个词具有某种令人无法接受的暗示。似乎没有人希望获得拥有偏差的统计量。美国食品药品监督管理局的官方指导告诫人们使用"无偏"方法。一种叫作"意向性治疗"的非常奇怪的分析方法（第二十七章会详细讨论）开始主导许多医学试验，因为这种方法可以保证结果的无偏性，尽管这种方法在效率上的表现可能并不好。

实际上，有偏统计量常常具有很高的有效性。在费希尔的努力下，用于确定市政水源净化用氯气浓度的标准方法依据的就是一个有偏（同时也是一致而有效的）估计量。这完全可以看作社会学的某种教训——它们显示了人们为清晰定义某一概念而使用某一词语时如何无意中将无关的情绪带到科学上，从而影响人们的行为。

费希尔的最大似然方法

费希尔在进行数学研究时发现，卡尔·皮尔逊用于计算分布参数的方法得到的统计量并不一定具有一致性，而且常常是有偏的。此外，费希尔还发现了效率更高的统计量。为获得一致而有效的统计量（不一定是无偏的），费希尔提出了一个概念，他称之为"最大似然估计值"（MLE）。

接着，费希尔证明，最大似然估计值总是具有一致性，而且是所有统计量中效率最高的统计量（前提是被称为"正则条件"的几个假设成立）。此外，费希尔还证明，如果最大似然估计值是有偏的，那么这个偏差可以算出来并且可以从最大似然估计值中减掉，从而得到一个一致、高效、无偏的修正统计量[1]。

费希尔的似然函数横扫数理统计界，迅速成了参数估计的主要方法。最大似然估计只有一个问题：它的数学解法太难了。我们可以在费希尔的论文中看到一行行数学公式，那是最大似然估计值在不同分布中的表现形式。他的方差分析和协方差分析体系是宏大的数学成就，他在这些体系中用巧妙的代换和多维空间变换得到了一些公式，让使用者获得了他们需要的最大似然估计值。

尽管费希尔做出了创造性工作，但在大多数情况下，想要使用最大似然估计值的人都会被数学上的问题难住。在20世纪后半叶的统计学文献中，许多论文用数学上的简化方法在特定情形中巧妙地获得了最大似然估计值的良好近似值。在我自己的博士论文中（大约在1966年），我对问题的解法只能在拥有大量数据的情况下才能使用。只有根据这个假设，

---

[1] 20世纪50年代，印度的C.R.拉奥和在霍华德大学任教的戴维·布莱克威尔表示，即使费希尔的正则条件不成立，仍然可以根据最大似然估计值构造出效率最高的统计量。两个人独立得到了相同的定理，因此拉奥-布莱克威尔定理是施蒂格勒误称定律的一个例外。

我才能将似然函数简化到某种程度，然后算出最大似然估计值的近似值。

接着，计算机出现了。计算机并不是人脑的竞争者，它只是一个巨大而耐心的数字处理者。它不会感到厌倦，不会犯困，不会犯错误。它会一遍一遍不停地从事繁重的计算工作——重复几百万次都没问题。它可以用所谓的"迭代算法"找出最大似然估计值。

迭代算法

最早的迭代算法之一似乎出现在文艺复兴时期（尽管戴维·史密斯在1923年出版的《数学史》中声称他在古埃及和中国的记载中发现了使用这种方法的例子）。在资本主义萌芽时期，意大利北部出现的银行或者叫账房面临着一个基本问题。每一个小城邦或国家都拥有自己的货币。根据汇率，假设14枚雅典银币兑换1枚威尼斯金币，账房需要研究如何将一批以127枚威尼斯金币购买的木材换算成雅典银币的价格。现在，我们有强大的代数思想，可以用于求解。还记得高中代数吗？如果 x 等于银币的价格，那么……

当时的数学家已经开始发展代数学，不过大多数人仍然不擅长计算。银行家使用一种叫作"试位法规则"的计算方法。每个账房都拥有自己的规则版本，他们将这种版本秘密地传授给职员，因为每个账房都相信他们的规则版本是"最好的"。16 世纪的英国数学家罗伯特·雷科德（Robert Recorde）在推广代数标记新方法方面表现突出。为了将代数的力量与试位法规则进行对比，他在 1542 年的作品《艺术基础》中对试位法规则进行了如下描述：

>按照自己的意愿猜一个答案。
>运气好的话，你可能会接近真理。
>对问题进行初次计算，
>尽管真理仍然遥不可及。
>这种错误是良好的基础，
>你很快就会发现真相。
>走过的道路越来越多，
>离目标的距离越来越近。
>再长的道路也会走到尽头，
>再小的水滴也能聚成大海。

> 不同种类交叉相乘，
>
> 错误的方法也可以找到真理。

雷科德的这段文字用16世纪的英文写成，大意是，你首先猜测一个答案，然后把它放到问题中。用这个猜测得到的结果和你想要的结果之间将会出现偏差。你用这个偏差得到一个更好的猜测，用这个猜测得到一个新的偏差，从而得到另一个猜测。如果你在计算偏差时足够聪明，你得到的猜测最终就会接近正确答案。试位法只需要一次迭代，第二次猜测总是准确的。对费希尔的最大似然方法来说，为了得到满意的答案，你可能需要迭代数千次甚至数百万次。

100万次迭代对一台耐心的计算机来说意味着什么呢？放在今天，也就是一眨眼的工夫而已。不久以前，计算机的功能和速度要差得多。在20世纪60年代后期，我有一台可编程台式计算机。这是一台原始的电子仪器，可以执行加减乘除操作。它还拥有一个小型内存，你可以存放一个程序，让它进行一系列算术操作。你还可以让它在程序中自动跳转。因此，这台可编程计算机可以进行迭代计算，只是需要很长时间。一天下午，我编好程序，检查了前几步，确保我没有在程序中犯错误，然后关掉办公室里的灯，回家了。与此同时，可编程计算机里面的电子元件仍然在嗡嗡作响，默默进行着加减乘除操作。按照程序，每隔一段时间，它会打印出一个结果。电脑上的打印机是个噪声很大的家伙，它会发出"咔啦咔啦"的巨大声响。

夜间保洁人员进入了大楼，一个人拿着笤帚和撮箕来到了我的办公室。在黑暗中，他听到了嗡嗡声。他可以看到计算机不断运算时一只眼睛一张一翕发出的蓝色光亮。突然，打印机醒了。"咔啦"，它叫了一声，然后是"咔啦，咔啦，咔啦，咔啦咔啦"。这位清洁工后来告诉我，这是一种极其可怕的经历，并请求我下次留下某种标记，警告人们计算机正在工作。

今天的计算机工作速度非常快，因此人们在分析越来越复杂的似然方法。哈佛大学的娜恩·莱尔德（Nan Laird）教授和詹姆斯·韦尔（James Ware）教授发明了一种强大而灵活的迭代程序，叫作"EM算法"。在我的统计学期刊中，每一期都有文章介绍某人将他的EM算法用到了之前被认为无法解决的问题上。其他一些算法也出现在了文献中，它们拥有怪诞的名字，如"模拟退火法"和"克里格法"。此外，我们还有梅特罗波利斯算法和马夸特算法，以及其他以发明者命名的算法。我们有复杂的软件包，包含成百上千条代码，可以让这些迭代计算变得"方便用户操作"。

费希尔的统计估计方法取得了胜利。最大似然统治了世界，皮尔逊的方法被人们丢进了历史的垃圾堆。不过，在 20 世纪 30 年代——此时，费希尔对数理统计理论的贡献终于获得承认，他正处在 40 来岁年富力强的好时光——一个名叫内曼的波兰青年数学家提出了一些问题，将费希尔藏在地毯下面的问题重新暴露在阳光下。

女士品茶

The Lady Tasting Tea: How Statistics Revolutionized Science In The Twentieth Century

第八章　致死剂量

每年3月，生物统计学会在美国南部的一座城市召开春季会议。我们这些工作和生活在北方的人有机会来到路易斯维尔、孟菲斯、亚特兰大或者新奥尔良，呼吸春天的新气息，观赏几个月后才会在家乡开放的各种草本植物和木本植物的花朵。和其他科学会议一样，这种会议由三到五名演讲者宣读论文，讨论者和听众会询问推导过程，提及替代方法，对这些论文的内容进行点评。这种会议通常在上午进行两组平行宣读，中午短暂休息，下午再进行两组宣读。最后一组宣读通常在下午5点左右结束，与会者此时返回旅馆的房间，但他们会在一到一个半小时之后集合在一起，三五成群地去吃晚餐，对城市的餐厅进行"采样"。

你通常可以在白天的时候在会议室里遇到朋友，约好晚上和谁一起吃饭。有一天，我没能如愿安排。我与下午的一位演讲者进行了漫长而有趣的讨论。他就住在这个地区，需要回家，因此我没有邀请他共进晚餐。当我们结束谈话时，大厅里空空如也，我连一个说话的人也找不到。我回到房间，给妻子打了电话，和孩子说了几句，然后下楼来到了旅馆大厅。也许我能找到认识的人，跟他们一起吃饭。

大厅里只有一个白头发高个子的人，独自坐在一把软垫椅上。我认出他就是切斯特·布利斯（Chester Bliss）。我知道他是用于确定毒品和毒药剂量反应关系的基本统计模型的发明者。那天早上，布利斯刚刚宣读了一篇论文。我走过去，介绍了我自己，然后对他的演讲大加恭维。他邀请我坐下来，于是我们坐在那里谈论统计学和数学。是的，这些事情是可以用来聊天的，我们甚至可以拿它们开玩笑。显然，我们两个人事先尚未安排好晚餐，因此我们决定共进晚餐。布利斯是一位有趣的饭搭子，拥有大量亲身经历的故事。在后来的会议中，我们有时也会在一起吃饭。布利斯在耶鲁大学任教，当我参加耶鲁大学统计学系主办的交流活动时，我也常常可以看到他的身影。

布利斯来自美国中西部一个殷实的中产阶级家庭。他的父亲是一名医生，母亲是家庭主妇。布利斯年轻时对生物学感兴趣，在大学学习昆虫学。他在 20 世纪 20 年代后期毕业，后来在美国农业部担任昆虫学家，并且很快参与到杀虫剂的研发中。他很快意识到，杀虫剂的现场实验涉及许多无法控制的变量，很难得到解释。他把昆虫收集到室内，在实验室里进行了一系列实验。有人向他推荐了费希尔的《研究工作者的统计方法》一书。以这本书为起点，为了理解书中介绍的方法背后的思想，布利斯阅读了费希尔的其他许多数学论文。

概率单位分析

根据费希尔的思想，布利斯很快开始设计实验，将昆虫分成不同小组，放在玻璃瓶中，设置不同的条件组合，施用不同剂量的杀虫剂。他进行这些实验时，开始注意到一个有趣的现象：不管杀虫剂的浓度有多高，总是有一两只昆虫能活下来。不管杀虫剂的浓度有多低，即使只用溶液，也会有几只昆虫被杀死。

面对这种明显的变动性，我们也许应该根据皮尔逊统计分布对杀虫剂的影响建立模型。问题是如何建立模型？读者可以回想起高中代数课上做应用题的可怕经历。甲先生和乙先生在静水或稳定的水流中划船,或者将水和油混合在一起,要么是来回抛球。这些应用题会给出一些数字,再提出一个问题,可怜的学生需要根据题意列出方程,解出 x。读者可能还记得当时自己努力把教科书往前翻,拼命寻找已经得到解答的类似问题,努力将新的数据套到已有方程里的情景。

在高中代数课上,已经有人事先列出了方程式。老师即使不知道这些方程式,也可以在教师教学手册上找到它们。假设有这么一道应用题,没有人知道如何列出方程式,有些信息是多余的,对解题毫无帮助,有些重要信息又没有出现在题目中,之前的教材中也没有类似的例子。这就是一个人想要用统计模型解决现实生活问题时遇到的情景,也是布利斯想要把新的概率分布数学思想应用到杀虫剂实验时面临的情况。

布利斯发明了一个程序,他称之为"概率单位分析"。他的发明在很大程度上用到了自己的原创性思想。费希尔、"学生"和其他人的作品并不能告诉他应该如何前进。布利斯之所以使用"概率单位"这个词,是因为他的模型能够将杀虫剂的剂量与一只昆虫在这个剂量下死亡的概率联系起来。在他的模型中,最重要的参数叫作"50% 致死剂量",通常被称为"LD-50"。这种剂量的杀虫剂有 50% 的概率杀死昆虫。如果这种杀虫剂用在大量昆虫身上，那么 50% 的昆虫会被杀死。另外，布利斯的模型无法确定杀死某只昆虫所需要的剂量。

布利斯的概率单位分析已经成功应用到了毒理学问题中。从某种意义上说，源自概率单位分析的深层思想构成了毒理学的主要基础。概率单位分析为 16 世纪内科医生帕拉塞尔苏斯（Paracelsus）首先确立的学说提供了数学基础。帕拉塞尔苏斯认为"药剂本身不是毒药"，他认为如果浓度足够高，所有的东西都可能具有毒性；如果浓度足够低，所有的东西都是无毒的。在这个基础上，布利斯加入了与个体结果相关的不确定性。

许多可卡因、海洛因或冰毒等街头毒品的使用者之所以死亡或者身体虚弱，是因为他们看到其他服用毒品的人活得好好的。他们就像布利斯的昆虫一样，环顾四周，发现其他一些"昆虫"仍然活着。不过，其他一些个体仍然存活的事实并不能保证某个个体不会死掉。我们无法预测单个个体的反应。和皮尔逊统计模型中的个体观测值一样，这些个体的反应并不是科学研究的"对象"。我们只能估计抽象的概率分布及其参数（如50%致死剂量）。

布利斯提出概率单位分析之后[1]，其他研究人员跟着提出了不同的数学分布。现代计算机程序在计算50%致死剂量时通常让用户从几个模型中选择一个，这些模型都是对布利斯模型的改进。研究显示，在使用实际数据时，所有这些方法可以得到非常相似的50%致死剂量估计值，不过它们在10%致死剂量等低概率剂量的估计上存在差异。

---

[1] 施蒂格勒误称定律同样适用于概率单位分析。布利斯显然是第一个提出这种分析方法的人。不过，这个方法要用到一个复杂的计算表中的两阶段迭代计算和内插法。1953年，美国氰胺公司的弗兰克·威尔科克森制作了一组图像，用户只需要把直尺放在标记线上，就能算出概率单位。这是J.T.利奇菲尔德和威尔科克森在一篇论文中发表的内容。为了证明这种图像解法能得到正确的答案，作者添加了一个附录，写出了由布利斯和费希尔提出的公式。20世纪60年代后期的某个时候，一位不知名的药理学家把这篇论文拿给了一位不知名的程序员，后者用这篇附录写了一个概率单位分析的计算机程序（使用布利斯的迭代解法）。这个程序的文档将利奇菲尔德和威尔科克森的论文作为参考文献。其他公司和药理学术部门很快开始拥有他们的概率单位分析计算机程序，这些程序都源于最初的程序，而且都在文档中将利奇菲尔德和威尔科克森的论文作为参考文献。最终，这些程序使用的概率单位分析开始出现在药理学和毒理学文献中，利奇菲尔德和威尔科克森的论文被看作概率单位分析的"最初"参考文献。因此，在统计已发表的主要科学论文所有参考文献的《科学文献索引》中，利奇菲尔德和威尔科克森的这篇论文是历史上引用频率最高的论文之一——不是因为利奇菲尔德和威尔科克森做了什么伟大的事情，而是因为布利斯的概率单位分析实在太受欢迎。

我们可以用概率单位分析替代任何模型估计某种致死剂量，如 LD-25 或 LD-80，即具有 25% 或 80% 致死率的剂量。要想得到良好的估计值，你离 50% 的位置越远，你需要做的实验就越多。我曾经参加过一项研究，目标是确定某种化合物对老鼠的 1% 致癌剂量。实验使用了 65000 只老鼠，不过根据我们对最终结果的分析，我们仍然没有获得 1% 致癌剂量的良好估计值。根据实验数据来计算，要想获得可以接受的 1% 致癌剂量估计值，我们需要几亿只老鼠。

布利斯的后期工作

1933 年，布利斯在概率单位分析上的早期工作被打断了。富兰克林·D.罗斯福（Franklin D. Roosevelt）被选为美国总统。在竞选总统时，罗斯福说得很清楚，联邦赤字是导致大萧条的罪魁祸首，他承诺削减政府赤字，缩小政府规模。这并不是新政的内容，但罗斯福在竞选时是这样承诺的。新总统上任以后，由他任命的一些人员开始根据竞选承诺解雇不必要的政府工作人员。农业部副部长的助理负责开发新的杀虫剂，他查看了部门里的情况，发现有个愚蠢的家伙不到有昆虫的野外做实验，反而把自己关在实验室里做实验。布利斯的实验室被关掉了，布利斯也被解雇了。他在恐怖的大萧条中失去了工作。他发明了概率单位分析，但这并不重要。没有人会为一个失业的昆虫学家提供饭碗，尤其是一个在室内而不是在野外研究昆虫的昆虫学家。

布利斯联系了费希尔，后者刚刚在伦敦获得了一个新职位。费希尔答应收留他，可以给他一些实验室设备，不过费希尔无法为布利斯提供正式工作，也无法向这位美国昆虫学家支付薪水。布利斯还是去了英国。他和费希尔及其家人住了几个月。他和费希尔共同改进了概率单位分析方法。费希尔在他的数学公式中发现了一些错误，提出了一些修改建议，提高了统计量的效率。根据费希尔的建议，布利斯又发表了一篇论文，而费希尔也把那个必不可少的统计表，补充编到他自己与弗兰克·耶茨（Frank Yates）联名写的有关统计表的那本书的新版中去。

布利斯在英国待了不到一年，费希尔就为布利斯找到了一份工作。布利斯的新东家是苏联列宁格勒植物研究所。于是，这个来自美国中西部、从未学过外语、对政治不感兴趣的中产阶级瘦高个子拿着一只装有随身衣物的小行李箱，乘坐火车穿越欧洲来到了列宁格勒火车站。

  与此同时，布利斯开始了自己的工作，用不同的杀虫剂组合处理各组选定的俄罗斯害虫，计算概率单位和 50% 致死剂量。他在研究所附近租了一间屋子。他的俄罗斯房东太太只能说俄罗斯语，而布利斯只能说英语，不过他告诉我，他们可以凭借手势和真诚的笑容很好地相处。

女士品茶

The Lady Tasting Tea: How Statistics Revolutionized Science In The Twentieth Century

第九章 钟形曲线

读了本书前八章以后，你很可能以为统计革命只发生在英国。在某种程度上，这是事实，因为英国人和丹麦人最早将统计模型应用到了生物学和农业研究中。在费希尔的影响下，统计方法很快传播到了美国、印度、澳大利亚和加拿大。与直接应用统计模型的英语世界不同，欧洲大陆拥有悠久的数学传统，数学家们此时正在研究与数学模型相关的理论问题。

其中，最重要的就是中心极限定理。在 20 世纪 30 年代早期以前，这个定理一直没有得到证明。许多人相信它是正确的，但是没有人能证明。费希尔关于似然函数的理论工作默认这个定理成立。拉普拉斯在 19 世纪早期用这个假设证明了他的最小二乘法。新兴的心理科学也提出了以中心极限定理为基础的智力和精神病级别的测量方法。

什么是中心极限定理？

大量数据的平均值拥有某种统计分布。中心极限定理是说，不管初始数据来自何处，这种分布都可以用正态概率分布来近似。正态概率分布就是拉普拉斯的误差函数，它有时又叫"高斯分布"。大众读物将其简单描述为"钟形曲线"。18 世纪后期，亚伯拉罕·棣莫弗证明中心极限定理适用于概率游戏中简单的数字集合。在接下来的 150 年里，这个猜想的证明工作没有任何进展。

这个猜想之所以被普遍承认，是因为它允许我们用正态分布描述大部分数据。一旦研究人员发现正态分布，他们需要解决的数学问题就变得容易多了。正态分布具有一些非常好的特性。如果两个随机变量服从正态分布，那么它们的和也服从正态分布。简单地说，正态分布变量的所有加减组合都服从正态分布。所以，正态分布变量导出的许多统计量也服从正态分布。

在卡尔·皮尔逊提出的四个参数中，正态分布只有均值和标准差两个参数，对称度和峰度都是零。一旦知道这两个数字，其他情形就都一目了然了。费希尔证明，他只需要知道一组数据的均值和标准差的估计值就够了，它们包含了这些数据的所有信息。他不需要保留任何原始测量结果，因为这两个数字包含了所有可能从测量值中发现的信息。如果测量数据足够多，能对均值和标准差做出足够精确的估计，那么就不需要再进行测量了，继续收集测量数据只会浪费时间。例如，如果你想确定某个正态分布两个参数的两位有效数字，那么你仅需收集大约50个测量值。

正态分布的数学便利性意味着科学家可以使用复杂的关系模型。只要基础分布是正态的，费希尔的似然函数形式常常可以用简单的代数进行处理。即使是需要迭代解法的复杂模型，如果分布是正态的，也可以使用莱尔德和韦尔的EM算法。在建模问题中，统计学家往往喜欢默认所有数据服从正态分布，因为正态分布在数学上很容易处理。不过，如果想这么做，他们需要使用中心极限定理。

不过，中心极限定理成立吗？更准确地说，它在哪些条件下成立呢？

20世纪20年代和30年代，斯堪的纳维亚、德国、法国、苏联的一群数学家正在用20世纪初发现的一组全新数学工具研究这个问题。此时，所有文明即将面临一场巨大的灾难——极权国家的兴起。

数学家的实验室里不需要配备昂贵的仪器。在 20 世纪 20 年代和 30 年代,数学家的典型装备就是一块黑板和一盒粉笔。在黑板上演算比在纸上好,因为粉笔字很容易擦除,而数学研究又总是充满了错误。大多数数学家都无法独立工作。如果你是数学家,你需要和别人谈论你在做什么。你需要说出你的想法,接受别人的批评。你很容易犯错误或引入一些隐性假设,你身在庐山中,但他人却旁观者清。各国数学家组成了一个圈子,他们交流信件,参与会议,检查对方的论文,不断提出意见和问题,探索数学分支。30 年代早期,德国的威廉·费勒(William Feller)和理查德·冯·米塞斯(Richard von Mises)、法国的保罗·列维(Paul Lévy)、俄罗斯的安德雷·柯尔莫哥洛夫(Andrei Kolmogorov)、斯堪的纳维亚的亚尔·瓦尔德马·林德伯格(Jarl Waldemar Lindeberg)和哈拉尔德·克拉默、奥地利的亚伯拉罕·瓦尔德(Abraham Wald)和赫尔曼·哈特利(Herman Hartley)、意大利的圭多·卡斯泰尔诺沃(Guido Castelnuovo)以及其他许多人都在相互交流,其中许多人在用这些新工具研究中心极限猜想。

不过，这种自由而便捷的交流很快就要中止了，它即将被纳粹种族理论和墨索里尼（Mussolini）帝国梦想的阴影所摧毁。

"死亡万岁！"

这种疯狂反智主义的一个极端例子出现在西班牙内战中。长枪党党员（即西班牙法西斯主义者）占领了古老的萨拉曼卡大学。学校校长是享誉世界的西班牙哲学家米格尔·德·乌纳穆诺（Miguel de Unamuno），当时他70多岁了。占领军的宣传长官、长枪党党员米兰·阿斯特赖（Millan Astray）将军失去了一条腿、一只胳膊和一只眼睛。他的座右铭是"死亡万岁"。和莎士比亚笔下的理查三世（King Richard III）一样，阿斯特赖残缺的躯体是他那扭曲罪恶思想的象征。长枪党命令在萨拉曼卡大学礼堂举行大型庆祝活动。讲台上坐着新任命的省长、弗朗西斯科·佛朗哥太太（Señora Francisco Franco）、阿斯特赖、萨拉曼卡主教以及被拖来当作战利品的老乌纳穆诺。

"死亡万岁！"阿斯特赖喊道。大厅中的人群也跟着喊起来。有人喊:"西班牙!"大厅里的人也跟着喊:"西班牙!死亡万岁!"穿着蓝色制服的长枪党党员站得整整齐齐,向讲台上方的佛朗哥肖像行法西斯礼。在这些叫喊声中,乌纳穆诺站起来,缓缓地走到讲台前。他静静地说:

请所有人听我说。你们都认识我,知道我不能保持沉默。有的时候,保持沉默就是说谎,因为沉默可以理解成默许。我想谈一谈阿斯特赖将军的发言——如果他说的话可以叫作发言的话……刚才我听到一句具有死亡意向、毫无意义的叫喊:"死亡万岁。"虽然我一生都在制造悖论……作为一个权威专家,我必须告诉你们,我非常讨厌这句古怪的悖论。阿斯特赖将军是个残疾人……他是因战争致残的……不幸的是,西班牙现在还有许许多多的残疾人。如果上帝不来帮助我们,我们很快还会拥有更多残疾人……

阿斯特赖把乌纳穆诺推到一边,喊道:"知识垃圾!死亡万岁!"长枪党党员一边回应这句口号,一边走上前来抓住乌纳穆诺,不过,老校长的话还没有说完:

这里是知识的神殿,而我是它的最高祭司。你们玷污了这个神圣的地方。你们可以取得胜利,因为你们拥有强大的武力。不过,你们无法让人信服,因为要想让人信服,你们需要说服他们,而你们恰恰缺少说服别人所需要的理智和正义……

乌纳穆诺遭到软禁,并在一个月内"由于自然原因而死亡"。

希特勒的种族政策致使德国大学遭受重创,因为欧洲许多伟大的数学家要么是犹太人,要么爱人是犹太人,而且大多数非犹太人都反对纳粹计划。费勒来到了普林斯顿大学,瓦尔德来到了哥伦比亚大学。哈特利和米塞斯去了英国。耿贝尔逃到了法国。埃米·诺特(Emmy Noether)在宾夕法尼亚州布林莫尔学院获得了一个临时的教员职位。

并不是所有人都能逃出来。你只有证明你在美国已经获得一个工作职位,美国的移民大门才会为你打开。拉丁美洲国家的国门是否开放全由主管官员的个人喜好决定。当纳粹力量占领华沙时,他们将所有能找到的华沙大学教员抓起来,将他们残忍地杀害,埋在一个万人坑里。在纳粹的种族世界里，波兰人和斯拉夫人是雅利安人的奴隶，不需要接受教育。欧洲古老的大学里许多年轻而有前途的学生就这样陨落了。

不过，在这些阴影成为现实之前，欧洲数学家已经解决了中心极限定理问题。芬兰人亚尔·瓦尔德马·林德伯格和法国人列维分别发现了中心极限定理成立的一组相互重叠的条件。实际上，这个问题至少有三种不同的解，中心极限定理不是一个定理，而是一系列定理，每个定理拥有一组不同的限制条件。到1934年，中心极限定理（族）已经不再是一种猜测了。只要能证明林德伯格-列维条件成立，中心极限定理就是成立的，此时科学家就可以将正态分布作为合适的模型使用。

从林德伯格-列维到 U 型统计量

不过，证明林德伯格-列维条件在某种情形中成立并不是一件很容易的事情。知道林德伯格-列维条件可以让人感到某种愉悦，因为这些条件在大多数情况下都是合理的，是很有可能成立的。不过，证明它们却很困难。正因为如此，我们才要隆重介绍战后在北卡罗来纳大学辛勤工作的瓦西里·霍夫丁（Wassily Hoeffding）。1948年，霍夫丁在《数理统计年报》上发表了一篇论文——《渐近正态分布的一类统计量》。

还记得吗，费希尔将"统计量"定义为来自观测结果、用于估计分布参数的一个数值。费希尔定义了统计量在使用上的一些标准，还证明卡尔·皮尔逊的许多方法得到的统计量并不满足这些标准。计算统计量有许多不同的方法，其中许多方法都满足费希尔的标准。算出统计量以后，要想使用这个统计量，我们需要知道它的分布。如果它具有正态分布，使用起来就非常简单了。霍夫丁证明，有一种属于"U型统计量"的统计量满足林德伯格-列维条件。这样一来，我们只需要证明一个新的统计量满足霍夫丁的定义就可以了，不需要进行复杂的数学推导，以证明林德伯格-列维条件成立。霍夫丁所做的仅仅是将一组数学要求换成另一组数学要求而已。不过，霍夫丁的条件非常容易验证。自从霍夫丁的论文出版以来，几乎所有证明新统计量服从正态分布的文章都会证明新统计量是U型统计量。

霍夫丁在柏林

第二次世界大战期间,霍夫丁的身份比较复杂。霍夫丁1914年出生在芬兰,父亲是丹麦人,母亲是芬兰人。当时,芬兰还是俄罗斯帝国的一部分。出生以后,霍夫丁随家人搬到了丹麦,并在第一次世界大战结束后搬到了柏林。这样,霍夫丁拥有两个斯堪的纳维亚国家的公民身份。1933年,他读完了高中,开始在柏林学习数学,此时纳粹开始在德国掌权。他所就读的那所大学的数学系主任米塞斯预感到即将发生的情况,早早离开了德国。很快,霍夫丁的其他老师有的逃走了,有的被迫离开了岗位。在混乱的局势中,年轻的霍夫丁只能跟随水平有限的教师学习各门课程。

霍夫丁和其他数学系学生被迫参加了路德维希·比贝尔巴赫(Ludwig Bieberbach)的一堂讲座。比贝尔巴赫本是一个不起眼的教员,他对纳粹党的热情拥护让他成了新的系主任。比贝尔巴赫的演讲主题是"雅利安"数学与"非雅利安"数学的区别。他认为堕落的"非雅利安"(读作犹太人的)数学依赖于复杂的代数标记法,而"雅利安"数学依赖于更加高贵、更加纯粹的几何直观。讲座快结束时,他请学生提问，一名后排学生问他为什么理查德·柯朗特（Richard Courant，20世纪早期一位伟大的德国犹太裔数学家）用几何工具发展出了实分析理论。后来，比贝尔巴赫再也没有就这个主题发表第二次公开演讲。不过，他创建了《德国数学》杂志，这份杂志很快成了当局眼中重要的数学期刊。

霍夫丁1940年完成了大学学业，此时和他同龄的其他年轻人都已被征召入伍。不过，由于他具有复杂的公民身份，而且芬兰是德国的盟国，因此他得以免除兵役。他在一个校际保险统计研究所担任研究助理。他还在德国一家比较古老的数学期刊做兼职，这家期刊不像比贝尔巴赫的期刊那样受人支持，纸张来源捉襟见肘，只能偶尔出版一期。霍夫丁甚至没有寻求教学工作，因为要从事教书行当，他需要申请正式的德国公民身份。

1944年，政府宣布"具有德国血统或相关血统"的非德国公民也需要服兵役。不过，霍夫丁在体检时查出了糖尿病，躲过了军旅生涯。他现在有权从事正式工作了。他做兼职的那家期刊的编辑哈拉尔德·盖伯特（Harald Geppert）建议他做一些军事应用方面的数学工作。他提建议的时候，另一位编辑赫尔曼·施密德（Hermann Schmid）也在场。霍夫丁犹豫了一下，他相信盖伯特做事谨慎，因此告诉盖伯特，做任何战争工作都会违背他的良心。施密德是一个高贵的普鲁士家族成员，霍夫丁希望他的荣誉感能够让他保守秘密。

接下来的几天，霍夫丁一直提心吊胆，幸好什么事情都没有发生，他还可以继续工作。当俄军逼近时，一天早上，盖伯特在早餐里给小儿子下了毒药，自己和妻子也服毒自尽。1945年2月，霍夫丁和母亲逃到了汉诺威的一个小镇，这个地方后来成了英国占领区。他的父亲仍然留在柏林，被俄罗斯秘密警察当作间谍抓住，因为其曾在丹麦为美国的商务专员工作。一连几年，他的家人不知道他的生死。后来，他从监狱逃了出来，逃到了西方。与此同时，1946年秋天，年轻的霍夫丁来到了纽约，继续研究工作，后来受邀在北卡罗来纳大学担任教员。

运筹学

纳粹反智主义和反犹主义的一个后果就是使二战中的盟军收获了一批聪明的科学家和数学家，这些人帮助同盟国赢得了战争。英国生物学家彼得·布莱克特（Peter Blackett）建议海军部利用科学家解决战略和战术问题。不管是什么领域的科学家，都应接受培训，将他们的逻辑和数学模型应用到实际问题中。他建议组织科学家团队，解决与战争相关的问题。于是，运筹学这门学科应运而生。来自不同领域的科学家团队聚集在一起，研究远程轰炸机攻击潜艇的最佳方法；为高射炮制作射击表；决定靠近前线的军火补给站的最佳选址；甚至还要解决军队的食品补给问题。

战争结束以后，运筹学从战场转移到了商界。参与战争的科学家证明了数学模型和科学思想可以用于解决战争中的战术问题。同样的思想和许多同样的方法也可以用于组织工厂车间的工作，寻找仓库和销售区域之间的最优关系，解决其他许多与平衡有限资源或提高产量和产出有关的商业问题。从那时起，大多数大公司开始建立运筹部门。我在辉瑞公司工作的时候所做的几个项目，都是为了改善对药物研究进行控制和提取新产品进行测试的方法。在所有这些工作中，一个很重要的前提就是在条件允许时使用正态分布。

女士品茶

The Lady Tasting Tea: How Statistics Revolutionized Science In The Twentieth Century

第十章　拟合优度检验

20 世纪 80 年代，出现了一种新的数学模型，引起了大家的无穷想象，这主要归功于它的名字："混沌理论"[①]。这个名字暗示它是一种随机性极强的统计模型。起这个名字的人有意避开了"随机"一词。混沌理论实际上是想在更复杂的层面上复兴决定论，颠覆统计革命。

还记得吗，在统计革命以前，科学所处理的"对象"要么是测量结果，要么是产生这些测量结果的物理事件。在统计革命中，科学研究的对象变成了控制测量值分布的参数。在之前的决定论方法中，人们总是相信更精确的测量值可以更准确地定义他们正在研究的物理事实。在统计方法中，分布参数有时不需要拥有物理实体，不管测量系统多么精确，我们都只能得到带有误差的估计值。例如，在决定论方法中，

---

① 这里对混沌理论的描述选自布莱恩·戴维斯《探索混沌：理论和实验》一书。

描述事物落向地球的重力常数是一个固定的数字。在统计方法中，我们对重力常数的测量结果总是不同的，我们希望确定的是其分布情况，以"理解"下落的物体。

1963年，混沌理论学家爱德华·洛伦兹（Edward Lorenz）发表了一篇演讲，题为《扇动翅膀的巴西蝴蝶会引起得克萨斯的龙卷风吗？》。这篇演讲后来被很多人引用。洛伦兹的主要观点是：混沌的数学函数对初始条件非常敏感，初始条件的微小差异在经过多次迭代后可能导致完全不同的结果。洛伦兹认为，这种初始条件对微小差异的敏感性让我们无法对他的问题给出明确的回答。洛伦兹的演讲以决定论为基本假设，他认为每个初始条件在理论上都能得到一个最终结果。这种"蝴蝶效应"思想已经被混沌理论的推广者当成深邃而明智的真理。

不过，没有任何科学证据证明这种因果关系的存在，没有一种关于现实的良好数学模型支持这种效应，这种说法仅仅是在宣传一种信仰。它在科学上的可信度并不比关于鬼神的描述更高。用分布参数定义科学研究对象的统计模型也是基于对现实本质的一种信仰。根据我的科学研究经验，我相信，同决定论相比，统计学这种信仰的真实性更高。

混沌理论与拟合优度

明确固定的公式产生的数据看上去似乎拥有某种随机模式，这一现象是混沌理论产生的基础。一群数学家使用一些相对简单的迭代公式进行计算并画出结果时，就会产生这一现象。在第九章，我描述了一个迭代公式，你可以用它产生一个数据，然后把它放回公式产生下一个数据。第二个数据又可以用于产生第三个数据，依此类推。在20世纪早期，法国数学家亨利·庞加莱（Henri Poincaré）为了理解微分方程的复杂类别，将这种数据一对一对连续画在一张图像上。庞加莱在这些图上发现了一些有趣的图案，但他没有看出这些图案有什么价值，因此停止了这项工作。混沌理论始于庞加莱的这些图像。当你在坐标纸上绘制庞加莱图像时，一开始，它们似乎没有结构。它们以看上去毫无规律的方式出现在不同位置。随着图像上的点逐渐增多，图案开始出现了。它们有时是一组组的平行线，有时是一组交叉线，有时是一组圆圈，有时是圆圈中间穿插直线。

混沌理论的支持者认为，现实生活中看上去完全随机的测量结果实际上是由某些具有决定性的公式产生的，这些公式可以根据庞加莱图像上的图案推导出来。例如，有些混沌理论的支持者测量了人类心跳的间隔时间，将其画在庞加莱图像上，他们宣布在这些图上发现了图案，而且发现了似乎可以得到同样图案的决定性生成公式。

到本书写作时，这种形式的混沌理论有一个重大缺陷。根据数据所画的图像与一组明确公式生成的图像之间没有拟合程度上的衡量。要想证明他们的生成函数是正确的，需要让读者查看两个类似的图像。实践证明，这种目测方法在统计分析中是不可靠的。眼睛看起来相同或非常相近的事物在专用统计工具的仔细检查下往往会暴露出极大的差异。

皮尔逊的拟合优度检验

卡尔·皮尔逊在他的职业生涯早期就注意到了这个问题。皮尔逊的伟大贡献之一就是提出了第一个"拟合优度检验"。通过比较预测值与观测值，皮尔逊得到了一个检验拟合优度的统计量。他将这个检验统计量称为"卡方拟合优度检验"。他使用了希腊字母 χ，因为这个检验统计量的分布属于某一族偏态分布，而他将这一族分布称为 χ 族分布。实际上，这个检验统计量的表现类似于 χ 的平方，因此得到了"卡方"的名字。这是一个符合费希尔标准的统计量，因此它拥有概率分布。皮尔逊证明，不管使用何种数据，卡方检验的拟合优度都具有相同的分布。也就是说，他可以为这个统计量制作概率分布表格，然后在每次检验时使用同一组表格。卡方拟合优度只有一个参数，费希尔称之为"自由度"。他在 1922 年的一篇论文中首次批评了皮尔逊的工作，指出皮尔逊在比较两个比例时把参数值弄错了。

不过，我们不能因为皮尔逊在细枝末节之处犯下一个小小的错误就否定他的巨大成就。皮尔逊的拟合优度检验引出了现代统计分析的一个重要组成部分，即"假设检验"或"显著性检验"。在这种检验中，分析师可以对现实情况提出两个或多个相互竞争的数学模型，并用数据拒绝其中的一个模型。假设检验的用途极其广泛，许多科学家认为他们唯一可以使用的统计方法就是假设检验。在后面的章节中，我们会看到，假设检验的使用涉及一些严肃的哲学问题。

检验女士能否品尝出茶水的差异

假设我们希望检验女士能否品尝出加了牛奶的茶和加了茶的牛奶之间的区别。我们给她两杯茶,告诉她一杯是茶里倒了牛奶,一杯是牛奶里倒了茶。她品尝之后正确辨认出了这两杯茶。她可以通过猜测做到这一点,她有一半的猜中概率。我们再给她同样的两杯茶,她再次辨认出了这两杯茶。如果她是猜的,这种情况连续发生两次的概率就是1/4。我们再给她两杯茶,结果她又答对了。在仅凭猜测的情况下,这种情况发生的概率是1/8。我们继续给她递茶,她一直没有出错。在某个时间点上,我们将不得不承认,她拥有判断区别的能力。假设她有两杯茶判断错了。假设这发生在第24轮,而她在之前各轮都答对了。我们还能认为她拥有检测区别的能力吗?假设她在24轮里错了4轮呢?在24轮里错了5轮呢?

假设检验,或者说显著性检验,是一种在待检验假设成立时计算观测结果出现概率的正规统计方法。当观测结果出现的概率非常低时,我们说假设不成立。有一点很重要,那就是假设检验是一种推翻假设的工具。在上面的例子中,假设的内容是女士不具有判断能力。假设检验并不能让我们接受一个假设，不管与这个假设相关的概率有多高。

在这种一般性概念的发展早期，人们用"显著"一词表示概率足够低，足以拒绝假设。如果某些数据可以用于拒绝某个已经提出的分布，这些数据就是显著的。人们使用的是这个词在 19 世纪后期英语中具有的含义，表示计算结果说明了一些事情。进入 20 世纪，"显著"开始拥有其他含义。目前，它可以表示某件事情非常重要。统计分析仍然用"显著性"这个词表示在待检测的假设下计算出的概率非常低。在这种语境下，这个词仅仅具有数学含义。遗憾的是，使用统计分析的人在遇到显著性检验统计量时往往按照现代意义去理解这个词语。

费希尔对 p 值的使用

目前通用的大部分显著性检验方法都是费希尔提出来的。他将判断显著性的概率称为"p 值"。他对 p 值的意义和用法没有丝毫疑虑。《研究工作者的统计方法》中有许多内容用于说明如何计算 p 值。我之前说过，这本书的写作对象是想要使用统计方法的非数学专业读者。在这本书中，费希尔并没有介绍这些检验方法的来源，他也从来没有明确指出什么样的 p 值可以看作显著性结果。相反，他举出了一些计算实例，然后指出结果是否显著。在一个例子中，他指出 p 值小于 0.01，然后说："在一百个值里，只有一个值能超出（计算出来的检验统计量），因此结果之间的差异是显著的。"

费希尔最接近 p 值显著性定义的一次论述出现在 1929 年《心灵研究学会刊》上的一篇文章中。心灵研究是通过科学方法证明第六感存在性的研究。心灵研究人员大量使用统计学的显著性检验方法来证明在被试者只能做出随机猜测的假设下他们得到的结果出现的概率有多低。在这篇文章中，费希尔谴责一些作者没有正确使用显著性检验。接着，他说：

在用生物方法研究生物的过程中，显著性统计检验是至关重要的。有些意外现象不是由我们希望研究或想要检验的因素引起的，而是我们无法控制的其他许多条件共同作用的结果，显著性检验可以防止我们被这些现象所欺骗。如果一个观测结果在我们所寻找的真正因素缺失时很难出现，那么我们认为这个结果是显著的。人们通常的做法是，如果一个结果数值很大，20次实验里只能出现不到1次，他们就认为这种结果具有显著性。对于讲究实际的研究人员来说，这是一种武断而简单的显著性判断方法，但它并不意味着研究人员每做20次实验就会被欺骗1次。显著性检验只能告诉他应该忽略什么，即所有没有获得显著性结果的实验。只有他知道如何设计实验能确保获得显著性结果时，他才能宣布某个现象可以用实验演示。因此，无法重现的、单独的显著性结果值得怀疑，需要进一步研究。

请注意费希尔所说的"知道如何设计实验能确保获得显著性结果"。这是费希尔使用显著性检验的核心思想。对费希尔来说，显著性检验只有在一系列用于说明某些影响因素的实验中才有意义。通读费希尔的应用论文，我们发现，费希尔可以用显著性检验得到三个结论。如果 p 值非常小（通常小于 0.01），他就会宣布检验出了一个影响因素。如果 p 值很大（通常大于 0.20），他就会宣布，即使存在影响因素，它们也是微乎其微的，无法通过这种规模的实验检测出来。如果 p 值介于二者之间，他就会研究如何设计下一步实验，以便更好地了解这种影响因素。除了上述说法,费希尔从未明确指出科学家应如何解释 p 值。在费希尔看来很直观、很明显的东西,读者未必很清楚。

在第十八章,我们还会重新研究费希尔对显著性检验的态度,它也是导致费希尔铸成大错的核心原因:费希尔坚持认为吸烟对健康没有危害。不过,我们暂且把费希尔关于吸烟与健康的证据分析留到后面,回到 1928 年,看一看 35 岁的内曼。

耶日·内曼的数学教育

当第一次世界大战的战火在内曼的东欧故乡蔓延时,内曼在数学方面已经表现出了不俗的潜质。他被迫来到了俄罗斯,在远离数学活动的哈尔科夫大学学习。内曼的老师不了解最新的知识,而且由于战争的原因,内曼有好多学期无法上课,因此他在哈尔科夫只学到了初等数学知识,只能通过费尽心思搜集到的数学期刊上的文章提高自己的水平。就这样,内曼接受了与 19 世纪学生类似的数学教育,然后自学了 20 世纪的数学。

内曼一开始只能在哈尔科夫大学的图书馆里寻找期刊文章，后来他也只能在波兰的地方院校里寻找这类文章。一次偶然的机会，内曼读到了法国人亨利·勒贝格（Henri Lebesgue）的一系列文章。勒贝格在 20 世纪早期创立了现代数学分析的许多基本思想，但他的论文理解起来并不容易。勒贝格积分、勒贝格收敛定理以及这位伟大数学家的其他创造性成果都被后来的数学家简化和整理成了更易于理解的形式。现在，没有人再去阅读勒贝格的原作。所有学生都是通过后来的版本接触到他的思想的。

只有一个人例外，那就是内曼。内曼手上只有勒贝格的原作，他努力阅读了这些文章，看到了这些伟大的新发现（对他来说）所蕴含的智慧光芒。在之后的岁月里，内曼非常崇拜勒贝格。20 世纪 30 年代后期，内曼终于在法国的一次数学会议上见到了勒贝格。根据内曼的回忆，他发现勒贝格是一个非常粗鲁、没有礼貌的人，面对热情的内曼，他只是小声嘟囔了几句，然后把正在说话的内曼扔在一边，转身走开了。

这种冷漠令内曼受到了深深的伤害。也许是将这次经历当成了反面教材，他总是愿意抽出时间礼貌和蔼地对待青年学生，仔细聆听他们的话语，参与到他们的热烈讨论中。这就是内曼，他就是这种人。所有认识他的人都记得他的和蔼和对别人的关怀。他彬彬有礼，体贴周到，在和别人相处时表现出发自内心的快乐。我见到他时，他已经80多岁了，个子不高，留着整齐的白色小胡子，衣冠整洁，不怒自威。当他倾听别人说话或参与热烈的交谈时，他的蓝眼睛里闪烁着光芒，他关注着在场的每一个人，不管他们是否有名气。

内曼在职业生涯早期，在华沙大学找到了一个初级教员的职位。当时，波兰刚刚独立，几乎没有钱支持学术研究，为数学家提供的职位非常稀少。1928年，内曼在伦敦的生物统计实验室度过了一个夏天，他在那里认识了埃贡·皮尔逊、埃贡的妻子艾琳（Eileen）以及他们的两个女儿。埃贡·皮尔逊是卡尔·皮尔逊的儿子，两个人的性格有着天壤之别。卡尔·皮尔逊风风火火、专横跋扈，埃贡·皮尔逊则害羞谦逊。卡尔·皮尔逊一有新思想就匆匆下笔，一挥而就，发表的论文中常常会有数学表述不清晰的地方，甚至包含数学错误。埃贡·皮尔逊则极其认真，仔细推敲计算过程的每个细节。

埃贡·皮尔逊和内曼之间的友谊在两人1928年到1933

年的通信之中可见一斑。这些信件可以让我们深入了解科学家之间的交流情况，向我们展示了两位具有开创精神的前辈怎样努力解决一个问题。每个人都会提出新思想，批评对方的思想。小皮尔逊踌躇地表示内曼提出的一些想法可能行不通时，他的谦虚风格非常引人注目；而内曼透过复杂问题寻找关键要点时，他的原创精神也在熠熠生辉。如果你想知道为什么数学研究常常需要多人合作，我推荐你拜读一下内曼和小皮尔逊之间的通信。

埃贡·皮尔逊最初向内曼提出的问题是什么呢？让我们回忆一下卡尔·皮尔逊的卡方拟合优度检验。他提出这种方法是为了检验观测到的数据是否拟合某个理论分布。实际上，卡方拟合优度检验并不是一种固定的方法，分析师拥有无数种方法对一组数据进行卡方检验。关于如何"最好地"在这些方法中做出选择，似乎并没有什么标准。每次检验时，分析师必须自行做出选择。埃贡·皮尔逊向内曼提出了如下问题：

> 如果我用一个卡方拟合优度检验方法检验一组数据与正态分布的拟合程度，如果我没有得到显著的 p 值，

我怎么知道这些数据是否真的能够拟合正态分布？也就是说，我怎么知道另一种卡方检验或另一种目前还没有发现的拟合优度检验无法得到显著的 p 值并拒绝数据拟合正态分布的假设呢？

内曼的数学风格

内曼把这个问题带回了华沙，两个人从此开始通信。内曼和小皮尔逊都对费希尔根据似然函数进行估计的概念了然于胸。最开始，他们研究与拟合优度检验相关的似然（即可能性）。他们的第一篇联合论文描述的就是这些研究的结果。他们一共发表了三篇经典论文，彻底改变了显著性检验的整体思想，其中第一篇是最复杂的一篇。他们沉浸于研究这个问题时，内曼不断用清晰的思路直抵问题的核心，让他们的工作变得更清晰，更容易理解。

有一件事情读者可能不相信，那就是写作风格在数学研究中起着非常重要的作用。有些撰写数学材料的人似乎无法写出便于理解的文章。另一些人喜欢展示一行行周密严谨的符号表达式，将主要思想隐藏在这些密码之中，他们似乎可以从中获得奇特的乐趣；有些人有能力将复杂思想以简洁有力的形式表达出来，在他们的文章中，推导过程显得非常自然。只有读者回味他在这篇文章中学到的知识时，才会意识到这种表达方式的神奇。内曼就属于这种作者。阅读他的论文是一种享受。在他的笔下，新思想出现得很自然，复杂的问题看上去变得非常简单，结论也完全符合直觉，你甚至怀疑为什么人们没有在很早以前得到这些结果。

我在辉瑞中心研究所工作了 27 年。该机构每年在康涅狄格大学赞助一场学术讨论会。学校统计系每年邀请生物统计研究领域的一个重要人物过来待上一天，和学生见见面，并在下午晚些时候发表一次演讲。我也参与了该活动的申请准备工作，因此我有幸通过这些活动见到了统计领域的一些大人物。内曼也曾经受邀参加这项活动。他要求他的演讲采用特殊的形式。他希望宣读一篇论文，然后请一个讨论小组对他的论文进行评论。鉴于内曼德高望重的地位，讨论会的组织者联系了新英格兰地区的著名资深统计学家，组成了一个讨论小组。在最后时刻，一位小组成员无法到场，因此他们把我叫了过去。

内曼给我们每个人发了一份他准备宣读的论文。这是一份激动人心的工作成果,他把自己 1939 年所做的工作运用到了一个天文学问题中。我知道那篇发表于 1939 年的论文。多年前,当我还在读研究生时,我就看到了这篇论文,而且对它印象深刻。这篇论文处理的是内曼发现的一类新的分布,他称之为"传染分布"。论文中的问题始于为土壤中的昆虫幼虫建立模型。在遍地虫卵的土地上,雌性昆虫飞来飞去,随机选择一个地点产卵。之后,幼虫就会在这个地点孵化出来并向周围扩散。如果在这片土地上取一份土壤样本,这个样本里的幼虫数量具有怎样的概率分布呢?

传染分布描述的就是这种情形。它是内曼在 1939 年的论文中用看上去非常简单的一系列等式推导出来的。这种推导看上去明显而自然。当读者读完论文时,他会发现这个问题显然没有第二种处理方法,但是他只有在读完内曼的论文之后才能产生这种印象。自从这篇论文 1939 年发表以来,人们发现,内曼的传染分布适用于许多情形,涉及医学研究、冶金、气象学、毒理学,还可以用于处理宇宙中的星系分布(内曼在辉瑞学术讨论会的论文中描述的就是这种情形)。

内曼结束演讲以后,坐下来倾听讨论小组发言。其他所有小组成员都是重要的统计学家，他们很忙，没有时间事先阅读内曼的论文。他们认为辉瑞公司举办的这场讨论会是对内曼学术贡献的认可。他们的"讨论"变成了对内曼职业生涯和过去成就的评价。我是最后一刻替换上来的人，无法谈论我和内曼（不存在的）过去的共同经历。我只能像内曼要求的那样，谈论他当天的演讲。我还提到，我多年前读过1939年的论文，而且在此次会议前重读了这篇论文。我尽我所能描述了这篇论文。当我讲到内曼导出分布参数含义时使用的巧妙方法时，我表现出了极大的热情。

听了我的评论，内曼显然非常兴奋。会后，我们热烈讨论了传染分布及其用途。几个星期以后，我收到一个巨大的邮包，里面是加州大学出版社出版的《J.内曼早期统计论文选》，封面内页上写着："致戴维·萨尔斯伯格博士，衷心感谢他对我1974年4月30日所作演讲的有趣评论。J.内曼。"

我非常珍惜这本书，不仅是因为内曼的签名，更是因为里面那些优雅而精彩的论文。后来，我与内曼的许多学生和同事有过来往。我在1974年遇到的那位友好、风趣、热心的老先生正是他们熟识和敬仰的那位学术前辈。

女士品茶

The Lady Tasting Tea: How Statistics Revolutionized Science In The Twentieth Century

第十一章 假设检验

埃贡·皮尔逊和内曼合作伊始，向内曼提出了一个问题：如果他在检验一组数据的正态性时并未得到显著的 p 值，那么如何确定这组数据是否服从正态分布呢？他们的合作始于这个问题，不过他们的研究范围比这个问题宽泛得多。在显著性检验中获得不显著的结果意味着什么呢？如果我们无法推翻一个假设，我们是否可以认定这个假设成立呢？

费希尔以间接的方式对这个问题给出了回答。费希尔认为较大的 p 值（没有显著性）意味着数据不足以做出判断。费希尔从来不认为显著性的缺失意味着被检验的假设是正确的。用他的话来说：

> 仅仅因为一个假设与现有事实不矛盾就相信它得到证明的做法存在逻辑错误，这种做法在其他科学研究中

不成立，在统计学中也不成立……因此，如果大家能够理解显著性检验在正确使用时能够通过表明假设与数据相互矛盾而拒绝或推翻假设，但它们永远无法证明假设一定是正确的，那么，大家对显著性检验的理解就会更加清晰……

卡尔·皮尔逊常常用他的卡方拟合优度检验"证明"数据服从指定的分布。费希尔将更多的严格性引入了数理统计，卡尔·皮尔逊的方法无法继续使用了。不过，问题依然没有得到解决。我们必须知道数据拟合哪一种分布，以便确定应当估计哪些参数以及这些参数与需要研究的科学问题之间的关系。统计学家往往喜欢用显著性检验证明这一点。

在埃贡·皮尔逊和内曼的通信中，两人探索了显著性检验得出的一些矛盾。在这些例子中，人们错误地使用了显著性检验，推翻了明显正确的假设。费希尔从未陷入这些矛盾中，他显然可以发现这些显著性检验没有得到正确使用。内曼问埃贡·皮尔逊，哪些标准可以用于确定显著性检验是否得到正确使用？渐渐地，在两人的通信中，在内曼夏季对英国的访问和皮尔逊对波兰的访问中，假设检验的基本思想出现了[1]。

现在，我们可以在所有初级统计教材上找到内曼-皮尔逊假设检验公式的一个简化版本。它拥有一个简单的结构。我发现，大部分一年级学生很容易理解这个版本。由于它被编入了教材，因此这个版本的公式是精确而经典的。编写教材的人似乎在说，假设检验必须采用这种形式，而且只能采用这种形式。这种严格的假设检验方法得到了美国食品药品监督管理局和环境保护署等机构的采纳，而且通过医学院传授给了未来的医学研究人员。它还渗透到了处理某些歧视类案件的诉讼程序中。

当人们以这种严格、简化的版本传授内曼提出的内曼-皮尔逊公式时，他们实际上歪曲了内曼的本意，因为他们把注意力放在了公式错误的一面上。内曼的主要发现在于，要想让显著性检验有意义，至少要有两个可能的假设。也就是

---

[1] 在本章，我将假设检验的主要数学思想归功于内曼。这是因为内曼负责整理出了最终的公式及其背后的详细数学推导。不过，埃贡·皮尔逊在遇到内曼6个月之前和戈塞特的通信表明，皮尔逊当时已经在思考备择假设和不同错误种类的问题了。而且，第一个提出这种思想的人可能是戈塞特。尽管埃贡·皮尔逊开启了这项研究，但他还是承认内曼为他的"粗略想法"提供了数学基础。

说，只有当你相信一组数据服从另外一个分布或一组分布，你才能检验这组数据是否服从正态分布。这些备择假设的选择决定了显著性检验的使用方式。如果备择假设成立，那么将其检测出来的概率称为检验的"效力"。在数学上，只有对每个概念赋予清晰明确的定义，才能得到清晰的思想。为了区别用于计算费希尔 p 值的假设和其他可能的一个假设或多个假设，内曼和皮尔逊称被检验的假设为"零假设"，称其他假设为"备择"假设。在他们的公式中，p 值用于检验零假设，效力指的是当备择假设成立时 p 值将其识别出来的能力。

由此，内曼得到了两个结论。一是检验的效力体现了检验的优秀程度。效力越大，检验的效果就越好。二是备择假设不能太多。你不能说数据来自一个正态分布（零假设）或者来自任何其他可能的分布。这种备择假设范围太大，任何检验都无法适用于所有可能的备择假设。

1956 年，萨维奇和芝加哥大学的拉杰·拉古·巴哈杜尔（Raj Raghu Bahadur）证明，为数不多的备择假设就可以让假设检验失效。他们构造了一个相对较小的备择假设集合，任何检验都无法对这些备择假设起作用。20 世纪 50 年代，内曼提出了有限假设检验思想,将备择假设集合限制在很小的范围内。他证明,同包含较多假设的检验相比,这种检验的效力较高。

在许多情形中,人们用假设检验来推翻零假设。例如,当人们在临床试验中比较两种药品时,待检验的零假设是两种药品具有同样的效果。不过,如果这个假设成立,研究就不需要进行下去了。两种治疗手段相同的零假设是个活靶子,需要靠研究结果来推翻。因此,根据内曼的理论,人们在设计实验时应以结果数据效力的最大化为目标,以推翻零假设,显示出药品效果的差异。

概率是什么?

遗憾的是,要想对假设检验提出具有内在一致性的数学方法,内曼需要解决费希尔藏到地毯下面的一个问题。尽管内曼提出了清晰整齐的数学解法,但这个问题仍然困扰着假设检验。这是人们将统计方法应用到科学领域时经常会遇到的一个问题。在最一般的层面上,它可以总结成这样一句话:概率在现实生活中意味着什么?

统计学的数学公式可以用于计算概率。这些概率让我们能够将统计方法应用到科学问题中。在数学上，概率的定义是明确的。如何将这种抽象的概念与现实联系在一起呢？当科学家试图确定事情的真伪时，他们如何解释统计分析中的概率呢？在本书最后一章，我会探讨这个一般性问题，介绍人们为解答这个问题做出的尝试。目前，我们还是回过头来，研究内曼面对的具体问题，看看他是怎样解决这个问题的。

还记得吗，费希尔用显著性检验得到了一个数，他称之为 p 值。这是一个计算出来的概率，是在零假设成立时观测结果出现的概率。例如，假设我们希望检验一种防止接受乳房切除术的患者乳腺癌复发的新型药物，将它与安慰剂进行比较。需要推翻的零假设是新药的效果不如安慰剂。假设 5 年以后，服用安慰剂的妇女 50% 出现了复发，而服用新药的妇女无人复发。这能证明新药"有效"吗？当然，答案取决于这里的 50% 代表多少人。

如果在研究中，每个小组只有 4 名妇女，这意味着我们有 8 位病人，其中 2 人出现了复发。假设我们随便选择 8 人，标记其中的 2 人，然后将 8 人随机分成两组，每组 4 人。被标记的 2 人分到同一组的概率约为 0.42。如果每组只有

4名妇女，那么所有复发出现在安慰剂组的结果并不能显著地推翻假设。假设每个小组有500名妇女，那么如果药品没有效果，所有250个复发病人出现在安慰剂组的可能性将会非常低。如果药品和安慰剂具有同样的效果，所有250个人被分到一个小组里的概率即p值不到0.0001。

p值是一个概率，上面就是它的计算方法。它的作用是说明计算它所依赖的假设是错误的，那么它到底意味着什么呢？它是在最不可能成立的条件下观测结果出现的理论概率，与现实没有任何关系。它是可信度的间接度量。它不是我们误判药品有效的概率，也不是任何一种错误概率，更不是安慰剂和药品对病人同样有效的概率。不过，为了确定哪些检验比其他检验更好，内曼需要想办法将假设检验纳入一个框架中，以计算与检验结论相关的概率。他需要将假设检验的p值与现实生活联系起来。

概率与频数学派

1872年，英国哲学家约翰·韦恩（John Venn）提出了一种具有现实意义的数学概率表述。他用到了一个重要的概率定理，即大数定律。大数定律的内容是，如果某一事件拥有固定的概率（如抛一个骰子，落地时六点向上的概率），如果我们不断进行相同的试验，该事件发生的比例将越来越接近于该概率。

韦恩认为某一指定事件的概率是从长期来看该事件发生的次数占比。根据韦恩的观点，概率的数学理论并不能推出大数定律，相反，大数定律是概率的基础。这是频数学派对概率的定义。1921年，约翰·梅纳德·凯恩斯[①]认为这是无用的，甚至是无意义的解释。他指出，频数学派对概率的定义具有内在的矛盾，导致人们无法在大多数需要用到概率的情形中使用这种定义。

在假设检验的正式数学结构中，内曼使用了韦恩的概率论定义。内曼用这种方法来解释假设检验中的p值。在内曼-皮尔逊公式中，科学家需要设置一个固定的数字，如0.05，

---

① 凯恩斯身上也有一种误称现象。大多数人认为他是经济学家，是凯恩斯经济学派的创始人，即研究政府对货币政策的管理如何影响经济运行的那个学派。不过，凯恩斯本人是一位哲学博士，他于1921年发表的博士论文《论概率》是数理统计哲学基础发展过程的一个重要里程碑。在后面的内容中，我们偶尔还会提到凯恩斯的观点。当然，我们提到的是凯恩斯的概率观点，而不是他的经济学观点。

然后在显著性检验的 p 值小于或等于 0.05 时拒绝零假设。这样一来，长期来看，科学家在 100 次检验中刚好有 5 次拒绝真实的零假设。目前人们在教授假设检验时往往强调内曼对频数学派方法的使用。我们很容易将内曼-皮尔逊的假设检验公式看成频数学派概率方法的一部分，忽略内曼提出的更加重要的思想：要想推翻零假设，必须仔细选择一组备择假设。

　　费希尔误解了内曼的思想。他把注意力放在了显著性水平的定义上，忽略了效力这一重要思想和定义备择假设的必要性。在批评内曼时，他写道：

> 内曼觉得他在纠正和改善我对显著性检验的早期工作，以"增进自然知识"。实际上，他是在用"验收程序"这种用于技术领域和商业领域的工具重新解释我的工作。当然，验收程序在现代社会具有非常重要的作用。我想，像皇家海军这样的大型机构在从一家工程公司采购材料时，一定会进行非常仔细的检查，以降低接收到残次物品的频率……不过，在我看来，这种操作与物理实验或生物实验上的科学发现存在巨大的逻辑区别，它

们之间的类比不会对我们起到帮助作用,将二者混为一谈的做法一定会误导我们。

尽管内曼的基本思想遭到了曲解,假设检验还是成为科学研究中使用最广泛的统计工具。内曼优雅的数学公式已经被许多科学学科奉为圭臬。大多数科学期刊要求作者对他们的数据进行假设检验。这种方法的使用范围甚至超出了科学期刊领域。美国、加拿大和欧洲的药品管理机构要求在提交申请时使用假设检验。法庭将假设检验看作合适的证据,允许原告用假设检验来证明雇主的雇佣歧视行为。假设检验的使用已经覆盖了统计科学的所有分支。

内曼-皮尔逊公式在统计学的统治地位并非没有受到过挑战。费希尔从这种思想刚出现时就开始攻击它,此后一生都没有停止这种攻击。1955年,他在《皇家统计学会期刊》上发表了一篇论文《统计方法与科学归纳法》,并在自己的最后一本书《统计方法与科学推理》中对这一主题进行了展开分析。60年代后期,即将成为《生物统计》编辑的戴维·考克斯(David Cox)发表了一篇尖锐的文章,分析了假设检验在科学上的实际使用情况,指出人们的实际做法并不符合内曼的频数解释。80年代，W.爱德华兹·戴明（W. Edwards Deming）认为假设检验的整体思想是毫无意义的。（我们将在第二十四章介绍戴明对统计学的影响。）统计学界每年都有人发现教科书中业已成为定例的内曼-皮尔逊公式的新问题。

内曼本人并没有参与到内曼-皮尔逊假设检验公式的标准化过程中。早在1935年，他就在《法国数学学会学报》的一篇文章中（用法语）对于是否能找到最佳假设检验提出了巨大疑问。在他后来的论文中，内曼很少直接使用假设检验。他通常是在理论上导出概率分布，然后根据数据估计参数值。

其他人对内曼-皮尔逊公式背后的思想进行了扩展。第二次世界大战期间，亚伯拉罕·瓦尔德扩展了内曼所使用的韦恩的频数学派定义，将其发展成了统计决策理论。埃里希·莱曼（Erich Lehmann）提出了良好检验方法的其他标准，并在1959年撰写了一本关于假设检验的权威教材，这本教材目前仍然是统计文献中对内曼-皮尔逊假设检验最完整的描述。

就在希特勒侵略波兰并在欧洲大陆降下罪恶帷幔之前，

内曼来到了美国，在加州大学伯克利分校开展了一个统计学项目。在1981年去世之前，他一直在那里生活，其间创建了统计学系，这也是世界上最重要的统计学系之一。他将该领域的一些重要人物召集到了该统计系里。他还对一些没有名气的人悉心培养，这些人后来也都做出不俗的成绩。例如，布莱克威尔独自在霍华德大学工作，与其他数理统计学家没有什么来往。虽然他拥有巨大的潜力，但由于肤色问题，他无法在"白人"学校获得工作职位；结果，内曼把布莱克威尔邀请到了伯克利。来自法国文盲农民家庭的吕西安·勒卡姆（Lucien Le Cam）也被内曼招收为研究生；勒卡姆在这里继续努力，成为全球顶尖的概率学家。

　　内曼总是非常关心他的学生和教师同事。他们都还记得内曼威严而亲切地主持系下午茶时的快乐情景。他会温柔地鼓励某个学生或教员描述最近的某项研究，然后友好地请下一位学生或教员发言，他会保证屋子里所有的人都有交流的机会。他会做出点评，鼓励大家讨论。茶会结束时，他总要举起最后一杯茶说："敬女士！"他对"女士"特别友好，而且还会帮助女士发展她们的职业道路。在他的女弟子中，比较杰出的有伊丽莎白·斯科特博士（Dr. Elizabeth Scott）

和伊夫林·菲克斯博士（Dr. Evelyn Fix）。斯科特曾和内曼合作，共同撰写了从天文学、癌症机理到动物学的各种论文，菲克斯则对流行病学做出了重大贡献。

在费希尔1962年去世之前，内曼一直在遭受这位天才的尖刻攻击。内曼的一切行为都成了费希尔批评的口实。如果内曼成功证明了费希尔某些模糊的说法，费希尔就会批评他误解了自己的本意。如果内曼发展了费希尔的某种思想，费希尔就会批评他将这种理论带进了一无是处的死胡同。内曼从未在书面材料中以同样的态度回敬费希尔，根据内曼同事的说法，他在私下里也没有批评过费希尔。

内曼在晚年的一次采访中提到了一件事。在20世纪50年代，有一次，他在一场国际会议上用法语宣读一篇论文。他走上讲台时，发现费希尔也坐在台下。宣读论文时，他为自己可能遭受到的攻击做好了心理准备。他知道费希尔会抓住论文中一些不重要的小问题，将自己训斥得体无完肤。演讲结束时，内曼开始等待观众提问。只有寥寥几个人提出了问题，费希尔却一直没有爆发，他一句话也没说。后来，内曼才发现，费希尔不会讲法语。

女士品茶

The Lady Tasting Tea: How Statistics Revolutionized Science In The Twentieth Century

第十二章 信任的骗局

在 20 世纪 80 年代艾滋病暴发的时候，人们需要回答许多问题。在人们发现致命因子艾滋病病毒（人类免疫缺陷病毒）以后，卫生官员需要知道已经感染的人数，以规划资源，应对这种传染病。幸运的是，之前二三十年间建立的流行病学[①]数学模型可以派上用场。

现代科学观点认为，在流行病的传播过程中，一开始人们会暴露在疾病环境中，然后一些人会染上这种疾病，经过一段"潜伏期"，许多被传染的人会表现出疾病症状。一个人一旦被传染，就成了其他健康人的潜在传染源。我们无法预测哪个人会暴露在疾病环境中，哪个人会被传染，哪个人会传染给其他人。不过，我们可以研究它们的概率分布，估

[①] 流行病学是与统计学有关联的一门学科。该学科用统计模型研究人类的健康模式。简单的流行病学提供重要统计数据的表格以及对其分布参数的简单估计。复杂一些的流行病学利用先进的统计理论研究预测流行病的发展过程。

计这些分布的参数值。

其中的一个参数就是平均潜伏时间——从感染到出现症状的平均时间。对于公共卫生官员来说，这是一个非常重要的艾滋病参数。他们无法知道多少人已经感染，多少人最终会染上这种疾病，不过，如果知道平均潜伏时间，他们就可以将这个时间与艾滋病患者的人数结合起来，估计出感染人数。此外，由于艾滋病具有不同寻常的传染模式，他们还掌握了一群病人的感染时间和患病时间。一些血友病患者通过被污染的血液产品接触到了艾滋病毒，也为我们估计平均潜伏时间参数提供了数据。

这种估计有多准确呢？流行病学家可以保证，根据费希尔的标准，他们使用的是最好的估计。他们的估计值具有一致性和最高的效力。他们甚至可以修正可能的偏差，得到无偏估计值。不过，前面几章已经说过，我们无法知道某个估计值是否正确。

如果我们无法认定估计值是完全正确的，那么我们能否确定估计值与参数真值之间的距离呢？这个问题的答案在于区间估计。单个数字的估计属于点估计。例如，我们可以使用血友病患者的研究数据估计出艾滋病毒的平均潜伏时间为

5.7 年。如果使用区间估计，平均潜伏时间就变成了 3.7 年到 12.4 年。区间估计通常是合适的，因为区间两端所对应的公共政策是相同的。不过有时，区间范围可能非常大，导致针对最小值和最大值需要制定不同的公共政策。面对范围过大的区间，我们只能认为现有信息不足以制定决策，应该获取更多信息，也许需要扩大调查范围，或者进行另一组实验。

例如，如果艾滋病的平均潜伏时间高达 12.4 年，那么大约 1/5 的感染病人会存活 20 年以上。如果平均潜伏期为 3.7 年，那么几乎每个人都会在 20 年之内患上艾滋病。这两个结果差距过大，无法让人制定出一个最佳的公共政策，此时我们应该获取更多信息。

20 世纪 80 年代后期，美国国家科学院召集国内顶尖科学家成立了一个委员会，讨论气雾喷雾器中使用的碳氟化合物破坏高层大气臭氧层的可能性——臭氧层可以为地球阻挡有害的紫外线。委员会（委员会的主席约翰·图基是本书第二十二章的主角）没有直接回答这个问题，而是决定对碳氟化合物的影响因素建立概率分布模型。接着，他们计算了臭氧层每年平均变化情况的区间估计。虽然他们并没有获取到太多信息，但仍然发现，根据每年臭氧减少程度估计区间的低端数值，人类在 50 年之内将面临一场严重的生存威胁。

当前，区间估计已经渗透到了几乎所有统计分析中。当一份民意调查报告宣布 44% 的人对总统的工作感到满意时，通常会有一个脚注说明这个数字拥有"正负 3% 的误差"。这个结论意味着什么呢？首先，它意味着 44% 的受调查者对总统的工作感到满意。其次，这是一项随机调查，调查的参数是具有这种想法的人数比例。还有，由于样本容量较小，因此我们可以合理地猜测，这个参数位于 41%（44%-3%）到 47%（44%+3%）之间。

如何计算区间估计？如何解释区间估计？我们可以对区间估计做出概率解释吗？我们有多大把握确定参数真值落在这个区间里？

内曼的解决方法

1934 年，内曼在皇家统计学会发表了一篇演讲，题为《论代表方法的两个不同方面》。他的论文探讨了抽样调查分析；这篇论文和内曼的其他作品一样优雅，得到了看上去简洁而直观的数学表达式（只有在内曼得到这些结果之后，你才会有这种感受)。这篇论文最重要的部分是一篇附录,内曼在附录中提出了确定区间估计及其准确性的简单方法。内曼将这种新概念称为"置信区间",将置信区间的两端称为"置信界限"。

G. M. 鲍利教授是会议主持人,他站起来向内曼致谢。鲍利首先讨论了论文主体部分的几个段落。接着,他说到了附录:

> 我不知道应该请您做出解释还是向您提出疑问。论文中已经暗示,这些工作很难理解,也许我就是一个被误导的人(在这段话的后面,他举了一个例子,这个例子说明他显然理解内曼提出的思想)。我只能说,这种思想刚出现时,我就接触过它,而且我昨天非常仔细地阅读了内曼博士对它的阐释。我指的是内曼博士的置信区间。我完全无法确定这种"置信"不是一种"骗局"。

接着,鲍利构造了内曼置信区间的一个例子,然后继续说:

这真的能让我们走得更远吗？我们知道的比托德亨特（19世纪后期的概率学家）更多吗？它能让我们超越卡尔·皮尔逊和埃奇沃思（数理统计发展早期的一位领军人物）吗？它真的能让我们获得我们所需要的东西吗——在我们取样的总体中，真实的比例一定出现在这些界限内吗？我认为不是这样的……我不知道我是否非常清晰地表达了我的想法……这种方法第一次被人提出时，我就想到了这个问题。这种理论的思想不能令人信服。在我没有被说服之前，我将对它的正确性持怀疑态度。

从那时起，鲍利对这个方法提出的问题一直像乌云一样在置信区间概念的上空徘徊。显然，内曼在推导过程中使用的四行优雅的微积分公式在抽象的概率数学理论中是正确的，而且它确实得出了一个概率。不过，没有人知道这个概率意味着什么。人们已经对数据进行了观测，而这些数据的参数是一个固定的（可能是未知的）数字，这个参数取某个值的概率要么是100%，要么是0。不过，内曼的论文中用到了95%的置信区间，它表示95%的概率。这个概率代表什么呢？内曼把他的发明称为置信区间，没有使用概率这个词，巧妙地回避了问题。不过，鲍利和其他人很容易看穿这种明显的伎俩。

费希尔也在讨论者之列，但他错过了这个要点。他的讨论混乱而复杂，他所谈论的对象甚至没有出现在内曼的论文中。这是因为，费希尔在计算区间估计时陷入了误区。他谈论的是"可信概率"，但是内曼在论文中根本就没有使用这个词。费希尔对这个问题研究了很长时间——如何确定与参数区间估计有关的不确定度。费希尔从一个与似然函数有些类似的复杂角度研究这个问题。他很快证明，这种研究方向不满足概率分布的要求。费希尔将这种函数称为"可信分布"，但他随后又违背了自己的本意，用上了正常概率分布所使用的数学方法。费希尔希望能够根据观测数据得出与参数有关的一组合理的值。

这正是内曼得到的结果。如果这个参数是正态分布的均值，那么两种方法可以得到同样的结果。由此，费希尔认为内曼剽窃了他的可信分布思想，给它换了一个名字。费希尔的可信分布一直没有取得太大的进展，因为这种方法在遇到像标准差这样更加复杂的参数时就会出现问题。内曼的方法则适用于任何参数。费希尔似乎从未理解两种方法之间的差异,他直到去世之前一直认为内曼的置信区间仅仅是对他所提出的可信区间的一种推广。他相信内曼这种表面上的推广在遇到足够复杂的问题时就会失效——就像他的可信区间那样。

概率与置信水平

人们使用内曼的方法时,不管问题多么复杂,这种方法都没有失效,这也是它在统计分析中得到广泛使用的原因之一。内曼的置信区间真正的问题并不是费希尔所说的问题,而是鲍利在讨论开始时提出的问题。在置信区间中,概率意味着什么呢?回答这个问题时,内曼依靠的还是频数学派对现实生活中概率的定义。他在会议上做出了回答,而且在随后一篇关于置信区间的论文中做出了更加清晰的说明。内曼认为,我们应该站在过程的角度看待置信区间,而不是只盯着单独的结论。长期来看,对于总是计算 95% 置信区间的统计学家来说,在 100 次判断中,参数真值有 95 次落在置信区间内。请注意,在内曼看来,这个与置信区间相关的概率并不是判断结论正确与否的概率。它是使用这种方法的科学家在长期工作过程中做出正确判断的概率。它与当前估计的"准确性"没有任何关系。

尽管内曼对这个概念的定义非常谨慎，并且鲍利这样的统计学家也在小心翼翼地保持概率概念的清晰性和纯洁性，但随着置信区间的广泛使用，科学领域还是出现了一些粗枝大叶的思考方式。例如，我们常常可以看到一个使用95%置信区间的人宣布他有"95%的把握"相信参数位于这个区间内。在第十三章，我们会提到L. J.（"吉米"）萨维奇和布鲁诺·德·菲尼蒂（Bruno de Finetti），介绍他们在个人概率方面的工作。这些工作成果可以支持上述说法。不过，某人对某事相信程度的计算与置信区间的计算是不同的。在统计文献中，有许多证据表明，根据萨维奇和菲尼蒂方法得到的参数界限与根据相同数据得到的内曼置信界限相差悬殊。

尽管概率在置信区间中的含义存在疑问，内曼的置信区间还是成为计算区间估计的标准方法。大多数科学家在实际工作中都会计算90%或95%置信区间，而且他们似乎相信参数真值一定位于这个区间里。

今天，没有人再去谈论"可信分布"或者就这个问题撰写论文。这种思想伴随着费希尔一起被埋进了坟墓。为了实现这种思想，费希尔进行了大量巧妙而重要的研究。有些研究成为学科主流，有些研究则从未得到人们的关注。

在这些研究中，有时费希尔即将跨越传统界限，进入被他称为"逆概率"的另一个统计学分支。不过，每次他都停下了前进的脚步。逆概率思想起源于托马斯·贝叶斯教士（Reverend Thomas Bayes）。贝叶斯是 18 世纪的业余数学家，他与同时代的许多顶尖数学家保持通信，常常向他们提出复杂的数学问题。一天，贝叶斯在摆弄标准概率数学公式时，将两个公式用简单的代数组合起来。他得到的结果把他自己也吓了一跳。

下一章我们将讨论贝叶斯的"异端邪说"，研究为何费希尔拒绝使用逆概率。

女士品茶

The Lady Tasting Tea: How Statistics Revolutionized Science In The Twentieth Century

第十三章 贝叶斯的"异端邪说"

从 8 世纪到 18 世纪早期,"尊贵的威尼斯共和国"一直是地中海沿岸的一个大国。在全盛时期,威尼斯控制着亚得里亚海沿岸的大片土地以及克里特岛、塞浦路斯岛,并对从东方到欧洲的贸易享有垄断权。这个国家由一群实行某种内部民主制度的贵族家族统治。国家名义上的领导人是总督。从 697 年共和国成立到 1797 年被奥地利占领,超过 150 人担任过总督,有些人只当了一年甚至不到一年的总督,最长的人在位 34 年。在位总督去世后,共和国会举行一系列精心设计的选举活动。人们会从贵族家庭的长辈之中抽签选择少数人作为诵经员。然后这些诵经员将另外一些人选为诵经员。接着,人们会从这个扩大的诵经员队伍中抽签选出一小部分人。这个过程会重复好几次,最终人们会确定一组诵经员,并在他们之中抽签选出总督。

　　在共和国早期,在选择诵经员的每个阶段,人们会准备一组蜡球，其中有些蜡球里面是空的，有些蜡球里面有一张纸条，上面写着"诵经员"。到了17世纪，最后的筛选阶段使用的是同样大小的金球和银球。当1268年拉伊涅里·泽诺（Rainieri Zeno）总督去世时，第二阶段的参选诵经员有30人，因此人们准备了30个蜡球，其中9个蜡球里放有纸条。人们找来一个小男孩，让他从篮子里选择一个蜡球，交给第一个诵经员。诵经员打开蜡球，察看自己是否能够成为下一阶段的诵经员。然后，男孩选出下一个蜡球并交给第二个诵经员，第二个诵经员再打开蜡球，然后依此类推。

在男孩选择第一个球之前，每个参选成员有9/30的概率成为下一阶段的诵经员。如果第一个球是空的，那么剩下的每个成员被选中的概率就是9/29。如果第一个球里有纸条，那么剩下的每个成员被选中的概率就是8/29。当第二个球被打开时，根据里面的结果，下一个成员被选为诵经员的概率也会相应增加或减小。这一过程持续下去，直到所有9个被标记的球都被选中。此时，其余成员下一阶段被选为诵经员的概率就会变成零。

这就是条件概率的一个例子。某个指定成员下一阶段被选为诵经员的概率取决于在他选择之前被选出来的蜡球。凯恩斯指出，所有概率都是有条件的。用他的话来说，从他的书架上随机选择一本精装书的概率是有条件的，取决于书架上的实际藏书以及他的"随机"选择方式；一位病人患有小细胞肺癌的概率也是有条件的，取决于这位病人的吸烟史；检验一个对照实验的无影响零假设时算出的 p 值则以实验设计为条件。条件概率的重要之处在于，对于不同的先决条件，某一指定事件（如一组数字恰好能中彩票）的概率是不同的。

人们在 18 世纪处理条件概率时提出的公式全都取决于条件性事件在目标事件之前发生这一思想。18 世纪后期，贝叶斯在研究条件概率公式时发现了一个令人吃惊的结果：这些公式存在内在对称性。

假设一段时期里发生了两个事件，如洗一副扑克牌，然后抓 5 张牌。让我们将这些事件称为"先发事件"和"后发事件"。谈论以"先发事件"为条件的"后发事件"的概率是有意义的。如果我们没把牌洗开，那么 5 张牌里抓到 2 张 A 的概率就会受到影响。贝叶斯发现，我们也可以根据"后发事件"计算"先发事件"的概率，但这没有任何意义。比如说，我们根据 5 张牌里抓到 2 张 A 的结果确定一副牌里包含 4 张 A 的概率，或者根据病人得了肺癌的结果计算他是烟民的概率，或者根据只有查尔斯·A. 史密斯一个人赢得彩票的概率计算州彩票公司没有作弊的概率。

贝叶斯将这些计算结果扔到了一边。当他去世时，人们在他的手稿中发现了这些公式，并将其出版。从此，贝叶斯定理[①]成了长期困扰数理统计分析的一个问题。贝叶斯对条件概率的反转并非毫无道理，它往往可以解释许多问题。当流行病学家希望寻找某种罕见临床现象如瑞氏综合征的可能原因时，他们往往使用病例对照研究方法。在这种研究中，人们将一组病人集中到一起，与另一组没有患上这种疾病但在其他方面与这些患者非常类似的被试者（对照）进行比较。流行病学家根据对照病人患有疾病这一条件，计算之前某种治疗方法或因素导致病人患上该疾病的概率。吸烟对心脏病和肺癌的影响就是通过这种方法首次被人发现的。镇静剂对新生儿缺陷的影响也是通过病例对照研究推断出来的。

同直接反转条件概率相比，贝叶斯定理更重要的作用是估计分布参数。我们往往喜欢将分布参数本身看成随机变量，

[①] 对于这个名称，施蒂格勒误称定律完全发挥了作用。贝叶斯并不是第一个注意到条件概率对称性的人。此前，伯努利家族似乎已经意识到了这一点。棣莫弗也提到了这种对称性。不过，只有贝叶斯获得了这种荣誉（考虑到贝叶斯不愿意将其出版，我们也可以说只有贝叶斯遭到了指责）。

计算这些参数的概率。例如，我们可能希望比较两种治疗癌症的方法，然后得出"我们有 95% 的把握判断治疗方法 A 的 5 年存活率比治疗方法 B 大"的结论。我们可以通过使用贝叶斯定理做到这一点。

"逆概率"的问题

多年来，人们一直认为以这种形式使用贝叶斯定理是不恰当的。关于参数的概率到底意味着什么，存在严重的问题。毕竟，皮尔逊革命的中心思想在于，科学研究的对象不再是测量结果，而是测量结果的概率分布。皮尔逊指出，科学研究的目的是对这些控制分布的固定而未知的参数进行估计。如果我们认为参数具有随机性（依观测值而变化），那么这种方法将不再具有如此清晰的意义。

20 世纪早期，统计学家必须非常小心地避开所谓的"逆概率"。费希尔早期在皇家统计学会宣读论文时，人们曾批评他在一篇论文中使用逆概率。对此，费希尔坚决地为自己辩护，他可不想担上这么一个可怕的罪名。内曼在介绍置信区间的第一篇论文中似乎也用到了逆概率，不过内曼只是将它作为一个数学工具，用于解决一个具体的计算问题。在第二篇论文中，内曼提出了在不使用贝叶斯定理的情况下得到相同结果的方法。到了 60 年代，越来越多的实践者开始注意到贝叶斯方法的潜在力量和用途。贝叶斯的这种异端邪说变得越来越受人尊重。到了 20 世纪末，这种方法已经被人们广为接受，像《统计年报》和《生物统计》这类期刊上超过一半的文章都在使用贝叶斯方法。不过，贝叶斯方法的使用仍然存在疑问，尤其是在医学领域。

解释贝叶斯此类"异端邪说"的一个困难之处在于，这种学说包含许多不同的分析方法以及至少两种不同的哲学基础。我常常觉得，人们为完全不同的思想赋予了同一个标签——贝叶斯方法。下面，我会描述贝叶斯异端邪说的两个具体形式：贝叶斯层次模型和个人概率。

贝叶斯层次模型

20 世纪 70 年代早期，文本分析的统计方法得到了极大的发展，这种进展始于弗雷德里克·莫斯特勒（Frederick Mosteller）和戴维·华莱士（David Wallace），他们用统计方法确定存在争议的《联邦党人文集》的作者身份。1787—1788 年，为了让新的美国宪法在纽约州获得通过，詹姆斯·麦迪逊、亚历山大·汉密尔顿和约翰·杰伊一共写了 70 篇支持性文章。这些文章都使用了笔名。19 世纪早期，汉密尔顿和麦迪逊指认了各自撰写的论文，其中有 12 篇论文的归属权存在争议[1]。

莫斯特勒和华莱士对这些存在争议的论文进行了统计分析。他们找出了几百个没有"实质内容"的英文单词，如"如果""当""因为""对于""当……时""由于""和"。这些单词可以让句子符合语法规范，不过它们并没有具体的含义，其使用主要取决于作者的语言风格。在这几百个无意义单词中，他们发现有大约 30 个单词在两位作者的其他作品中具有不同的使用频率。

例如，在 1000 个词语里面，麦迪逊平均使用 0.23 次"对于"，汉密尔顿平均使用 3.24 次"对于"。（在 12 篇争议论文中，有 11 篇根本没有使用这个单词，另一篇论文平均 1000 个词使用 1.1 次"对于"。）这些平均频率描述的不是某

---

[1] 实际上，只有麦迪逊公开指认了自己撰写的文章。这是为了回应汉密尔顿去世 3 年后他的朋友以他的名义出版的一系列论文。

1000 个单词。它们不是整数，这意味着它们描述的不可能是具体的文字序列。实际上，它们描述的是两个人作品中某个单词分布参数的估计值。

关于论文作者身份的争议问题是：这些单词的使用模式来自麦迪逊的概率分布还是汉密尔顿的概率分布？这些分布都是有参数的，而且麦迪逊和汉密尔顿的参数是不一样的。这些参数只能根据他们的作品估计，而且这些估计值可能是错误的。因此，对于争议论文属于哪个分布的判断存在不确定性。

我们可以对这种不确定程度进行某种估计，因为两个人的确切参数值来自 18 世纪末北美知识分子英语作品中参数的分布。例如，每 1000 个单词中，汉密尔顿使用 24 次"在"，麦迪逊使用 23 次"在"，同时期的其他学者使用"在"的频率基本在每千词 22 到 25 次之间。

每个人使用词语的参数是随机的，具有某种概率分布，这种分布取决于当时当地人们对词语的普遍使用模式。这样一来，汉密尔顿和麦迪逊使用无特定意义单词的参数本身也拥有参数，这些参数可以叫作"超参数"。我们可以用当时当地其他作者的书面作品估计这些超参数。

不同时间不同地点的英语是不同的。例如，在 20 世纪的英语文献中，每 1000 个单词中"在"的使用频率往往不到 20 次，这与两百多年前汉密尔顿和麦迪逊时代的使用模式存在轻微的差异。我们可以认为定义 18 世纪北美参数分布的超参数本身在不同时间不同地点也具有某种概率分布。除了 18 世纪北美的文献，我们还可以用其他时间地点的文献来估计这些超参数的参数，即所谓的"超超参数"。

通过重复使用贝叶斯的理论，我们可以确定参数的分布，然后确定超参数的分布。原则上，我们可以进一步扩展这种层次结构，根据某个超超超参数确定超超参数的分布，然后依此类推。在这个例子中，没有生成另一层不确定性的明显理由。通过使用超参数和超超参数的估计值，莫斯特勒和华莱士可以对"文章由麦迪逊（或汉密尔顿）撰写"这一说法的概率进行衡量。

从 20 世纪 80 年代早期开始，人们已经非常成功地用贝叶斯层次模型解决了工程学和生物学的许多难题。在其中一类问题里面，数据有可能来自两个或多个分布。分析师假设存在一个无法观测的变量，该变量定义某个指定观测值来自哪个分布。这个标识变量是一个参数，但它拥有一个以超参数为参数、可以并入似然函数的概率分布。莱尔德和韦尔的 EM 算法特别适合解决这类问题。

统计文献对贝叶斯方法的广泛使用充满了混乱和争议。对于同一个问题，人们可以使用不同方法得出不同的结果，而且没有一种明确的标准来确定哪种方法是正确的。传统主义者总体上反对使用贝叶斯定理，而贝叶斯方法的支持者又对模型的细节存在分歧。人们需要一位像费希尔那样的天才通过某种原理帮助他们将各种方法统一起来，以解决争议。当我们进入 21 世纪时，这位天才并没有出现。同 200 多年前的贝叶斯时代相比，人类在这个问题上并没有取得任何进展。

个人概率

另一种贝叶斯方法似乎具有更加坚实的基础。这就是个人概率概念。这种思想在 17 世纪伯努利家族最初研究概率问题时就出现了。实际上，人们发明"概率"一词就是为了描述人类对不确定性的感知。

20 世纪 60 年代和 70 年代，萨维奇和菲尼蒂提出了与个人概率相关的许多数学方法。60年代末,我出席了北卡罗来纳大学的一次统计学会议,萨维奇在那次会议上作了一次报告,介绍一些个人概率思想。萨维奇认为,人们无法对科学事实做出证明。所谓的证明只不过是一些自称科学家的人提出的一些观点,这些观点具有很高的概率。例如,对于正在听他演讲的大部分人来说,"地球是圆的"这种说法具有很高的概率。不过,如果我们对全世界的人进行调查,我们很可能会发现,对于有些地方的人来说,"地球是圆的"这种说法概率很低。此时,萨维奇不得不停止演讲,因为一群大学生在大厅外面跑过,他们高喊"关门!罢课!罢课!关门!"。他们在号召大学里的学生开展一场罢课运动,以抗议越南战争。当人群走远、喧嚣散去时,萨维奇看着窗外,若有所思地说:"看吧,如果我们这一代人去世,世界上可能就没有人相信'地球是圆的'这种说法了。"

不同的人对个人概率持有不同的观点。最激进的人是萨维奇和菲尼蒂,他们认为每个人对各种说法都具有自己独特的概率判断。最保守的人是凯恩斯,他认为概率是某种文化中普通大众的共同观念。在凯恩斯看来,同一文化中所有的人(萨维奇所说的"科学家")都能对某种说法的成立概率达成一致。这种概率取决于文化和时间，因此某时某地某种正常的概率可能与绝对意义上的概率并不相同。

萨维奇和菲尼蒂认为每个人都拥有一组具体的个人概率，他们描述了如何通过所谓的"标准博弈法"推导出这种概率。为了让具有同一文化的人群共享一组概率，凯恩斯不得不弱化数学成分，以排序方法而非精确数字为基础定义概率（如明天下雨的概率比下雪大，而不是明天下雨的概率是 67%）。

不管个人概率如何定义，贝叶斯定理在个人概率中的使用似乎符合大多数人的思考方式。在贝叶斯方法中，一个人的头脑中最初有一组先验概率。这个人在观测或实验时可以得到一些数据。此时，他用这些数据修改先验概率，得到一组后验概率：

$$先验概率 \to 数据 \to 后验概率$$

假设一个人想要确定"所有渡鸦都是黑色的"这一命题是否正确。首先，对于这个命题是否为真，他的头脑中有一个先验概率。例如，他最初可能对渡鸦一无所知，因此假设所有渡鸦全黑的概率为 50%。然后，他对渡鸦进行观察，以获取数据。假设这个人看见一只渡鸦，发现它是黑色的，那么他的后验概率就会提高。当他下次看见渡鸦时，他的先验概率已经超过了 50%。随着观测数据的积累，这个概率还会进一步提高，因为他看到的渡鸦都是黑色的。

另一方面，一个人在实验开始之前的先验概率可能非常高，需要观测大量数据才能得到反转。在 20 世纪 80 年代宾夕法尼亚州三英里岛核电站近乎灾难性的事故中，反应堆操作人员拥有一个巨大的仪表指示盘，用于监视反应堆的状况，其中有一些警报灯出了故障，过去也曾经发出过虚假警报。根据操作人员的先验概率，他们会将警报灯的任何一次闪烁看作虚假警报。因此，当警报灯与相关仪表共同显示反应堆缺水时，他们仍然对这些危险信号视而不见。他们的先验概率太强了，因此他们观测到的数据并没有使后验概率发生很大的改变。

假设现实只有两种可能性，比如说，在《联邦党人文集》的例子中，争议论文不是麦迪逊写的，就是汉密尔顿写的。此时，我们可以用贝叶斯定理在先验概率和后验概率之间建立简单的联系，将数据组织成所谓的"贝叶斯因子"。这种面向数据的计算方法根本不需要提到先验概率。有了这种方法，分析师可以让读者用自己所希望的任何先验概率乘以他们计算出来的贝叶斯因子，算出后验概率。莫斯特勒和华莱士用这种方法分别对《联邦党人文集》存在争议的 12 篇论文进行了计算。

他们还用两种非贝叶斯方法对无特定意义单词的频率进行了分析，这让他们拥有了 4 种确定争议论文作者身份的方法：贝叶斯层次模型、贝叶斯因子法以及两种非贝叶斯分析。结果如何呢？所有 12 篇论文都被毫无争议地判给了麦迪逊。实际上，使用贝叶斯因子法时，要想获得 50 ∶ 50 的后验概率，读者必须以大于 100000 ∶ 1 的先验概率支持汉密尔顿。

女士品茶

The Lady Tasting Tea: How Statistics Revolutionized Science In The Twentieth Century

第十四章 数学界的莫扎特

在 20 世纪统计方法的发展史上，费希尔不是唯一的重量级天才。安德雷·尼古拉耶维奇·柯尔莫哥洛夫比费希尔小 13 岁，1987 年去世，享年 84 岁，也在数理统计和概率理论中留下了自己的印记。他的工作以费希尔的工作为基础，但他的成就在数学深度和细节上都超越了费希尔。

这位伟大人物对周围人的影响也许不亚于他对科学的贡献。他的学生阿尔伯特·N.希里耶夫（Albert N. Shiryaev）1991 年写道：

> 柯尔莫哥洛夫属于那种特别优秀的人，和这种人接触时，你会感觉自己看到了一个伟大的、独特的、不同寻常的人，就像看到了奇迹一样。柯尔莫哥洛夫在各个方面都非常奇特：他的一生，他的学生时代，他在……数学……气象学、流体力学、历史、语言学和教育学上

的开创性发现。他的兴趣极为广泛，包括音乐、建筑、诗歌和旅行。他的知识极为渊博；他似乎对一切事物都拥有非常专业的看法……当你有幸与柯尔莫哥洛夫晤面，并和他简单地交谈几句，便会体会到他的非凡，会感觉他的大脑在不停地高速运转。

柯尔莫哥洛夫生于1903年，当时他的母亲正在回家途中，她要从克里米亚返回俄罗斯南部托诺西纳的农村，结果她在分娩时去世了。柯尔莫哥洛夫的一位传记作者写得很委婉："他的父母没有正式结婚。"即将临盆的玛丽亚·雅科夫列夫娜·柯尔莫哥洛娃被男友抛弃后，正在回家的路上。在分娩的阵痛中，她在坦波夫镇被迫下了火车。在这个陌生的小镇上，她生下孩子，然后孤独地死去。只有她的小儿子回到了托诺西纳。他母亲的未婚姐妹抚养了他。其中，薇拉·雅科夫列夫娜成了他的养母。他的姨母为年幼的安德雷和他在村里的朋友们开了一所小学校。他们拥有一份家庭刊物《春燕》，用于发表他最初的文章。5岁时，他做出了第一个数学发现（发表在《春燕》上）。他发现前 k 个奇数的和等于 k 的平方。再大一些的时候，他会向同学提出一些问题，这些问题及其解法刊登在了《春燕》上。其中一个问题是：缝上一只四孔纽扣一共有多少种方法？

14 岁时，柯尔莫哥洛夫根据一本百科全书学习高等数学，并且补充了书中缺失的证明过程。在中学，他制订了一系列永动机计划，让年轻的物理教师颜面扫地。这些计划设计得非常巧妙，教师无法发现其中的错误（柯尔莫哥洛夫小心地将错误隐藏起来了）。他决定提前一年参加中学毕业考试。他把想法告诉了老师，老师让他先去吃午饭，于是他就出去了。等他回来时，考试委员会给他颁发了免试证书。他后来回忆这件事时对希里耶夫说，这是他一生中最大的遗憾之一，他曾经对这次学术挑战非常期待。

1920 年，17 岁的柯尔莫哥洛夫来到莫斯科上大学。他主修数学，同时也参加冶金学等其他学科的讲座，并且参加了一个关于俄罗斯历史的研讨班。根据研讨班的要求，他提交了第一份用于发表的研究报告，题目是 15、16 世纪诺夫哥罗德地区的土地所有问题。他的教授批评了这篇论文，因为他认为柯尔莫哥洛夫没有为论文提供足够多的证据。几年后，考古探险队对那片地区进行了研究，证实了柯尔莫哥洛夫的猜测。

作为莫斯科国立大学的学生，他还在一所中学担任兼职教师，并且参加了大量课外活动。毕业后，他继续留在莫斯科攻读数学研究生。数学系有几门基本的必修课。对于每门课程，学生可以选择参加期末考试或者提交一篇具有原创性的论文。很少有学生能够提交一篇以上的论文。不过，柯尔莫哥洛夫没有参加一次考试。他准备了14篇论文，每一篇都得到了非常精彩的原创性结果。"其中有一个结论是错误的，"他后来回忆道，"但我到后来才意识到这一点。"

通过柯尔莫哥洛夫发表在德国期刊上的一系列优秀论文和书籍，西方科学家认识了这位杰出的数学家。20世纪30年代，他甚至被邀请参加德国和斯堪的纳维亚的一些数学会议。1938年，他发表了一篇论文，为平稳随机过程的平滑和预测建立了基础理论。（本章后面会介绍这项工作。）诺伯特·维纳（Norbert Wiener）曾对战争工作的保密性做过一个有趣的评论。战争期间以及战后，维纳在麻省理工学院利用这些方法解决军事问题。人们认为他的成果对美国的冷战工作非常重要，因此将维纳的工作列为最高机密。不过维纳认为，所有这些成果都可以从柯尔莫哥洛夫的早期论文中推导出来。第二次世界大战期间，柯尔莫哥洛夫也在忙着用这种理论开发具体应用，支持苏联的战争。和其他大部分工作成果一样，柯尔莫哥洛夫将这种工作的基本思想归功于费希尔，因为费希尔在遗传学工作中曾经使用过类似的方法。

柯尔莫哥洛夫的个人经历

1953年，柯尔莫哥洛夫本人开始参与国际会议并在苏联组织这类会议。国际数学界现在才开始认识他。他是一个热情、友好、坦率、幽默的人，拥有广泛的兴趣和对教学的热爱。他头脑敏锐，总是喜欢拿别人说过的话开玩笑。此刻，我的眼前摆放着一张柯尔莫哥洛夫的照片，这张照片在1963年拍摄于第比利斯，当时他正坐在观众席上，聆听英国统计学家戴维·肯德尔（David Kendall）的演讲。柯尔莫哥洛夫的眼镜架在鼻子上。他身体前倾，非常关注演讲内容。你可以感受到他在众人当中表现出来的热情洋溢的活力。

柯尔莫哥洛夫最喜欢做的事情是在莫斯科一所为天才儿童开设的学校教书以及组织班级活动。他喜欢向孩子们介绍文学和音乐。他带着孩子们远足和探险。他认为每一个孩子都应当获得"全面自然发展的完整人格"。肯德尔在文章中写道:"他并不担心他们无法成为数学家。不管他们最终从事什么职业,只要他们保持宽阔的视野和强烈的好奇心,他就心满意足了。"

柯尔莫哥洛夫 1942 年与安娜·迪米特里耶夫娜·叶戈洛娃(Anna Dmitrievna Egorova)结婚,他和妻子非常相爱,共同生活到了 80 多岁。他是一位热情的徒步旅行家和滑雪爱好者,70 多岁时还和年轻人结伴攀登他最喜欢的山峰,并讨论数学、文学、音乐和人生。1971 年,他跟随一支科学考察队乘坐"德米特里·门捷列夫"号考察船探索海洋。他身边的人不断惊异于他所感兴趣的事情和他那渊博的知识。他在会见若望·保罗二世(Pope John Paul II)时,与这位喜爱运动的教皇讨论滑雪。他指出,19 世纪的教皇具有胖瘦交替的特点,并且指出若望·保罗二世是第 264 位教皇。罗马天主教会似乎也是他的一个兴趣点。他曾就俄罗斯诗歌的文本统计分析做过报告,而且可以背诵大段普希金的诗句。

1953 年,莫斯科国立大学举办了一场活动,庆祝柯尔莫哥洛夫的 50 岁生日。活动中,名誉教授帕维尔·亚历山德罗夫(Pavel Aleksandrov)在演讲中说:

柯尔莫哥洛夫属于那种特别优秀的数学家，他在任何领域的工作都能掀起一场革命。近年来，我们很难找到像他这样一位既拥有广泛的兴趣，又对数学具有极大影响的数学家……哈迪（Hardy，一位杰出的英国数学家）认为他是三角级数领域的专家，冯·卡门（von Karman，二战后的匈牙利物理学家）认为他是力学专家。哥德尔（Gödel，数学哲学理论家）曾说，天才的秘密在于长久的青春。青春有许多特点，其中之一就是激情。对数学的激情是柯尔莫哥洛夫这位天才的一个特点。柯尔莫哥洛夫的激情体现在他的创造性工作中，体现在他为《大苏维埃百科全书》撰写的文章中，体现在他开展的博士项目中。这只是他的一个方面。除了激情，勤奋工作也是他取得成功的原因。

他的勤奋换来了什么结果呢？要列出柯尔莫哥洛夫在数学、物理、生物与哲学领域中有哪些重要贡献，倒不如列出他在这些领域里的哪一方面没有多大贡献，后者比前者容易得多。1941 年，他建立了液体湍流的现代数学方法。1954 年，他研究了行星之间的引力相互作用，并且找到了建立

"不可积分"模型的一种方法——此前100年都没有人能破解这一难题。

柯尔莫哥洛夫在数理统计方面的工作

在统计革命中,柯尔莫哥洛夫解决了两个最为紧迫的理论问题。在他去世之前,他即将解决一个困扰统计方法核心的深层次数学和哲学问题。两个紧迫的问题分别是:

1. 概率的真实数学基础是什么?
2. 如何处理按时间顺序收集的数据,如地震后地球的震动(或地下核爆炸)?

当柯尔莫哥洛夫开始研究第一个问题时,概率在理论数学家当中的名声并不是很好。这是因为计算概率的数学方法是18世纪作为计算技巧提出来的(如从一副标准的扑克牌中抽出三组牌,每组五张,其中一组牌取胜的情形有多少种)。这些计算技巧似乎并没有一个深层次的理论基础。它们几乎都是为了满足具体需要而临时提出来的。

对于大多数人来说,找到一种解决问题的方法就足够了,但是 19 世纪末和 20 世纪的数学家必须找到一种坚实严格的基础理论，以确保这些解决方法没有错误。18 世纪的数学家提出的临时性方法能够解决一些问题，但如果使用不适当，也会产生一些很难解决的矛盾。20 世纪早期数学家的主要工作之一就是为这些临时性方法建立坚实严格的数学基础。勒贝格（就是那个数学理论给内曼留下深刻印象但见到内曼时举止粗鲁的勒贝格）的工作之所以非常重要，主要原因就在于它为积分学的临时性方法建立了坚实的基础。只要概率理论还是一种 17、18 世纪的不完整发明，20 世纪的数学家就不会特别重视这种理论，统计方法也会相应受到牵连。

柯尔莫哥洛夫对概率计算的本质进行了思考，最后他意识到，计算一个事件的概率与计算不规则图形的面积非常相似。他将数学上新出现的测度理论运用到了概率计算中。通过这些工具，柯尔莫哥洛夫确定了几个公理，并以此为基础建立了整个概率理论。这就是柯尔莫哥洛夫的"概率论公理"。今天，人们将它看作讲授概率理论的唯一标准方法。这种方法永久性地解决了所有关于概率计算合法性的问题。

解决了概率理论问题后，柯尔莫哥洛夫开始研究统计方法的下一个重要问题（同时，他还教育天才儿童，组织研讨班，管理一个数学系，解决力学和天文学问题，充分发掘生活的意义）。为了进行统计计算，费希尔和其他统计学家假设所有数据都是独立的。在他们看来，一系列观测结果似乎都是掷骰子产生的。由于骰子不会记忆之前的结果，因此每个新出现的数据完全独立于之前的数据。

大部分数据相互之间并不是独立的。费希尔在《研究工作者的统计方法》中使用的第一个例子是他新出生的儿子每周的体重。显然，如果这个孩子某一周的体重变得不同寻常，那么下一周的体重就会反映出这一点。在现实生活场景中，我们很难想象出一组按时间顺序采集的、相互之间完全独立的数据。

在《收成变动研究三》（也就是费尔菲尔德·史密斯向我推荐的那篇长篇论文）中，费希尔对连续多年采集的小麦收成数据和连续多日采集的降水量数据进行了处理。他在论文中建立了一组复杂的参数，以解决按时间顺序收集的数据不具有独立性的问题。他对一些不一定成立的假设进行了简化，得到了有限的一组解。在这个问题上，费希尔没能走得太远，而且没有人继续他的工作。

这就是柯尔莫哥洛夫研究这一问题时面对的情况。柯尔莫哥洛夫把按照时间顺序收集的一系列相互关联的数据称为"随机过程"。以柯尔莫哥洛夫的开创性论文（发表于第二次世界大战爆发前夕）为基础，美国的维纳、英国的乔治·博克斯以及柯尔莫哥洛夫在苏联的学生分别进行了进一步的研究。有了柯尔莫哥洛夫的思想，人们现在可以研究在一段时间内记录下来的数据，得出具有高度相关性的结果。我们可以利用加州海岸的海浪数据来定位印度洋上的风暴；无线电波望远镜能区分不同来源的无线电波（或许有一天甚至还能接收到其他星球上高等生物发出的信息）；我们有可能分辨一组震波记录究竟是地下核弹试爆引起的，还是天然的地震引起的。在工程学的期刊上，许多文章所采用的方法都是根据柯尔莫哥洛夫随机过程的研究成果而发展出来的。

概率在现实生活中意味着什么？

在生命的最后几年，柯尔莫哥洛夫开始研究一个更加困难的问题，这个问题与其说是数学问题，不如说是哲学问题。不幸的是，柯尔莫哥洛夫在完成这项工作之前就去世了。整整一代数学家都在思考如何按照他的思路继续前进。本书写作之时，这个问题仍然没有解决。我在本书最后几章将会说明，如果这个问题一直无法得到解决，那么所有应用于科学领域的统计方法可能会因为内在的矛盾而轰然倒塌。

柯尔莫哥洛夫最后的问题是：概率在现实生活中意味着什么？他提出了一个令人满意的概率数学理论，这意味着概率的定理和方法实现了完全的自洽。不过，科学领域的统计模型跳出了纯数学范畴，将这些定理应用到了现实生活中。为此，人们需要将柯尔莫哥洛夫为概率理论提出的抽象数学模型与现实生活联系在一起。人们在这方面至少进行了几百种尝试，每一种方法都对概率在现实生活中的意义做出了不同的解释，每种解释都受到了批评。这个问题非常重要。对统计分析得出的数学结论的解释取决于你如何将这些公理与现实生活联系在一起。

根据柯尔莫哥洛夫为概率理论建立的公理，我们认为存在一个由基本"事件"组成的抽象空间，我们可以像测量门廊上的地板面积或者冰箱容积那样测量抽象空间里这些事件的集合。如果这种抽象事件空间里的测度符合某些公理，那么这个空间就可以叫作概率空间。要想在现实生活中使用概率理论，我们需要找出一个足够具体的事件空间，以便计算这个空间中的概率测度。假设一个实验科学家用统计模型对结果进行分析，这个空间是什么呢？戈塞特认为此时的概率空间应当是实验所有可能结果组成的集合，但是他没有指出如何在这个空间里计算概率。如果我们不能确定柯尔莫哥洛夫的抽象空间，统计分析得到的概率数据就会拥有许多不同的、有时甚至是相反的含义。

例如，假设我们做了一个临床试验，研究针对艾滋病的一种新型治疗方法的效力。假设统计分析显示，新旧疗法之间存在显著性差异。这是否意味着医学界可以肯定新疗法能够治疗新的艾滋病人？这是否意味着它适用于一定比例的艾滋病人？它是否仅仅意味着新疗法仅仅对于研究中选择的这一部分人群更加有效？

当人们在现实生活中寻找概率的意义时，他们通常会去寻找柯尔莫哥洛夫抽象概率空间的实际意义。柯尔莫哥洛夫选择了另一种方法。从1965年起，他结合了热力学第二定律的思想、卡尔·皮尔逊的早期工作、几个美国数学家为信息学建立数学理论时所做的一些尝试以及列维关于大数定律所做的一些工作，发表了一系列论文，将他的概率公理以及解决数学问题的方法彻底推翻，将概率看作……

1987年10月20日，柯尔莫哥洛夫去世。直到生命最后几天，他仍然充满活力，不断提出原创性思想。至今，没有人能够接过他留下来的工作继续前进。

女士品茶

The Lady Tasting Tea: How Statistics Revolutionized Science In The Twentieth Century

第十五章 小人物的视角

弗洛伦斯·南丁格尔（Florence Nightingale）是英国维多利亚时代的一位传奇人物。对于议会成员和英国将军来说，站在他们面前的南丁格尔是一位可怕的对手。提到她，人们往往只能想到她是护理行业的开创者，是一个和善而具有自我牺牲精神的人。实际上，南丁格尔是一个身负使命的人。她也是一位自学成才的统计学家。

南丁格尔的一项使命是迫使英国军队设立战地医院，在战场上为战士提供护理和医疗服务。为支持她的观点，南丁格尔查阅了陆军档案中的大量资料。她向皇家调查委员会出示了一系列令人震惊的照片。通过这些照片，南丁格尔指出，克里米亚战争期间英国军队大部分死去的士兵不是死于在战场之外感染的疾病，就是因为战场上留下的伤口长期得不到护理而死去。她发明了饼图，用于展示自己想要传达的信息。

一旦南丁格尔厌倦了与那些愚昧无知的将军进行斗争的生活,她就会回到埃文顿村。她总是能够受到她的朋友——戴维一家人的欢迎。年轻的戴维夫妇有了女儿时,他们将她取名为弗洛伦斯·南丁格尔·戴维(Florence Nightingale David)。这个与南丁格尔同名的小家伙似乎在某种程度上继承了南丁格尔旺盛的精力和开创性精神。F. N. 戴维(她用这个名字出版了 10 本书,在科学期刊上发表了 100 多篇论文)出生于 1909 年。在她 5 岁那年,第一次世界大战打断了她正常的学校生活。她住在一个偏远的小村子里,因此她只能跟随当地牧师学习私人课程。对于小戴维的教育,牧师拥有一些奇特的想法。他注意到戴维已经学了一些算术,因此直接让她学习代数。他感觉戴维已经掌握了英语,因此让她直接学习拉丁语和希腊语。10 岁那年,戴维转到了正规的学校。

弗洛伦斯·南丁格尔·戴维大学入学考试时,她的母亲听说她要去伦敦大学学院,吓了一跳。大学学院是由杰里米·边沁(Jeremy Bentham)建立的,这位创始人干瘪的尸体现在仍然穿着正装端坐在学院回廊里。学院是为"土耳其人、异教徒和其他不承认《39 条信纲》的人"开设的。在这所学院建立以前，只有承认当时英国国教《39条信纲》的人才被允许在大学教书或学习。到了戴维准备上大学时，大学学院仍然以异议者的温床著称。"我的母亲对于我去伦敦大学学院上学这件事感到非常生气……认为这是一件耻辱和邪恶的事情。"因此，戴维去了伦敦贝德福德女子学院。

多年以后，在与哈佛公共卫生学院的莱尔德进行录音访谈时，戴维表示："我不是很喜欢这所学校。不过，有一件事情还算不错，那就是我每天晚上都能去戏院看戏。如果你是学生，那么你只花6便士就可以在老维克剧院看戏……我生活得很愉快。"接着，她继续说道，在学校，"我在3年时间里只学习了数学，我不是很喜欢这门学科。我不喜欢那些人，我觉得那时我表现得非常叛逆。现在回想起来，我也不是很喜欢那段岁月"。

刚毕业，她该如何利用自己学到的这些数学知识呢？她想当保险精算师，但是保险公司只招男性员工。有人建议她去大学学院投靠卡尔·皮尔逊，因为这个人听说皮尔逊与精算师之类的东西有点关系。她去了大学学院，"我一路闯了过去，见到了卡尔·皮尔逊"。皮尔逊很喜欢她，给了她一份奖学金，让她作为自己的研究生继续深造。

为卡尔·皮尔逊工作

为卡尔·皮尔逊工作时，戴维需要求解复杂而困难的重积分，计算相关系数的分布。这份工作让她写出了第一本书《相关系数表格》，这本书最终出版于1938年。在那段岁月里，她用一个叫作"布朗斯维加"的手摇机械计算机完成了所有这些计算以及其他大量计算工作。"我估计我把这个手动式'布朗斯维加'转动了大约200万次……在我学会使用长长的毛衣针（解决机器的堵塞问题）前……这个该死的东西老是堵塞。每到这个时候，你就得去告诉教授，然后忍受他的批评——这真的非常可怕。很多时候只要机器一堵塞，我连话都不说就直接回家了。"尽管戴维非常尊敬卡尔·皮尔逊，在他生命中的最后几年陪了他很长时间，但在20世纪30年代早期，她非常惧怕皮尔逊。

她还非常喜欢冒险，经常参加摩托车越野比赛。

有一天，我重重地撞在了一面高达16英尺、顶上带有玻璃的墙上，我从摩托车上摔了出去，伤到了膝盖。还有一次，我在办公室里感到很痛苦，这时威廉·S.戈塞特走了过来，他说："我想你应该去玩玩飞蝇钓。"戈塞特是一个热情的飞蝇钓爱好者。他邀请我去他家。到了他在亨顿的家里，我看到了戈塞特太太和一群孩子。戈塞特先生教我如何抛杆。他非常和善。

戴维在伦敦大学学院学习期间，内曼和年轻的埃贡·皮尔逊开始研究费希尔的似然函数，这激怒了卡尔·皮尔逊，他认为似然函数没有任何意义。埃贡不敢再次激怒父亲，因此他没有将这方面的第一篇论文提交给父亲的《生物统计》期刊。他和内曼创办了一份新期刊《统计研究学报》，这份期刊办了两年（戴维也在上面发表了几篇论文）。当卡尔退休时，埃贡接任《生物统计》编辑，停办了新期刊。戴维在伦敦大学学院期间，"老头子"（人们当时都这么叫卡尔·皮尔逊）遭到了儿子和费希尔的排挤，年轻的内曼也刚刚开始进入统计研究领域。"我想20世纪20年代和30年代是统计学的成形阶段，"她说，"我以一个小人物的视角看到了所有这些主角。"

戴维认为卡尔·皮尔逊是一位伟大的讲师。"他讲的课非常精彩，听他讲课完全是一种享受。"皮尔逊对插话的学生非常宽容，即使有人发现了他的错误，他也会迅速纠正。相比之下，费希尔讲的课"非常可怕。我一点儿也听不懂。我很想向他提问，但是他不会回答我，因为我是女生"。所以她会坐在一位美国男同学旁边，举起他的手，说："问他！问他！""费希尔的课结束后，我需要在图书馆里待上三个小时，以便理解他在说什么。"

卡尔·皮尔逊1933年退休时，戴维成了他唯一的研究助理。她写道：

> 卡尔·皮尔逊绝非泛泛之辈。他已经70多岁了，不过我们还是能够对某个问题研究上一整天，然后在早上6:00离开学院。有一次，他准备回家，我也准备回家，他对我说："哦，你今天晚上可以看一下椭圆积分。我们明天要用。"我不敢告诉他我要和男朋友参加切尔西艺术舞会。结果，我参加了舞会，凌晨四五点钟才回到家。我洗了个澡，直接去了大学，在他9点钟上班之前完成了所有的准备工作。人在年轻的时候真是愚蠢。

卡尔·皮尔逊去世几个月前，戴维回到了生物统计实验室，与内曼合作。内曼对于她没有获得博士学位一事感到非常吃惊。在内曼的催促下，她将最近发表的4篇论文作为博士论文提交给学院。后来，当人们问她获得博士学位是否改变了她的地位时，戴维说："不，不，我只是损失了20英镑的入学费用而已。"

回忆这些日子时，她表示："我倾向于认为他们让我去那里是为了让内曼先生保持安静。不过那真的是一段喧闹的时期，因为费希尔老是在楼上大吼大叫，我的一边是内曼，另一边是卡尔·皮尔逊，戈塞特每隔两个星期还要过来一次。"她对这段岁月的回忆非常谦虚。她不止是一个"为了让内曼先生保持安静"而被带到那里的小人物。她发表的论文（包括与内曼合写的一篇非常重要的论文，这篇论文对20世纪早期俄国数学家A. A. 马尔可夫的重要定理进行了推广）推动了许多统计领域实践和理论的发展。我可以从我的书架上取下统计理论几乎每个分支的书籍，并在每一本书上找到引用了F. N. 戴维的论文。

战争工作

1939年战争爆发时，戴维在国土安全部工作，他们需要想办法预测在伦敦这样的人口中心投放炸弹造成的影响——这种事情是有可能发生的。人们根据戴维建立的统计模型对伤亡人员的数量，炸弹对电力、水力、污水系统的影响以及其他潜在问题进行了估计。结果，英国对于德国1940年和1941年对伦敦的闪电战做了充分的准备，在战争中维持了重要的基础设施服务，减少了伤亡。

战争结束前夕，戴维写道：

> 我乘坐一架美国轰炸机去了安德鲁斯空军基地。我要去看一看他们建造的第一批大型数字计算机……这是一座大约90米长的尼森小屋（美国人叫它匡塞特小屋），中间是一堆遮泥板，上面有一些木板，你可以在上面跑步。两边每隔几英尺就有两头会眨眼的怪物，天花板上除了保险丝就是保险丝。每隔大约30秒，美国军人会一边仰着头一边跑下遮泥板，然后安上一根保险丝……我回来后，跟人讲了这件事……他们说："你应该坐下来学

学它们的语言。"我说:"打死我也不学。如果要我学的话,我一辈子也学不完。不,我不会去学的——能人有的是。"

埃贡·皮尔逊不像他父亲那样具有强烈的控制欲望,他制定了一项新政策,让生物统计系的领导职位在其他教员之间轮换。轮到戴维担任系主任时,她已经开始了《组合机会》的研究工作,这是一部经典书籍,它对"组合数学"极复杂的计数方法进行了极为清晰的阐释。这本书用一种基本方法看待极其复杂的思想,非常容易理解。在被问到这本书时,她表示:

在我的一生中,我养成了一个讨厌的习惯。我开始做一件事情时可能劲头十足,但过不了多久就会失去兴趣。在我认识巴顿(D. E. 巴顿,《组合机会》的共同作者,后来成了大学学院的计算机科学教授)或教巴顿很久以前,我就有了研究组合数学的想法,并且研究了很长时间……我找到了巴顿,因为我觉得这份工作该了结了。于是我们开始研究。所有漂亮的工作都是他做的,如扩展至无限之类的东西。他是个不错的小伙子。我们在一起写了许多论文。

她最终来到了美国，在加州大学伯克利分校任教，并且接替内曼成了系主任。1970 年，她离开伯克利，在加州大学河滨分校建立了统计系并出任系主任。1977 年，68 岁的戴维宣布"退休"，成了伯克利生物统计系一位活跃的名誉教授和助理研究员。本章多次引用的采访发生在 1988 年。1993 年，戴维去世。

1962 年，戴维出版了一本书，题目是《游戏、上帝与赌博》。下面是她对这本书成因的介绍：

> 我小时候学过希腊语……我对考古学产生了兴趣，因为我有一位考古学同事，他似乎一直在一片沙漠里辛勤地挖掘文物。不管怎么样，他找到我说："我走遍了这片沙漠，画出了陶瓷碎片的位置。请告诉我在哪里挖能挖到贝冢。"考古学家并不在乎金银，他们只关心锅碗瓢盆。我对他的地图进行了思考，认为这与 V 型轰炸机问题完全相同。这里是伦敦，炸弹落在这里，你想知道它

们来自哪里，以便使用正态二元曲面预测主轴。这就是我对碎片地图所做的工作。各种问题之间存在某种一致性，这很有趣，不是吗？而且最终都能归结为6种不同类型的问题。

而且，对于每一种问题，弗洛伦斯·南丁格尔·戴维都发表过论文。

女士品茶

The Lady Tasting Tea: How Statistics Revolutionized Science In The Twentieth Century

第十六章 摆脱参数

20 世纪 40 年代，美国氰胺公司的化学家威尔科克森被一个统计问题难住了。他在用"学生"的 t 检验与费希尔的方差分析进行假设检验，比较不同疗法的效应。这是当时分析实验数据的标准做法。统计革命已经完全统治了科学实验室，每个科学家书架上的书籍中都有解释这些假设检验的数据表格。不过，有一个问题似乎常常无法用这些方法解决，威尔科克森考虑的就是这个问题。

他可以进行一系列实验，然后发现不同处理方式的效果存在明显的差异。有时 t 检验会得到显著性结果，有时不会。人们进行化学工程实验时，对于最开始的几个实验，化学反应器往往不会被加热到足够高的温度。或者，某种酶的反应能力可能会发生变化。这样一来，人们会得到一个看上去似乎不正确的实验结果。通常，人们得到的数据不是太大就是太小。有时，我们可以发现导致结果异常的原因。有时，异常结果与其他所有结果存在极大的差异，但是并没有明显的原因。

威尔科克森注视着计算 t 检验和方差分析的公式，意识到这些不同寻常的极端数值会对结果产生极大的影响，导致"学生"的 t 检验偏小。（通常，较大的 t 检验值会得到较小的 p 值。）我们很想将异常值从观测值集合中剔除出去，计算其余值的 t 检验。不过，这么做将会导致假设检验的数学推导出现问题。化学家怎么知道一个数据是不是异常值？一共需要剔除多少个异常值？如果剔除了异常值，化学家还可以继续使用标准检验统计量的概率表格吗？

威尔科克森开始在文献中搜索。开创统计方法的数学先驱们之前一定遇到过这个问题！但是，他找不到人们对这个问题的描述。威尔科克森想到了解决这个问题的方法。这种方法涉及以观测值排列组合为基础的冗长的计算（上一章提到了戴维的组合数学）。他开始研究计算这些组合值的方法。

不过，这也太愚蠢了！为什么像威尔科克森这样的化学家需要研究这些简单而冗长的计算呢？之前的某位统计学家一定已经做过这种研究！他又开始查找统计文献，寻找前人的这类文章。他找不到这样一篇论文。他以检查自己的数学计算是否存在错误为主要目的，向《生物统计学》（*Biometrics*）期刊（不是皮尔逊的《生物统计》期刊）提交了一篇论文。他仍然相信这篇论文不可能是原创性工作，他希望审稿人知道之前哪里发表过这样的论文并退回他的论文。这样，他们就会把之前的论文信息告诉他。不过，根据审稿人和编辑的判断，这篇论文的确是原创性工作。之前没有人研究过这个问题。于是，威尔科克森的论文在1945年发表。

威尔科克森和《生物统计学》编辑不知道的是，一位名叫亨利·B.曼（Henry B. Mann）的经济学家与俄亥俄州立大学一位名叫D.兰塞姆·惠特尼（D. Ransom Whitney）的统计学研究生正在研究一个相关的问题。他们想要为统计分布排序，以便让人们在某种意义上确认1940年的工资分布比1944年的工资分布低。他们提出了一种排序法，涉及一系列简单但冗长的计数方法。

这让曼和惠特尼得到了一个检验统计量，其分布可以用组合算法计算——与威尔科克森使用的计算类型相同。1947年，在威尔科克森的论文发表两年后，他们发表了自己的论文，描述了他们的新方法。人们很快发现，威尔科克森检验与曼-惠特尼检验关系密切，可以得到同样的 p 值。这两种检验统计量具有某种全新的特点。在威尔科克森的论文发表以前，人们认为所有检验统计量都是以分布参数的估计值为基础的。不过，威尔科克森检验没有对任何参数进行估计，它仅仅是将观测到的分散数据与纯粹随机分散得到的数据进行了比较。它是一种非参数检验。[①]

这样，统计革命在皮尔逊最初思想的基础上又向前迈进了一步。现在，人们可以在不使用参数的情况下处理测量值的分布。许多西方人不知道的是，20 世纪 30 年代后期，苏联的柯尔莫哥洛夫和他的学生 N.V.斯米尔诺夫研究了另一种不使用参数的分布比较方法。威尔科克森、曼和惠特尼的工作为数学研究开启了一个新的方向，将人们的注意力吸引到了有序排列的内在本质上，这种研究很快用上了斯米尔诺夫-柯尔莫哥洛夫的工作成果。

[①] 实际上，威尔科克森不是第一个提出非参数方法的人，这是施蒂格勒误称定律的又一个证据。卡尔·皮尔逊 1914 年的工作似乎在某种程度上暗示了这种思想。不过，直到威尔科克森在这个领域的工作得到发表时，这种极具革命性的非参数方法才得到人们的充分理解。

还会进一步发展

数学研究的一个新方向一旦开启，研究人员就会以不同方式对其进行探索。根据威尔科克森最初的工作，人们很快发展出了替代方法。赫尔曼·切尔诺夫（Herman Chernoff）和 I. 理查德·萨维奇（I. Richard Savage）发现，他们可以根据有序统计量的均值期望看待威尔科克森检验；他们将原始的非参数检验扩展成了一组涉及不同基本分布的检验，这些检验都不需要对参数进行估计。到了 20 世纪 60 年代早期，这组检验（现在被称为"无分布检验"）成了研究热点。博士生在这种理论的边边角角寻找论文题材。一些会议被专门用于讨论这种理论。威尔科克森继续在这一领域从事研究工作，提出了非常巧妙的组合计算方法，扩展了检验的范围。

1971 年，捷克斯洛伐克的雅罗斯拉夫·哈耶克（Jaroslav Hájek）出版了一本总结性教材，对整个领域进行了统一的描述。哈耶克 1974 年去世时只有 48 岁，他发现了所有非参数检验的一般性基础形式，并将这种一般性方法与中心极限定理的林德伯格–列维条件联系起来。这是数学研究的常态。

在某种意义上，所有数学内容都是相互关联的，只不过这些联系方式以及它们背后的深刻思想常常要等到许多年之后才会出现。

当威尔科克森对其统计发现的意义进行探索时，他离开了自己原来的化学领域，在美国氰胺公司及其下属的莱德利实验室管理一个统计服务小组。1960 年，他进入佛罗里达州立大学统计系，担任教员，成为一名受人尊重的教师和研究人员，负责管理多名博士研究生。1965 年，威尔科克森去世。在他死后，他带出来的学生和他的统计创新仍然在该领域发挥着重要作用。

悬而未决的问题

非参数方法的提出为这个新领域带来极大的发展。不过，非参数方法与之前使用的参数方法之间并没有明显的联系。有两个问题需要解决：

1. 假设数据拥有已知的参数分布，如正态分布，如果我们使用非参数方法，那么分析的错误程度有多大呢？

2. 如果数据不是特别符合一个参数模型，那么当这些数据与模型的偏差达到何种程度时，非参数方法才会比参数方法好呢？

1948 年，《数理统计年报》的编辑收到了来自塔斯马尼亚大学一位不知名的数学教授的论文。塔斯马尼亚是位于澳大利亚大陆以南的一座海岛。这篇论文出色地解决了上面两个问题。埃德温·詹姆斯·乔治·皮特曼（Edwin James George Pitman）之前曾在《皇家统计学会期刊》上发表过三篇论文，在《剑桥哲学学会学报》上发表过一篇论文。现在回想起来，这些论文为他后来的工作打下了基础，不过它们却被人忽视或者遗忘了。皮特曼向《数理统计年报》提交论文时已经 52 岁了，此时除了上述四篇论文，皮特曼并没有发表过其他文章，也没有什么名气。

1897 年，皮特曼出生于澳大利亚墨尔本。他本科上的是墨尔本大学，其间经历了第一次世界大战，中断了学业，当了两年兵。复员后，他完成了本科阶段的学习。"在那个年月，"皮特曼后来写道，"澳大利亚的大学里没有数学研究生院。"有些大学为优秀学生提供奖学金，让他们到英国继续攻读研究生，但是墨尔本大学没有这个传统。"我完成四年的学习，离开墨尔本大学时，没有接受过研究方面的任何训练；不过我觉得自己已经学会了如何研究和使用数学，因此我愿意解决任何新出现的问题……"皮特曼的第一个问题是如何谋生。

塔斯马尼亚大学正在寻找一位数学教师。皮特曼申请了这个职位，被任命为数学教授。整个数学系只有这位新任教授和一个兼职讲师。他们需要向其他所有系的学生教授本科数学课程，其中有一门课程占用了新教授的几乎所有时间。早在学校董事会决定聘用一名全职数学教授时，一位董事会成员听说有一门新的数学分支叫作统计学；因此他们问新的申请者是否能够教授一门统计学课程（不管课程内容是什么）。

皮特曼回答道："我不敢说自己在统计理论方面拥有深厚的专业知识，不过如果能够得到任命，我稍作准备后就可以在1927年开这样一门课程。"关于统计理论，他既没有"专业知识"，甚至连浅显的认识都没有。在墨尔本，他学习了一门高级逻辑课程，教授在这门课上花了一两节课的时间介绍了统计学。正如皮特曼所说，"当时我认为，统计学属于我不感兴趣的那种学科，我永远也不会浪费自己的精力研究这门学问"。

1926年秋天，年轻的皮特曼来到了塔斯马尼亚岛霍巴特市的一所小型地方学校，你几乎不可能在地球上找到另外一个比其更加远离伦敦和剑桥这些学术中心的地方。在这里，只有本科学历的皮特曼获得了教授头衔。"直到1936年，我才开始发表文章，"他写道，"我之所以迟迟没有发表论文，有两个主要原因：我所承担的工作任务以及我的教育背景。"这里的"背景"指的是他没有经历过关于数学研究方法的训练。

1948年，当皮特曼向《数理统计年报》提交他的优秀论文时，塔斯马尼亚大学的数学系已经有所扩张。它现在包含一位教授（皮特曼）、一位副教授、两位讲师以及两位助教。他们负责教授包括应用数学和理论数学在内的各门课程。皮特曼一周教授12节课，星期六还要上课。他的研究终于获得了一些支持。从1936年起，澳大利亚联邦政府每年提供3万英镑的资金，用于支持澳大利亚的大学的科学研究。这笔资金根据人口分配给各州；塔斯马尼亚是最小的州之一，因此整间大学每年能够获得2400英镑。不过，皮特曼并没有明确提到他获得了多少资金。

皮特曼逐渐开始从事不同类型的研究。他发表的第一篇论文讨论的是流体力学问题，接下来的三篇论文研究了假设检验理论的一些非常具体的问题。这些论文本身并不显眼，但它们代表了皮特曼的学习过程。皮特曼正在探索如何提出新思想，如何将不同数学体系联系在一起。

1948年，皮特曼开启论文研究时，对于统计假设检验的本质以及老式检验（参数检验）与新式检验（非参数检验）的相互关系已经形成了清晰的思路。他用他的新方法研究上面提到的那两个悬而未决的问题。

他的发现震惊了所有人。即使当原始假设成立时，非参数检验也具有与参数检验几乎相同的表现。皮特曼对第一个问题做出了回答。当我们知道参数模型，应当使用具体的参数检验时，如果使用非参数检验，会对结果产生多大的影响呢？不会产生任何影响，皮特曼说道。

第二个问题的答案更加令人吃惊。如果数据不符合参数模型，那么它们与参数模型之间的偏离达到多大程度时，非参数检验具有更好的效力呢？皮特曼的计算表明，只要数据稍微偏离参数模型，非参数检验就会获得远比参数检验更加优越的效力。

看起来，那位深信前人曾经做过这个简单发现的化学家威尔科克森在不经意间找到了一个真正的无价之宝。皮特曼的结果说明，所有假设检验都应该是非参数检验。皮尔逊发现的基于参数的统计分布只是统计革命的第一步。现在，统计学家处理统计分布时不用再为具体参数劳神了。

数学是一门极其精妙的学问，稍有不慎就会产生错误。威尔科克森、曼和惠特尼以及皮特曼的方法看似简单，但它们实际上对数据的分布做了一些隐性假设。25年之后，人们才开始理解这些假设。1956年，R. R. 巴哈杜尔（R. R. Bahadur）和芝加哥大学的 L. J.（"吉米"）萨维奇最先发现了其中的问题。当我几年前把巴哈杜尔和萨维奇的论文拿给一位朋友看时，他指出了两个人名字当中隐藏的玄机。在印地语中，"巴哈杜尔"意为"战士"，一位战士和一个野人（萨维奇）向非参数统计检验理论发起了第一轮攻击。

萨维奇和巴哈杜尔发现的问题正是源于最初启发威尔科克森提出非参数检验的问题：异常值。如果异常值很少，是不折不扣的"错误"观测值，那么非参数方法可以降低它们对分析的影响。如果异常值体现了某种因素对数据的系统性污染，那么使用非参数方法只会让事情变得更糟。我们将在第二十三章介绍污染分布问题。

女士品茶
The Lady Tasting Tea: How Statistics Revolutionized Science In The Twentieth Century
第十七章　部分优于整体

卡尔·皮尔逊认为，人们可以通过收集数据研究概率分布。在他看来，如果收集足够多的数据，就可以认为这些数据代表了所有同类数据。《生物统计》的记者在古代墓地选择几百个头骨，在里面倒入铅弹，以测量颅容量，然后把几百个数据寄给皮尔逊。有的记者远赴中美洲热带丛林，测量几百个当地人的臂骨长度，把测量结果寄给皮尔逊的生物统计实验室。

不过，皮尔逊的方法有一个基本缺陷。他收集的数据用现在的话来说叫作"机会样本"。它们是最容易获取的数据，并不一定真正代表整个分布。恰巧被考古研究者发现的颅容量才会得到测量，没有被发现的那些颅容量则可能与之大相径庭。

20世纪30年代早期，机会取样问题的一个具体例子在印度被发现。孟买码头将一包包黄麻装船运往欧洲。为确定黄麻的价格，人们对每包黄麻进行采样，根据样品确定黄麻的质量。采样时，人们将中空的圆形刀具插入黄麻包，然后取出刀具，刀具中心会留下少量黄麻。在黄麻的包装和运输过程中，包裹外侧往往会受到磨损，内部往往会变得越来越紧实，到了冬天还经常会冻住。采样人员将空心刀推入黄麻包时，刀具不会进入包裹的紧实部分，样本往往几乎全部由外部受损区域的黄麻组成。机会采样是存在偏差的，也许黄麻包中的黄麻质量整体较好，但这种方法往往会得到质量较差的黄麻样本。

加尔各答市院长学院（Presidency College, Calcutta）物理系主任普拉桑塔·钱德拉·马哈拉诺比斯（Prasanta Chandra Mahalanobis）经常用这个例子说明机会采样不值得信任（这是他在铁道公司工作时发现的，该公司将黄麻运往码头）。马哈拉诺比斯来自加尔各答的一个富商家庭，因而有能力去读本科和研究生，追求科学和数学上的兴趣。20世纪20年代，他来到英国，跟随皮尔逊和费希尔学习。像F.N.戴维这样的学生需要依靠奖学金生活，但马哈拉诺比斯在学习期间却过着贵族式的生活。后来，他回国担任院长学院物理系主任。不久以后，1931年，他用自己的资金在一处家族属地上建立了印度统计研究院。

在印度统计研究院，马哈拉诺比斯培养了一批出色的印度数学家和统计学家,其中许多人离开研究院以后为这一领域做出了重要贡献——包括 S. N. 罗伊(S. N. Roy)、C. R. 拉奥(C. R. Rao)、R. C. 博斯(R. C. Bose)、P. K. 森(P. K. Sen)以及马登·普里(Madan Puri)。马哈拉诺比斯关注的一个问题是如何产生恰当的代表性数据样本。显然,在许多情况下,我们几乎不可能对集合里的所有对象进行测量。例如,印度人口众多,多年来,没有人能在一天之内像美国人那样进行完整的人口普查。相反,完整的印度人口普查需要花费超过一年时间,因为他们需要在不同的月份对不同的区域进行统计。所以,印度的人口普查永远无法做到准确。普查期间,有的人出生,有的人去世,有的人搬迁,有的人还会在社会地位方面发生变化。没有人能够准确说出在具体某一天印度到底有多少人[①]。

马哈拉诺比斯认为,如果我们可以收集到能够恰当反映数据集合的小样本,那么我们就可以用这个小样本去估计总

---

① 在美国,十年一度的人口普查曾经在指定的一天对所有人口进行统计。不过,对于 1970 年普查以及之后各次普查的研究表明,这些普查的统计结果往往会漏掉许多人并且重复统计许多人。而且,被漏掉的人通常属于特定的社会经济群体,我们不能认为他们与得到统计的国民"类似"。即使是美国,我们也可以说,没有人能够准确知道某一天到底有多少人。

体的特点。此时,我们可以使用两种方法。一种方法是构造一个所谓的"判断样本"。在判断样本里,我们用关于总体的现有知识选择少量数据代表总体中的不同群体。用于确定电视节目观看人数的尼尔森收视率使用的就是判断样本。尼尔森媒体研究公司根据人们的社会经济地位以及居住区域选择调查对象。

乍一看,判断取样似乎是在总体之中选择代表性样本的一种不错的方法。不过,这种方法存在两个主要问题。首先,只有当我们确信对总体足够了解,能够找到需要取样的具体子集时,我们得到的样本才具有代表性。如果我们对总体如此了解,我们很可能根本无须采样,因为我们想在样本中获得的信息正是将总体划分成均匀子集所需要的信息。第二个问题更加棘手。如果根据判断样本得到的结果是错误的,那么我们无法知道它们的错误程度。2000年夏天,有人批评尼尔森媒体研究公司没有在样本中包含足够多的西班牙裔家庭,低估了观看西班牙语电视节目的家庭数量。

对此,马哈拉诺比斯给出的解决方法是随机取样。我们通过一种随机机制在总体中选择样本。这种随机样本得到的数据很有可能是错误的,不过我们可以使用数理统计定理确定如何以最佳方式取样和测量，确保我们得到的数据长期来看比其他任何数据更加接近现实。此外，我们还知道随机样本概率分布的数学形式，可以计算估计值的置信区间。

因此，随机取样方法之所以比机会取样和判断取样好，不是因为它能确保得到正确的结果，而是因为我们可以计算一个答案区间，这个区间能以很高的概率将正确答案包括在内。

罗斯福新政与取样

20 世纪 30 年代，采样理论的数学方法发展迅速，其中一部分是由马哈拉诺比斯领导的印度统计研究院提出来的，一部分来自内曼 30 年代后期发表的两篇论文，一部分来自罗斯福新政早期来到华盛顿特区的一群朝气蓬勃、充满热情的大学毕业生。这些在联邦政府商务部和劳工部门任职的年轻新政执行者研究并解决了在大量人群中采样的许多实际问题。

1932 年到 1939 年获得学士学位的年轻人走出校园时，往往会发现这个世界上并没有为他们准备的工作岗位，这都是大萧条造成的。玛格丽特·马丁（Margaret Martin）生于纽约州扬克斯市，毕业于巴纳德学院，后来在美国预算局工作。她写道：

> 我 1933 年 6 月毕业时，无法找到任何工作……我有一个朋友一年后毕业，她觉得自己非常幸运，因为她在奥尔特曼百货公司找到了一个销售员职位，每周工作 48 小时，周薪 15 美元。不过，即使是这种工作也相对紧缺。我去找巴纳德学院的职业介绍官弗洛伦斯·多蒂（Florence Doty）小姐，谈论去凯瑟琳·吉布斯秘书学校的可能性。我不知道如何筹集学费，不过我想学一门手艺至少能让我挣到钱。多蒂小姐……不是一个很容易相处的人，许多学生都非常敬畏她……她转过身来看着我说："我永远也不建议你去学习秘书课程！如果你去学习如何使用打字机，并且告诉别人你会用打字机，那么你以后能做的事情就只有打字而已……你应该寻找一个专业岗位。"

马丁后来在奥尔巴尼找到了第一份工作，在纽约州就业失业处研究统计办公室担任初级经济分析师,并且以这份工作为跳板开始学习研究生课程。

一些刚毕业的年轻人直接去了华盛顿的政府机构。1933年,在怀俄明大学成为经济学学士的莫里斯·汉森(Morris Hansen)去了人口普查局,他凭借本科数学知识迅速阅读了内曼的论文,设计了首个全面失业调查项目。纳森·曼特尔(Nathan Mantel)在纽约城市学院获得生物学学位后直接去了国家癌症研究所。纽约城市学院的历史系学生杰罗姆·康菲尔德(Jerome Cornfield)在劳工部担任分析师。

这段时期在政府工作是非常令人激动的。国家处于瘫痪状态,大多数正常的经济活动停滞不前,华盛顿新政府正在寻找能让经济恢复运转的良策。首先,他们需要知道全国上下的情况有多糟糕。失业与经济活动调查终于启动,在美国历史上,人们第一次想要准确知道国家当前的状况。显然,人们需要进行抽样调查。

这些干劲十足的年轻人首先需要战胜人们的偏见,因为有些人并不理解他们的数学方法。当劳工部的一份早期调查显示不到10%的人口获得了将近40%的工资时,这份报告遭到了美国商会的谴责。这怎么可能是真的呢?调查人员只是对劳动人口的不到 0.5% 进行了调查，而且这些人还是随机选择的！商会之前也进行了调查，他们收集了内部成员对于当前局势的意见。商会认为劳工部进行的这次调查是不准确的，因为它只是对数据进行了一次随机选择。

1937 年，政府想要对失业率进行一次完整的统计，国会通过了《1937 年失业普查法案》。这份法律要求每个失业者填写一张登记卡，寄给当地邮局。当时，失业人数的估计值五花八门，最低估计值仅仅为 300 万人，最高估计值则高达 1500 万人，最可靠的数据也只是来自人们在纽约开展的几次随机调查。由人口普查局的卡尔·戴德里克（Cal Dedrick）和弗雷德·斯蒂芬（Fred Stephan）领导的一群年轻的社会学家意识到，许多失业者不会对这次普查做出反应，普查结果将会存在未知错误。他们决定在整个国家范围内进行第一次严肃的随机调查。年轻的汉森设计了调查方案，人口普查局随机选择了 2% 的邮递线路，由这些线路上的邮差向路上的每家每户分发调查问卷。

即使只是 2% 抽样，调查问卷仍然堆积如山，令人口普查局难以招架。美国邮政管理局对它们进行整理，绘制初始表格。调查问卷采集了关于人口统计信息以及被访者工作经历的详细资料，没有人知道应该怎样处理如此庞大的信息量。此时电子计算机还没有发明，人们只能用铅笔在白纸上绘制表格，唯一的辅助工具是手动机械计算机。汉森联系了内曼，因为内曼的论文构成了此次调查方案的基础。用汉森的话说，内曼指出，要想回答最重要的问题，"我们不需要知道每个人的具体情况并将它们对应起来，我们不需要理解所有这些关系"。汉森和他的同事采纳了内曼的建议，将调查问卷上大部分复杂而混乱的详细信息放在一边，仅仅去统计失业数字。

在汉森领导下，人口普查局进行了一系列仔细的研究，结果证明这些小规模随机调查比之前使用的判断样本准确得多。最终，在美国劳工统计局和人口普查局的领导下，大家开始接纳随机抽样方法。乔治·盖洛普（George Gallup）和路易斯·比恩（Louis Bean）将这些方法引入政治性民意测验领域[1]。在1940年的普查中，人口普查局的整体普查中

---

[1] 20世纪60年代后期，我出席了一次会议，比恩是会上的一位发言者。他描述了他和盖洛普最初通过调查向政治候选人提供建议的那段早期岁月。盖洛普随后建立面向公众的盖洛普民意测验联合专栏。比恩仍然在进行私人调查，他曾调侃盖洛普说，他可能会建立自己的专栏，将其取名为盖洛普–比恩民意调查——他在名称上使用了双关语，你也可以把它理解成"急性子"比恩民意调查。

包含了一些精心设计的抽样调查。人口普查局新招了一位年轻的统计学家，名叫威廉·赫维茨（William Hurwitz）。汉森与赫维茨成了亲密的同事和朋友，他们发表了一系列具有影响力的重要论文，并在1953年出版了一本教材——《抽样调查方法与理论》（与第三作者威廉·麦多合著）。这本书是他们的巅峰之作。汉森与赫维茨的论文和教材在抽样调查领域占有举足轻重的地位，经常被人引用，该领域的许多工作人员甚至以为有一个人的名字叫汉森·赫维茨。

杰罗姆·康菲尔德

许多在罗斯福新政期间来到华盛顿的年轻人成了政府和学术界的重要人物。有些人忙于研究新的数学和统计方法，没有时间去读研究生。一个典型的例子是杰罗姆·康菲尔德。康菲尔德参与了劳工统计局的一些早期调查，随后去了国家卫生研究院。他与学术界的一些领军人物共同发表了一些论文。他解决了病例对照研究中的数学问题。他的科学论文涉及从随机抽样理论到就业模式经济学、小鸡肿瘤研究、光合作用问题以及环境毒素对人体健康的影响等各种题目。他提出的许多统计方法现在已经成了医学、毒理学、药理学和经济学的标准做法。

康菲尔德的重要成果之一是弗雷明汉研究计划的设计和初始分析。这项研究始于1948年,其想法是将马萨诸塞州的弗雷明汉作为一个"典型小镇",测量镇上每一个人的大量健康数据,并且持续跟踪这些人的状况。这项研究现在已经进行了五十多年,它的经历有点像《宝林历险记》,因为不时有人想要削减它的资金,以降低政府的预算负担。这项研究目前仍是关于饮食和生活方式对心脏病和癌症长期影响的一个主要信息来源。

在分析"弗雷明汉研究"前五年的数据时,康菲尔德遇到了理论文献没有提到的一些基本问题。他与普林斯顿大学的教职人员合作,解决了这些问题。其他人继续在他所开启的理论方向上发表论文,而康菲尔德只要能找到解决方案就心满意足了。1967年,他与其他人共同发表了源自"弗雷明汉研究"的第一篇医学论文,这是第一篇揭示胆固醇含量与心脏病存在关联的文章。

1973年,我和杰罗姆·康菲尔德共同参加了一场会议,这是为国会某个专门委员会举办的系列听证会中的一场。工作间隙，有人让康菲尔德接电话。打电话的是哥伦比亚大学的经济学家瓦西里·里昂惕夫（Wassily Leontief），他说他刚刚获得了诺贝尔经济学奖，想要感谢康菲尔德，因为正是他们的共同工作帮助里昂惕夫获得了诺贝尔奖。这项工作始于20世纪40年代，当时里昂惕夫来到劳工统计局寻求帮助。

里昂惕夫认为国民经济可以划分为不同的部门，如农业、钢铁制造、零售等。每个部门使用其他部门提供的物资和服务制造新的物资和服务，并提供给其他部门。这种相互关系可以用数学矩阵的形式描述。它常常被称为"投入-产出分析"。里昂惕夫在二战后开始研究这个模型时，他去劳工统计局收集需要的数据。劳工统计局委派当时在那里工作的一个年轻的分析师帮助他，这个年轻人就是康菲尔德。

里昂惕夫可以把国民经济分解成几个大型部门，如将所有制造活动归入一个部门，也可以将这些部门进一步细分。投入-产出分析的数学理论要求描述经济的矩阵拥有唯一的逆矩阵。这意味着他们需要对得到的矩阵进行一种叫作"矩阵求逆"的数学运算。当时电子计算机还没有广泛普及，用机械计算机对矩阵求逆是一项困难而耗时的工作。在我读研究生时，我们每个同学都需要对矩阵求逆——我怀疑这是一种用来"锤炼灵魂"的仪式。我还记得自己连续几天为一个 5×5 矩阵求逆的情景，当时我需要花费大量时间用于寻找错误，重新去做之前做错的步骤。

根据里昂惕夫最初划分的经济部门，他们得到了一个 12×12 矩阵。康菲尔德对这个矩阵进行了求逆运算，以确定是否存在唯一解。他花了大约一个星期时间，最终得到的结论是，经济部门的数量需要扩大。于是，康菲尔德和里昂惕夫怀着恐惧心理，开始对经济部门进一步细分，直到获得了一个他们认为可行的最小矩阵：一个 24×24 矩阵。他们知道，对这个矩阵求逆超出了一个人的能力范围。康菲尔德估计，他需要花费几百年的时间，每周工作七天，才能算出一个 24×24 矩阵的逆矩阵。

第二次世界大战期间，哈佛大学开发出了一台非常原始的早期计算机。这台机器使用机械继电器开关，经常出故障。当时战争已经结束了，因此哈佛大学正在为这台巨大的机器寻找用武之地。康菲尔德和里昂惕夫决定将他们的 24×24 矩阵寄给哈佛，让他们用这台"马克一号"计算机进行烦琐的计算，求出逆矩阵。他们正准备为这个项目支付报酬时，项目被劳工统计局的会计室叫停了。政府当时有一项政策，他们可以为商品付款，但不会为服务付款。政府的逻辑是，他们拥有各种专家为自己工作。如果出现了服务需求，应该由政府内部人员解决。

他们向政府会计师解释说，这项工作理论上可以由一个人来做，但是没有人能够活这么久。会计师很同情他们，但是他不知道怎样回避规定。康菲尔德提出了一个建议。结果，劳工统计局发出了一个生产资料订单。他们订购了什么生产资料呢？发票显示，劳工统计局向哈佛大学订购了"一个逆矩阵"。

经济指数

罗斯福新政早期进入政府的年轻人所做的工作对国家持续发挥着重要的基础作用。在他们的努力下，政府开始定期发布一系列经济指数，用于对经济进行微调。这些指数包括消费价格指数（用于标示通货膨胀）、当前人口调查（用于标示失业率）、制造业普查、人口普查局在十年期普查之间对全国人口估计值的中期调整，以及被全球各个工业国家学习并使用的许多其他不太知名的调查。

在印度，新政府成立早期，马哈拉诺比斯与贾瓦哈拉尔·尼赫鲁（Jawaharlal Nehru）总理成了莫逆之交。尼赫鲁虽然很想模仿苏联的中央计划体制，但在马哈拉诺比斯的影响下，他不得不做出改变，因为细致的抽样调查揭示了新生国家的真实经济状况。在苏联，官僚们炮制了虚假的生产和经济活动数据，以迎合统治者，这一做法导致中央经济计划变得越来越愚蠢。在印度，人们总是可以获得对真实情况的良好估计。尼赫鲁及其继任者可能不喜欢这些数据，但是他们也只能面对现实。

1962年，费希尔去了印度。之前，他曾在马哈拉诺比斯的邀请下多次来访，但这一次有所不同。全球统计领域的重要人物要在这里举行一场盛大的聚会，纪念印度统计研究院成立30周年。费希尔、内曼、埃贡·皮尔逊、汉森、康菲尔德以及其他来自美国和欧洲的统计学家会聚一堂。会议场面非常活跃，因为数理统计这门学科仍然在蓬勃发展，而且仍然有许多有待解决的问题。统计分析方法正在渗透到各个科学学科之中。新的分析方法不断被提出并得到人们的检验。这一学科有4个专门的科学学会和至少8份重要期刊（其中一份由马哈拉诺比斯创立）。

会议结束时，与会人员各奔东西。当他们回到家时，这些人收到了不幸的消息。费希尔回到澳大利亚后不久就在一场手术中去世了，享年72岁。他的所有科学论文结集成了5卷全集，他的7本书仍然在影响着统计学的发展。他闪耀着光辉的原创性工作终于走向了终结。

女士品茶

The Lady Tasting Tea: How Statistics Revolutionized Science In The Twentieth Century

第十八章 吸烟会致癌吗？

1958 年，费希尔在《百年回顾》上发表了一篇论文《香烟、癌症与统计学》，并在《自然》杂志上发表了两篇论文——《肺癌与香烟?》《癌症与吸烟》。随后，他将这些论文放在一起，加上一篇长篇序言，组成了一本小册子，题目是《吸烟：关于癌症的争议及对有关证据的评论》。在这些论文中，费希尔（他在相片上常常拿着烟斗）坚持认为，人们用于说明吸烟导致肺癌的证据存在严重缺陷。

　　当时，费希尔并不是唯一批评吸烟与癌症研究的人。梅约诊所的首席统计学家约瑟夫·伯克森（Joseph Berkson）以及美国生物统计学的一位领军人物也对研究结果提出了疑问，内曼也对肺癌与吸烟的相关研究中使用的推理方法提出了反对意见，而费希尔的批评是最尖锐的。在接下来的几年里，随着证据的积累，伯克森和内曼似乎接受了研究结果，认为这种关系得到了证明。不过，费希尔仍然固执己见，他甚至指责一些主要研究人员伪造数据。对许多统计学家而言，事情变得非常尴尬。当时，香烟公司否认这些研究的合理性，指出它们仅仅具有"统计相关性"，没有证据表明吸烟可以导致肺癌。从表面上看，费希尔似乎与香烟公司意见一致。他的议论带有一丝争辩意味。例如，下面的段落选自他的一篇论文：

> 大约一年前，英国医学会期刊发表的一篇评论使我充分领教了（用于说明吸烟与肺癌之间关系的研究工作的）这种认真的必要性。这篇评论得到了一个非常引人注目的结论：我们必须使用每一种现代宣传手段让整个世界充分认识到这种可怕的危险。我读到此处时，无法确定自己是否喜欢"所有现代宣传手段"。在我看来，我们应当在这里做出道德上的区分……在无法确定人们在宣传中反对的吸烟人群的特殊习惯是否值得担心之前，在公共资金支持的所有现代宣传手段的帮助下，在全世界可能存在的一亿烟民当中散播恐惧，这似乎不是良好公民应当具有的行为……

遗憾的是，在对使用政府宣传工具传播恐惧这一行为的愤怒之中，费希尔并没有非常清晰地将自己的反对意见表达出来。在大家眼里，他就像是一个不想扔掉心爱烟斗的脾气暴躁的老人。1959 年，康菲尔德与来自国家癌症研究所（NCI）、美国癌症学会以及斯隆-凯特林研究所的五位顶级癌症专家共同撰写了一篇长达 30 页的论文，对之前出版的所有研究报告进行了回顾。他们研究了费希尔、伯克森以及内曼的反对意见以及烟草研究所（代表烟草公司）提出的异议。他们对这场争论进行了仔细论证，认为现有证据以压倒性优势表明"吸烟是人体肺部鳞状细胞癌病例迅速增长的一个诱发因素"。

原因和结果真的存在吗？

费希尔的反对意见真的全都是一位希望安静吸烟的老者的狡辩吗？其中是否包含着一些有价值的思想呢？我拜读了费希尔关于吸烟与癌症的论文，将它们与费希尔之前撰写的关于归纳推理的本质以及统计模型与科学结论之间关系的论文进行了比较。我发现了某种具有连贯性的推理思路。费希尔讨论的是一个深层哲学问题——英国哲学家伯特兰·罗素（Bertrand Russell）早在20世纪30年代早期就提到了这个问题，它挑战着科学的核心思想，大部分人甚至不会将它看作一个问题。这个问题就是，"原因和结果"意味着什么？回答这个问题绝非易事。

在许多读者的印象里，罗素是一位须发皆白的老爷爷，也是一位闻名世界的哲学家，曾在20世纪60年代对美国参与越南战争的行为提出批评。当时，官方和学术界都认为罗素勋爵是20世纪一位伟大的哲学家。他与阿尔弗雷德·诺斯·怀特海（Alfred North Whitehead）——比罗素年长许多岁——合著的第一部重要作品讨论的是算术与数学的哲学基础。这本书题为《数学基本原理》，试图根据与集合理论有关的简单公理推导出诸如数字、加法之类的基本数学概念。

罗素和怀特海这部作品使用的一个重要工具就是符号逻辑，这是人们在20世纪早期发明的最伟大的研究方法之一。读者可以回忆一下之前学过的亚里士多德逻辑学，如"所有人都会死。苏格拉底是人。所以，苏格拉底也会死"。

亚里士多德的逻辑理论已经被人研究了大约2500年，

不过它是一种相对来说用处不大的工具。与数学推理中用于获取新知识的那种逻辑不同，亚里士多德的这种学说对显而易见的事情反复讨论，对于符合逻辑的推理和不符合逻辑的推理制订武断的规则。当亚里士多德的学生们亦步亦趋地根据苏格拉底的生死和渡鸦羽毛的颜色这些例子记忆逻辑分类时，数学家正在用不是很符合亚里士多德分类的逻辑方法开发新的理论，如微积分。

随着19世纪最后几年和20世纪初集合论和符号逻辑的发展，这一切都发生了变化。在罗素和怀特海探索的最初形式中，符号逻辑以一种被称为"命题"的思想元为基础。每个命题拥有一个真实值，叫作"T"或"F"[①]。各个命题以代表"与""或""非""等于"的符号组合在一起并相互比较。由于每个元命题拥有一个真值，因此它们的任意组合也拥有一个真值，这个真值可以通过一系列代数方法计算出来。根据这个简单的基础，罗素、怀特海以及其他学者用符号的组

[①] 这是一种抽象。"T"当然表示"真"，"F"表示"假"。通过使用看上去毫无意义的符号，数学家可以考虑思想的变形。比如说，我们可以提出三个真实值："T""F"和"M"（代表"也许"）。这与数学有什么关系呢？通过使用纯粹的抽象符号，符号逻辑变成了一门复杂而迷人的学科。过去90年来，它一直是数学研究中一个非常活跃的领域。

合描述数字与算术，他们似乎能够描述任何类型的推理。

有一种推理例外。人们似乎没有办法建立一套表示"A引起B"的符号。逻辑学家竭力想要将原因和结果的概念纳入符号逻辑规则中，但是他们一直没有取得成功。当然，我们都知道"原因和结果"意味着什么。如果我把平底玻璃杯掉到浴室地板上，这一行为会导致它摔碎；如果主人不让狗沿着错误的方向前进，这一行为会导致狗沿着正确的方向前进；如果农民对作物施肥，这一行为会导致作物生长得更加茂盛；如果一个妇女在怀孕前三个月服用镇静剂，这一行为会导致她的孩子出生时四肢畸形；如果一个妇女得了盆腔炎，这是她使用节育器导致的[①]；如果美国广播公司高级管理职位上的女性人数很少，这是因为管理者存在偏见；如果我的亲

---

① 在20世纪80年代波及各个美国联邦法庭的马德诉西尔列公司的案件中，原告称她的疾病是节育器导致的。原告还出示了流行病学证据，证明使用节育器的妇女患盆腔炎的概率明显比普通妇女高。被告则出示了对相对风险（使用节育器患病的概率与不使用节育器患病的概率之比）95%置信区间的统计分析，结果显示置信区间的范围是0.6到3.0。陪审团陷入了僵局。法官在判决中支持被告，宣布"对原因的推断至少要以合理的概率为基础，弄清这一点非常重要"。这种观点实际上将概率看作个人概率。尽管它试图对"原因"与"统计相关"进行区分，但是这种思想引发的混乱以及高等法院判决时出现的混乱说明原因与结果概念存在本质上的矛盾——罗素在50年前已经对此进行了讨论。

戚脾气暴躁，这是因为他的星座是狮子座。

20世纪30年代早期，罗素有力证明了常见的"原因与结果"观念是一种不自洽的思想。我们无法根据同一种推理过程将原因与结果的不同例子协调在一起。实际上，这个世界上并不存在什么原因与结果。原因与结果是大众的幻想，它是一种模糊的观念，经不起严格的理论推敲。它包含一些相互矛盾的、不一致的思想，在科学上几乎没有任何意义。

实质蕴涵

罗素提出，我们可以使用符号逻辑中一种具有明确定义的概念代替因果关系，这种概念叫作"实质蕴涵"。通过使用元命题的基本思想和代表"与""或""非""等于"的连接符号，我们可以得出命题A蕴含命题B的概念。这个概念等同于非B蕴含非A的命题。这听上去有点像隐藏在贝叶斯定理背后的悖论（我们在第十三章对此做了介绍）。不过，二者之间存在非常深刻的差异，我们将在后面一章介绍。

19世纪后期，德国内科医生罗伯特·科赫（Robert Koch）提出了证明某种传染中介导致某种疾病所需要的一组

基本条件。这些条件包括:

1. 在所有出现某种传染中介的地方,都会出现某种疾病;

2. 在所有不存在这种疾病的地方,这种传染中介也不可能存在;

3. 当传染中介被移除时,疾病也会消失。

科赫以一定的冗余描述了实质蕴涵条件。这可能足以确定某种细菌是导致某种传染病的原因。不过,对于吸烟与癌症之类的问题,科赫的基本条件几乎派不上用场。让我们看看肺癌与吸烟之间的关系是否符合科赫的基本条件(即罗素的实质蕴涵)。此时的中介是吸烟史,疾病是人体肺部鳞状细胞癌。有一些吸烟者没有患肺癌,因此科赫的第一个条件没有得到满足。有一些肺癌患者表示他们不是烟民,如果我们相信他们的说法,那么科赫的第二个条件也没有得到满足。如果我们将癌症类型限制为小型燕麦细胞癌,那么患有这种疾病的非吸烟者人数似乎就会变成零,这样第二个条件也许可以得到满足。如果我们移除中介,也就是说,如果病人停止吸烟,而肺癌仍然会发生,那么科赫的第三个基本条件没有得到满足。

如果我们使用科赫的基本条件（即罗素的实质蕴涵），那么只有可以在血液或其他体液中生长的、由特定传染源导致的急性疾病能够满足条件。这类疾病不包括心脏病、糖尿病、哮喘、关节炎和其他癌症。

康菲尔德的解决方案

让我们回头看看康菲尔德和五位杰出癌症专家1959年发表的论文，他们依次描述了关于这一主题的所有研究[①]。首先是理查德·多尔（Richard Doll）和A. 布拉德福德·希尔（A. Bradford Hill）[②] 1952年发表在《英国医学杂志》上的

---

① 论文的共同作者是国家癌症研究所的威廉·亨塞尔、美国癌症学会的E. 卡特勒、哈蒙德、约翰·霍普金斯大学卫生与公共健康学院的亚伯拉罕·利林菲尔德、国家癌症研究所的迈克尔·希姆金以及斯隆-凯特林研究所的恩斯特·温德。这篇论文是由康菲尔德提议并组织的。而且，康菲尔德在论文中对费希尔的观点进行了仔细研究和反驳。
② 费希尔对希尔和多尔的工作进行了十分猛烈的抨击，不过两个人都对费希尔方法在医学研究中的推广起到了突出作用。希尔几乎是凭借一己之力说服英国医学界相信，只有遵守费希尔实验设计原则的研究才能获得有用的信息。理查德·多尔后来成了牛津大学钦定医学教授，他的名字成了现代临床研究向统计模型转变的同义词。

一篇研究报告。当时英国死于肺癌的病人数量节节攀升，对此多尔和希尔感到非常担忧。他们调查了几百个肺癌病人，将他们与同一时间进入相同医院但没有患肺癌的类似病人（和他们拥有相同的年龄、性别和社会经济地位）进行对比。肺癌患者中的烟民数量几乎是非肺癌患者（在这种研究中叫作"对照病例"）的10倍。到了1958年年末，人们已经对斯堪的纳维亚、美国、加拿大、法国和日本的病人进行了另外5次同样的研究。所有研究都得到了同样的结果：肺癌患者中的烟民比例比对照组高得多。

这种研究叫作"回顾性研究"。这种方法从疾病入手，反向研究哪些先验条件与疾病有关。他们需要对照病例（没有患特定疾病的病人），以确定这些与疾病有关的先验条件不是所有病人更为一般的特点。这些对照病例可能会因为与疾病病例不匹配而受到批评。一项有名的回顾性研究发生在加拿大，研究的是人造甜味剂对膀胱癌的影响。这项研究似乎可以证明人造甜味剂与膀胱癌存在一定的联系，不过经过对数据的仔细检查，人们发现膀胱癌病例几乎全部来自下层社会，而对照病例几乎全部来自上层社会。这意味着疾病病例与对照病例没有可比性。20世纪90年代早期，耶鲁医学院的阿尔万·范斯坦（Alvan Feinstein）和拉尔夫·霍维茨（Ralph Horvitz）对这类研究提出了非常严格的规则，以确保疾病病例与对照病例的匹配。实际上，所有关于癌症与吸烟的回顾性病例对照研究都不符合范斯坦与霍维茨提出的规则。

另一种方法是前瞻性研究。在这种研究中，研究人员提前选定一组个体，对他们的吸烟史进行详细的记录，并且跟踪他们未来的表现。到了1958年，人们已经进行了3次独立的前瞻性研究。第一次研究（由完成第一次回顾性研究的希尔和多尔进行）涉及英国的5万名医师。实际上，希尔和多尔并没有对研究对象进行长期跟踪。他们对5万名医师进行了采访，记录了他们的健康习惯，包括吸烟习惯，并跟踪了他们5年，其间许多人患上了肺癌。这一次，研究人员不只发现肺癌与吸烟之间存在关联。他们根据医师的吸烟程度将他们分成了不同小组。他们发现，吸烟多的医生患肺癌的概率也比别人大。这种现象叫作剂量反应，它是药理学证明某种因素具有影响效果的关键证据。在美国，哈蒙德（Hammond）和霍恩（Horn）对187783人进行了一项前瞻性研究（研究结果发表于1958年），跟踪了这些人4个月。

他们也发现了剂量反应。

不过，前瞻性研究存在一些问题。如果研究规模较小，得到的结果可能只适合一个特定的人群。我们也许不应该将结果推广到更大范围的人群中。例如，大部分早期前瞻性研究的对象都是男性。当时，女性患肺癌的比例很低，无法进行分析。前瞻性研究的另一个问题是，要获得足以进行合理分析的大量事件（肺癌），可能需要花费很长时间。为了解决这两个问题，人们对大量人群进行跟踪。由于研究规模很大，因此我们可以相信结果适用于普通大众。如果短期内事件发生的概率较低，那么短期内跟踪大量人口的方法仍然可以得到研究所需要的足够多的事件。

多尔和希尔的第二次研究使用的是医师，因为他们认为这些人的吸烟史记录是可靠的，而且他们的职业性质几乎可以保证这个群体出现的所有肺癌案例都可以得到记录。我们可以将这些来自专业医师的结果外推到连高中都没毕业的码头工人群体吗？哈蒙德和霍恩对将近20万人进行了跟踪，希望他们的样本更具代表性——其风险在于信息的准确度可能会降低。现在，读者可能会想到卡尔·皮尔逊的数据样本。它们属于机会样本，因而存在问题。上面这些研究使用的不也是机会样本吗?

为了解决这个问题,1958 年,H. F. 多恩研究了三个大城市的死亡证明,并对死者家属进行了采访。这是对所有死者进行的研究,因此不可能被看作机会样本。这一次,吸烟与肺癌之间的关系仍然极为明显。不过,人们仍然可以认为对死者家属的采访存在缺陷。在这项研究进行的时候,肺癌与吸烟之间的关系已经传得沸沸扬扬了。同死于其他疾病的病人亲属相比,死于肺癌的病人亲属回想起病人曾经吸烟的概率可能要大一些。

大部分流行病学研究都存在这个问题。每项研究在某种程度上都存在缺陷。对于每一项研究,批评者都可以想象出导致结论出现偏差的某种可能性。康菲尔德和他的合作者们搜集了 1958 年前针对不同国家、不同群体所做的 30 项流行病学研究。他们指出,这些研究覆盖了各种研究类型,它们之间惊人的一致性可以让我们接受最终结论。他们依次讨论了各种反对意见。他们介绍了伯克森的观点,指出某项研究可以解决这个问题。内曼认为如果吸烟的病人寿命比不吸烟的人长,而且肺癌是一种老年疾病,那么最初的回顾性研究可能会存在偏差。康菲尔德等人指出,这种说法与众多研究中病人的实际情况不符。

他们以两种方式解决了机会样本不具有代表性的问题。他们指出了患病人群覆盖的范围，从而提高了结论适用于各种人群的可能性。他们还指出，如果这种因果关系来自基本生物学原理，那么病人的社会经济地位和社会背景就成了无关因素，并且回顾了毒理学的研究，证实了吸烟对实验室动物和组织培养存在着致癌效应。

康菲尔德等人的这篇论文是用流行病学研究证明诱发因素的一个经典例子。尽管每个研究都存在缺陷，但是随着证据的叠加，每个研究都在增加结论的分量。

从吸烟与癌症到橙剂

与上述现象形成鲜明对比的是，人们为将橙剂（一种除草剂）认定为越战老兵战后出现健康问题的原因而进行的努力。这个问题的影响因素是这种除草剂中的污染物，几乎所有研究的对象都是以不同方式接触这种除草剂的同一群人，这群人的数量较少。对其他人群进行的研究并不支持上述结论。20世纪70年代，意大利北部的一次化学工厂事故导致许多人暴露在浓度高得多的污染物中，但是这次事故并没有造成长期影响。有人对新西兰草地农场接触这种除草剂的工人进行了研究，结果显示某种出生缺陷出现了增长，不过这里的大多数工人都是毛利人，他们在基因上本来就容易出现这种出生缺陷。

吸烟与橙剂研究的另一个区别在于吸烟的推定结果是非常具体的（肺部鳞状细胞癌）。而被认为是由于接触橙剂导致的事件则包含各种神经系统和生殖系统问题。这与毒理学通常发现的具体物质导致具体损伤类型的结果不同。在橙剂研究中，人们没有发现剂量反应，不过这些案例的信息不够充分，不足以确定人们接触到的不同剂量大小。因此，在这个问题上，人们并没有得到一个明确的结果，与伯克森、内曼和费希尔所提问题类似的异议至今仍然没有得到解决。

流行病学研究分析距离罗素的实质蕴涵所具有的高度严谨的思考方式已经很远了。现在，人们根据许多"存在缺陷的人群研究"推定因果关系。这种关系是统计性的，其分布参数的变化似乎与具体原因有关。理智的研究人员会综合大量存在缺陷的研究，去探索深层次的共同点。

发表性偏倚

如果人们对研究进行了选择呢？如果观察者看到的结果是根据实际研究精心挑选出来的一个子集呢？如果每一篇得到公开的正面研究报告背后都有一篇被人压制的负面研究报告呢？毕竟，不是每一项研究都能得到公布。有些报告永远无法完成，因为研究人员不能或不愿意得到某些结果；有些报告被期刊编辑驳回，因为这些报告不满足期刊标准。编辑往往喜欢发表那些能够得到科学界接受的文章，拒绝发表那些不会被大家认可的文章，尤其是当文章主题存在某种争议时。

这也是费希尔指责的一个问题。他宣称希尔和多尔最初的工作得到了删减和改动。他连续多年要求作者公布详细数据，以支持其结论，因为他们只公布了总结性数据。费希尔认为这些总结隐藏了数据中实际存在的矛盾。他指出，在希尔和多尔的第一项研究中，作者曾询问吸烟的病人是否会将烟气深深地吸到肺里。他们根据"深式吸烟者"与"浅式吸烟者"将数据分成了两组，结果浅式吸烟者患肺癌的人数看起来比深式吸烟者要多。希尔和多尔表示，这很可能是因为被访者不理解问题的含义。费希尔对此大加嘲讽,质问他们为何不将真正的研究结论公之于众:吸烟有害健康,不过如果你一定要吸烟,那么你最好将烟气深深地吸到肺里。

让费希尔感到愤怒的是,希尔和多尔在对医师进行前瞻性研究时,并没有向研究对象提出这个问题。他们还对哪些事情进行了精心的选择?费希尔很想知道。他感到这些人将会利用政府的权威和资金在大众心中散播恐惧,对此他非常厌恶。他认为这与纳粹通过宣传操纵舆论的做法没有本质区别。

费希尔的解决方法

罗素对因果关系的讨论也影响到了费希尔。费希尔认为实质蕴涵不足以描述大多数科学结论。他对归纳推理的本质进行了大量论述,认为只要遵守良好的实验设计原则,我们可以根据特定的研究得出关于生活的一般性结论。他指出,对实验对象进行随机处理的实验方法可以为归纳推理提供符合数学与逻辑的坚实基础。

流行病学家使用的正是费希尔提出的用于分析设计型

实验的工具，如费希尔的估计方法和显著性检验。他们用这些工具来处理机会样本，这种处理不是源于某种外部随机机制，而是研究本身的一个组成部分。费希尔揣摩道，假设某种基因能够导致一部分人吸烟，另一部分人不吸烟，假设这种基因与肺癌有关。众所周知，许多癌症具有家族聚集的特性。费希尔说，假设吸烟与肺癌之间存在联系，是因为二者来自同一基因。为了证明他的假设，他收集了同卵双胞胎的数据，指出双胞胎都吸烟或都不吸烟的家族趋势很明显。他向其他人提出了挑战，请他们证明肺癌不是由基因导致的。

这场论战的一方是费希尔——为整个统计理论建立坚实数学基础的性情暴躁的天才，正在进行自己的最后一场战役；另一方是康菲尔德，本科学习的是历史，通过自学完成了统计学教育，因为忙于设计新的重要统计量而无法追求更高的学位。费希尔指出，如果不使用随机实验设计，你就证明不了任何结论。康菲尔德则认为，有些事情不允许你进行这种设计，证据的积累也可以用于证明结论。现在，两个人都已作古，但他们的思想继承人仍然在我们身边。人们在法庭上重新提出这些观点，以便根据结果证明歧视的存在；人们用这些观点证明人类活动给生物圈带来的负面影响。此外，每当医学领域出现事关生死的重大问题，人们就会重新提出这些观点。毕竟，因果关系的证明没有那么简单。

女士品茶

The Lady Tasting Tea: How Statistics Revolutionized Science In The Twentieth Century

第十九章　如果你想得到最佳人选……

1913年盛夏，乔治·W.斯内德克（George W. Snedecor）离开肯塔基大学，将几样随身物品塞到手提箱里，驱车前往艾奥瓦大学，他听说那里需要一位数学教师。不幸的是，他完全不了解艾奥瓦州的地理，最后来到了艾奥瓦州立大学所在的埃姆斯市，而不是艾奥瓦大学所在的艾奥瓦市。人们告诉他，他们并没有发布招聘数学家的信息，不过他们刚刚招收的新生数学基础非常薄弱，问他是否愿意教授一门代数学课程。6年后，斯内德克说服学院开设了一门课程，让他教授统计方法的新思想。这样，费希尔开始发表关于农业实验的第一批论文时，斯内德克已经在一所农学院里做好了迎接统计学新思想的准备。

虽然斯内德克在求学期间没有学习过概率理论课程，但他却在埃姆斯市研究了这一领域的最新进展，建立了一个统计实验室。最终，他建立了美国第一个统计系。他研究了费希尔的论文，并且对皮尔逊、"学生"、埃奇沃思、耶茨、米塞斯以及其他人的作品进行了回顾。斯内德克对原创性研究贡献甚微，但他却是一位集大成者。20世纪30年代，他编写了一本教材，名为《统计方法》，最初是以油印的形式传播，后来在1940年正式出版，成了该领域的优秀教材。他在费希尔《研究工作者的统计方法》的基础上添加了基本的数学推导过程，将类似的思想归到一起，还添加了大量表格，以便让人们以最快的速度计算 p 值和置信区间。20世纪70年代，有人对各个科学学科发表的文章中引用的文献进行了统计，发现斯内德克的《统计方法》是引用频率最高的书籍。

斯内德克也是一位高效的管理者。他邀请统计研究领域的先驱到埃姆斯消夏。在20世纪30年代的大多数年份里，费希尔都会亲自拜访斯内德克，在这里待上几个星期，举办讲座、讨论问题。艾奥瓦州埃姆斯市的统计系和统计实验室成了全球最重要的统计研究中心之一。在二战之前的岁月里，埃姆斯的客座教授名单囊括了该领域最出色的学者。

这段时期，格特鲁德·考克斯（Gertrude Cox）也在艾奥瓦州立大学读书。她的梦想是成为一名传教士，拯救偏远地区人们的灵魂。高中毕业后，她在将近 7 年的时间里一直投身于卫理公会教派的社会服务事业。她需要接受大学教育，以便申请自己感兴趣的传教士工作。斯内德克告诉她，统计学比传教工作更加有趣，因此她毕业后留在统计实验室与斯内德克共同工作。1931 年，她获得了艾奥瓦州立大学颁发的首个硕士学位。此时，斯内德克聘请她在统计系任教。她对费希尔的实验设计理论特别感兴趣，在埃姆斯开设了首批实验设计课程。后来，斯内德克安排考克斯去加利福尼亚大学参与一个研究生心理学项目。两年后，她带着博士学位回到了埃姆斯，斯内德克让她领导统计实验室。

同时，优秀统计学家还在不断涌向艾奥瓦州埃姆斯市。威廉·科克伦（William Cochran）在这里当了一段时间的教员。他与格特鲁德·考克斯共同教授实验设计课程（现在这里已经有了好几门实验设计课程），并于 1950 年就这一主题共同撰写了一部教材，名为《实验设计》。和斯内德克的《统计方法》类似，科克伦和考克斯的《实验设计》带领读者浏览各种方法，并且提供了坚实的数学基础。书中附有一组非常实用的表格，方便实验人员根据具体情况修改实验设计，并对结果进行分析。《科学文献索引》每年发布科学文献的引文清单。这本书使用小号字体印刷，将索引排成五列，科克伦和考克斯的书几乎每年都能占据至少一整列的篇幅。

妇女的贡献

读者很可能已经注意到，到目前为止，除了弗洛伦斯·南丁格尔·戴维，本书描述的所有统计学家都是男性。男性在统计学发展的早期占据了统治地位。许多妇女也在这一领域工作，但她们大部分都在从事统计分析所需要的详细计算工作。实际上，她们被称为"计算员"。当时，人们需要使用手摇计算机进行大量计算，他们通常把这种单调乏味的工作交给妇女去做。人们认为，妇女往往更加听话，更加耐心，比男人更适合反复检查计算的准确性。在皮尔逊领导下的高尔顿生物统计实验室，你经常可以看到皮尔逊和几个男人走来走去，查看计算机得到的结果，或者讨论高深的数学问题，在他们周围则是一排排从事计算工作的女人。

进入 20 世纪，随着时间的推移，情况开始发生变化，其中值得一提的人物是内曼。内曼帮助和鼓励了相当多的女性，指导她们完成博士论文，与她们共同发表文章，并为她们在学术领域寻找重要的职位。到了 90 年代，当我参加统计学会的全国会议时，大约一半与会者是女性。女性在美国统计学会、生物学会、皇家统计学会和数理统计研究院的表现都很突出。不过，妇女代表的比例仍然无法与男性相比。统计期刊中大约 30% 的文章拥有一个或多个女性作者，但在美国统计学会的会员之中，女性只占了 13%。这种不平衡现象正在发生改变。20 世纪最后几年，人类社会中的女性群体表现出了从事数学活动的巨大能力。

斯内德克 1940 年在火车上碰巧与北卡罗来纳大学校长弗兰克·格拉汉姆（Frank Graham）相遇时，局面还远没有达到如火如荼的程度。两个人坐在一起，海阔天空地谈论，格拉汉姆对统计革命有所耳闻，因此斯内德克向他描述了人们利用统计模型在农业和化学研究领域取得的巨大进展。格拉汉姆听说美国只有艾奥瓦州立大学拥有完整的统计系时，他非常吃惊。在普林斯顿大学，萨姆·威尔克斯（Sam Wilks）培养了一群数理统计学家，但他们都在数学系任职。

密歇根大学的亨利·卡弗（Henry Carver）[①]也是如此。听到这个消息，格拉汉姆陷入了深深的思索。

几个星期后，格拉汉姆联系了斯内德克。他已经说服他的姊妹学校罗利市北卡罗来纳州立大学相信他们现在应该成立一个统计实验室并最终将其发展成统计系，就像埃姆斯市那样。能否劳烦斯内德克推荐一个（男）人领导这个统计系？斯内德克坐下来，写下了他认为合适的十个候选人的名字。他把格特鲁德·考克斯叫来，让她检查这份名单，问她有什么意见。格特鲁德把名单看了一遍，然后问："我去怎么样？"

斯内德克在他的信上加了一行字："这是我能想到的十个最优秀的（男）人。不过，如果你想得到最佳人选，我推荐格特鲁德·考克斯。"

结果，格特鲁德·考克斯用实际行动证明了自己不仅是

[①] 在将数理统计发展成一门受人尊重的学术科目的努力过程中，亨利·卡弗（1890—1977）是一位孤独的先驱。从1921年到1941年，他指导了密歇根大学10位博士生的毕业论文，这些论文的主题都与数理统计有关。1930年，他创建了《数理统计年报》。1938年，他协助创立了数理统计研究院，这个学术组织对《数理统计年报》进行赞助。我们将在第二十章介绍这份期刊是如何发展成权威期刊的。

一个优秀的实验科学家和优秀教师，还是一个出色的管理者。她打造了一支由著名统计学家组成的优秀教师队伍。她的学生在工业界、学术界和政界产生了重要影响。所有这些人都非常尊重、爱戴她。我在美国统计学会的一次会议上第一次见到她时，眼前是一位娇小恬静的老妇人。若她对讨论的话题兴趣十足，不管是理论问题还是具体应用，她说话时眼睛里都闪烁着热情的光芒。她的话语里隐藏着令人愉悦的智慧。我并不知道她正在忍受白血病的折磨，这种疾病不久之后即将吞噬她的生命。在她去世后的岁月里，她的学生每年夏天都会在统计学会的传统联合会议上会聚一堂，他们赞助了一项纪念考克斯的公路比赛，筹集以她的名字命名的奖学金。

到了1946年，考克斯的应用统计系取得了极大的成功，格拉汉姆也得以在位于教堂山的北卡罗来纳大学建立数理统计实验室，并于不久之后成立生物统计系。北卡罗来纳州立大学、北卡罗来纳大学和杜克大学组成的"铁三角"成了统计研究的中心，它们的专业技术也孕育出了一些私人研究公司。格特鲁德·考克斯开创了极为辉煌的事业，就连她的老师斯内德克也相形见绌。

如何选择经济指标

妇女在美国政府统计部门发挥了重要作用,她们曾在人口普查局、劳工统计局、国家卫生统计中心、管理预算局担任许多高级岗位。其中职位最高的女性之一就是珍妮特·诺伍德(Janet Norwood),她在1991年退休前担任劳工统计局局长。

当美国加入第二次世界大战时,诺伍德正在道格拉斯学院读书,该学院是罗格斯大学位于新泽西州新不伦瑞克市的女子分部。她的男友伯纳德·诺伍德(Bernard Norwood)准备去参战,他们决定先结婚。当时她19岁,他20岁。婚后诺伍德先生并没有马上被征调到海外,他们还可以经常见面。这桩婚姻给与世隔绝的道格拉斯学院出了一道难题。他们以前从来没有遇到过已婚学生。他们要对珍妮特的丈夫使用男性访客规则吗?珍妮特离开学校去纽约市见丈夫时需要获得家长的许可吗?珍妮特此后还会不断遇到这种充当"第一人"的经历。1949年,她获得了塔夫斯大学博士学位,成为当时最年轻的博士。她后来写道:"在我所在的组织里面,我经常会成为第一个获得高级职位的女性。"她是第一位被任命为劳工统计局局长的女性。她在这一职位上从1979年干到了1991年。

联邦政府在1979年任命她为局长时,可能对她还不够了解。在诺伍德成为局长以前,劳工部政策机构通常委派一名代表出席劳工统计局向媒体发布信息前举行的所有审核会议。诺伍德通知部里的代表,她以后不需要出席这种会议了。她认为劳工统计局发布的经济信息不仅要准确公正,而且看上去也要准确公正。她不希望劳工统计局的任何活动受到丝毫政治影响。她曾说:

> 我发现,如果一个问题非常重要,那么你必须跟大家讲清楚,你准备坚持原则……在政府里,你拥有坚持原则的权利……不过这种权利实现起来并不容易。比如说,当你需要纠正美国总统的错误时,你应该怎样做呢?我们所做的就是这种工作。

珍妮特·诺伍德和丈夫都获得了经济学博士学位。在他们结婚前几年,尤其是她的丈夫参与到欧洲共同体各个机构的创建工作中时,珍妮特没有出去工作,她待在家里抚养两个儿子，同时也在撰写文章，以便在学术界保持活跃。后来，他们在华盛顿特区安了家，小儿子也上了小学，此时珍妮特开始寻找一个星期能有几个下午甚至所有下午不上班的工作，以便照顾放学回家的孩子。劳工统计局刚好拥有这种职位，她可以安排自己的工时，每周休息三个下午。

看起来，劳工统计局是劳工部里面一个不起眼的部门，而劳工部又是一个很少成为报纸头条的政府机构。同喧嚣的白宫或国务院相比，这个普普通通的劳工统计局到底是干什么的呢？实际上，它是错综复杂的政府体系中一个至关重要的齿轮，政府需要依靠信息运转。罗斯福新政期间来到华盛顿的有志青年很快发现，如果没有关于国家经济状况的重要信息，他们就无法制定政策，而这些信息当时是不存在的。罗斯福新政的一项重要创新就是建立生成这些信息的必要机制。

劳工统计局负责开展必要的调查，以获取这类信息，并且负责分析其他部门如人口普查局积累的数据。珍妮特·诺伍德1963年加入劳工统计局。到了1970年，她已经得到了提拔，负责编制消费价格指数。该指数用于衡量社会保障支出，跟踪通货膨胀，调整联邦对州政府的大部分转移支付。

1978 年，在珍妮特的规划和指导下，劳工统计局对该指数进行了重大调整。

劳工统计局制定的消费价格指数和其他指数涉及复杂的数学模型，拥有相对深奥的参数，它们在计量经济模型中非常重要，但往往很难让一个没有接受过经济数学培训的人充分理解。

报纸经常引用消费价格指数表示通货膨胀水平，如"上月通胀率上升了 0.2 个百分点"。消费价格指数是一组复杂的数字，用于指示全国各个地区各个经济部门价格模式的变化。该指数始于"购物篮"概念。购物篮指的是普通家庭可能购买的一组商品和服务。为了确定购物篮，工作人员先要进行抽样调查，以确定普通家庭的购买内容和购买频率。一个家庭可能每周都要购买面包，但是每隔几年才会购买一辆汽车，购买房屋则需要间隔更长的时间。为此，人们需要计算这些商品和服务的数学权重。

购物篮和相关数学权重确定下来以后，劳工统计局就会委派员工随机抽查商店，根据手中的清单统计商品的当前价格。他们会将这些记录下来的价格代入加权数学公式，算出平均值。在某种意义上，这个平均值就是指定规模的家庭当月的平均生活成本。

用一个指数描述某种经济活动平均模式的思想很容易理解。不过，构造这样一个指数的过程要困难得多。如何考虑市场上新出现的产品（如家用电脑）？如何确定价格过高时消费者选择另一种类似产品的可能性（如用酸牛奶代替酸奶油）？人们需要不断对消费价格指数和用来度量国家经济运行是否良好的指标重新审视。珍妮特指导了消费价格指数的上一次全面修改，未来人们还需要再次对它进行修改。

消费价格指数不是衡量国家经济状况的唯一指标，人们还发明了涉及制造活动、库存和就业模式的其他指数。此外，还有社会指数、监狱人群估计以及与其他非经济活动有关的各种参数。实际上，这些都是卡尔·皮尔逊意义上的参数。它们是概率分布数学模型的一部分。这些参数描述的不是具体观测事件，而是决定观测事件模型的"本质"。因此，没有一个美国家庭的每月支出刚好与消费价格指数相等，失业率反映的也不是每时每刻都在变化的实际失业人数。进一步说，谁是"失业者"呢？是之前从未工作过、现在开始找工作的人吗？是处于两份工作之间有五周的失业期、手里拿着离职金的人吗？是希望每周只工作几个小时的人吗？经济模型的世界里充斥着对这类问题的武断回答，涉及大量相互关联、无法准确测量的参数。

在经济和社会指标的制订上，没有像费希尔这样的天才为我们确定最佳标准。对于每个指标，我们都需要将人群内部复杂的相互作用简化成少量数字。这就需要做出武断的决定。在美国首次失业普查中，人们只统计了每个家庭的户主（通常是男性）。目前的失业统计则包括所有前一个月内正在找工作的人。在指导消费价格指数的全面修改时，珍妮特也不得不努力调和关于类似武断定义的不同意见。不管你如何制订标准，总会有一些真诚的批评者对某些定义提出反对意见。

统计理论中的女性

本章介绍的两位女性格特鲁德·考克斯和珍妮特·诺伍德大部分时间里都在从事管理者或者教师的工作。实际上，妇女在 20 世纪下半叶统计理论的发展过程中也起到了重要作用。我们在第六章介绍了蒂皮特用于预测"百年一遇的洪水"的首个极值渐近线。这种分布的一种形式被称为"威布尔分布",它在航空航天工业中具有重要作用。威布尔分布存在一个问题,那就是它不符合费希尔的正则条件,而且没有明显的最优参数估计方法。后来,北美罗克韦尔公司的南希·曼(Nancy Mann)将威布尔分布与一种非常简单的分布联系在一起,得到了最优的参数估计方法。该领域现在仍然在使用她提出的方法。

威斯康星大学的格雷丝·沃赫拜(Grace Wahba)提出了一组拟合曲线的特定方法,叫作"样条拟合",她所提出的理论公式至今仍主导着样条曲线的统计分析。

20世纪60年代后期,一个由统计学家和医学家组成的委员会希望弄清广泛使用的氟烷麻醉剂是否是导致病人肝功能衰竭的原因,伊冯·毕晓普(Yvonne Bishop)也在这个委员会里。当时的数据大部分都是对事件次数的统计,这给分析带来了极大的困难。在之前的10年里,人们制作过类似于此次氟烷研究的复杂多维计数表格,可惜都不是很成功。之前的工作人员曾经提出用类似于费希尔方差分析的方式制作这些表格的想法,不过这项工作并没有完成。毕晓普采用了这种方法,研究了相关理论,确定了估计和解释的标准。在氟烷研究中试验了这种方法之后,她发表了一份总结性文本。这种方法被称为"对数线性模型",它现在已经成了大多数社会研究首先要做的标准步骤。

从斯内德克举荐考克斯开始,"最佳人选"经常由女性角色充当。

女士品茶

The Lady Tasting Tea: How Statistics Revolutionized Science In The Twentieth Century

第二十章 单纯的得州农家孩子

20世纪20年代后期，当塞缪尔·S.威尔克斯离开得克萨斯的家庭农场去艾奥瓦大学读书时，数学研究对抽象之美的追求达到了顶峰。符号逻辑、集合论、点集拓扑和超限数理论等纯抽象数学领域正在席卷各个大学。这些领域的抽象程度非常之高，那些诱导人们产生这些抽象思想的、源自现实生活问题的初始灵感早已无迹可寻。数学家拿着放大镜观察古希腊人欧几里得提出的基本数学公理，他们发现了这些公理背后没有言明的假设。他们擦去附着在数学宝石上的这些假设灰尘，探索逻辑思维的基本结构，发现了不同寻常的、看上去自相矛盾的思想，如填满空间的曲线和在同一时刻既与任何位置接触又不与任何位置接触的三维形状。他们研究无穷大的不同等级以及具有分数维度的"空间"。数学之舟乘着这股包罗万象的纯粹抽象思想浪潮自由驰骋，与现实的陆地完全脱离了联系。

这股超越现实的抽象浪潮表现最剧烈的地方就是美国大学的数学系。美国数学学会的出版物被公认为全球数学期刊中的翘楚，美国数学家也奋战在抽象领域的最前沿。威尔克斯后来惋惜地说，这些散发着纯粹思想诱惑的教育圣地不断吞噬着美国大学毕业生中最优秀的人才。

威尔克斯在艾奥瓦大学学习的第一个研究生数学课程是学校最有名的数学教师R.I.摩尔（R.I. Moore）讲授的。摩尔的点集拓扑课程将威尔克斯引入了这个与现实无关的神奇抽象世界。摩尔明确表示，他蔑视有用的工作，认为研究应用数学与刷盘子和扫大街没有什么区别。这种态度从古希腊时代起就一直伴随着数学家。有一个故事，说的是欧几里得给一个贵族的儿子讲课，对一个定理做出了非常优美的证明过程。欧几里得充满激情，但他的学生似乎不为所动，反问这有什么用。欧几里得把他的奴隶叫了过来，说："给这个孩子发一枚铜币，他似乎一定要从自己学到的知识中获得某种利益。"

在艾奥瓦大学，威尔克斯开始准备博士论文题目时，论文导师埃弗雷特·F. 林奎斯特（Everett F. Lindquist）满足了他对实际应用的爱好。林奎斯特曾在保险数学领域工作，他对数理统计领域的最新发展产生了兴趣，将该领域的一个问题作为论文题目推荐给了威尔克斯。当时，美国和欧洲大学的数学系里流传着关于数理统计的一些不太光彩的消息。费希尔伟大的开创性工作竟然发表在《爱丁堡皇家学会哲学学报》这种"八竿子打不着"的期刊上。《皇家统计学会期刊》和《生物统计》则被看作刊印统计数据表格的出版物。密歇根大学的卡弗创立了一份新期刊，叫作《数理统计年报》，不过它的规格太低，并没有得到太多数学家的关注。林奎斯特提出了一个有趣的抽象数学问题，这个问题源自教育心理学使用的某种测量方法。威尔克斯解决了这个问题，并且写了一篇博士论文，结果发表在《教育心理学期刊》上。

对于纯数学世界来说，这并不是一个很大的成就。教育心理学并不在他们的关注范围内。不过，博士论文仅仅是一个人跨入研究领域的第一步尝试，大多数学生都不太可能凭借博士论文做出重大贡献。威尔克斯在哥伦比亚大学读了一年的研究生（他可以通过这些课程提高自己处理冰冷、高贵、重要的抽象数学的能力）。1933年秋天，他开始在普林斯顿大学担任数学教员。

普林斯顿的统计学

和美国其他大学一样，普林斯顿数学系也深深沉浸在冷酷而美丽的抽象思维之中。1939年，普林斯顿高级研究院成立，首批成员之中有完整总结了所有有限群数学的约瑟夫·H. M. 韦德伯恩（Joseph H. M. Wedderburn），以无量纲向量空间研究著称的赫尔曼·外尔（Hermann Weyl）和提出元数学代数的库尔特·哥德尔。这些人对普林斯顿的教员产生了很大的影响。普林斯顿大学里也有一些闻名世界的数学家，其中最突出的是所罗门·莱夫雪茨（Solomon Lefschetz），他开启了抽象代数拓扑的新领域。[①]

尽管普林斯顿大学的教员普遍偏爱抽象数学，但数学系主任却是卢瑟·艾森哈特（Luther Eisenhart），这对威尔克斯来说是一件幸事。艾森哈特对各种数学研究都很感兴趣，他喜欢鼓励年轻教员追逐自己的兴趣。艾森哈特之所以把威尔克斯请来，是因为他觉得数理统计这个新领域

[①] 研究院里还有一位同事叫阿尔伯特·爱因斯坦，他是个物理学家。虽然他的成就比摩尔所说的"扫大街"稍微复杂一点，但他的工作涉及"现实生活"的应用，因此非常低俗。

非常有前途。威尔克斯带着妻子来到了普林斯顿。他关注的领域属于应用数学,这让他显得与其他人格格不入。威尔克斯是一位温柔的战士。他用得州农场男孩"老实巴交"的态度消除每个人的敌意。他喜欢和人交朋友,能够说服他们接受自己的想法,而且非常善于将大家调动起来,完成困难的目标。

其他人还在试图理解问题的含义时,威尔克斯往往已经发现了问题的本质,并且找到了解决问题的方法。他不仅自己努力工作,而且能够带动别人和他一样努力工作。来到普林斯顿后不久,他就成了卡弗创办的《数理统计年报》的编辑。他提高了出版标准,让他的研究生参与期刊的编辑工作。新来的教员约翰·图基最初对更为抽象的数学领域感兴趣,威尔克斯说服他和自己共同进行统计研究。他培养了一批研究生,这些学生二战以后在许多大学建立了新的统计系,或者在刚刚成立的统计系任职。

威尔克斯最初发表的那篇关于教育心理学问题的论文促使他与教育考试服务中心合作,帮助他们规划大学入学考试和其他职业学校考试的抽样程序和评分方法。他在理论上确定了获得类似结果的不同加权评分方案所能具有的差异程度。

他还和贝尔电话实验室的休哈特①保持联系，休哈特当时正在将费希尔的实验设计理论应用到工业质量控制领域。

统计学与战争工作

到了20世纪40年代，威尔克斯在华盛顿海军研究局（ONR）的顾问职务似乎成了他的工作重心。威尔克斯相信实验设计方法可以改善武装部队的武器和火力，这种观点得到了海军研究局领导的认可。美国加入第二次世界大战时，陆军和海军都已经做好了将统计方法运用到美国作战研究中的准备。威尔克斯在国防研究委员会内部成立了普林斯顿统计研究小组（SRG-P），这个小组招募了一些非常聪明的青年数学家和统计学家，其中许多人在战后的岁月里为科学领域做出了重要贡献，包括约翰·图基（他完全转到了应用领域）、莫斯特勒（他还会继续在哈佛大学建立好几个统计

---

① 今天，工业领域的几乎每个质量控制部门都在使用休哈特跟踪产出变化。这个例子在一定程度上证明了施蒂格勒误称定律。休哈特的实际数学公式最早似乎是戈塞特（"学生"）提出来的，甚至可以在乔治·阿德尼·尤尔的早期教材中看到。休哈特指明了如何将这种方法应用到质量控制中，使这种有效的方法得到了普及。

系)、西奥多·W. 安德森 (Theodore W. Anderson, 他撰写的关于多变量统计的教材已成为该领域的经典)、亚历山大·穆德 (Alexander Mood, 他还会继续在随机过程理论领域实现重大进展), 以及查尔斯·温莎 (Charles Winsor, 整整一类估计方法都将以他的名字命名) 等。

理查德·安德森 (Richard Anderson) 当时以研究生的身份在普林斯顿统计研究小组工作, 他描述了当时人们为想办法摧毁地雷而做出的努力。随着进攻日本行动的临近, 美国陆军得知日本开发了一种非金属地雷, 任何现有方法都无法探测到这种地雷。他们将这种地雷以随机模式沿着任何可能的入侵路径埋在了日本的各个海滩上。据估计, 光是这些地雷就能造成数十万人死亡。美国必须尽快找出摧毁地雷的办法。人们曾在欧洲尝试用飞机向地雷投掷炸弹, 结果失败了。安德森和普林斯顿统计研究小组的其他成员开始设计用导炸索摧毁地雷的实验。安德森表示, 美国其后向日本投放原子弹, 一个原因就是他们所有的实验和计算表明, 美军无法用导炸索摧毁这些地雷。

这个小组还研究了防空炮弹近炸引信的有效性。近炸引信可以发出雷达信号, 并在接近目标时爆炸。小组帮助军方开发了首个可以追踪目标的智能炸弹。他们研究了测距仪和不同的炸药。普林斯顿统计研究小组成员在遍布全国的军械实验室和陆军海军基地设计实验,分析数据。威尔克斯在哥伦比亚大学组织了第二个小组,叫作普林斯顿青年统计研究小组。这个小组提出了"序列分析"方法,这是一种在实验过程中修改实验设计的方法。序列分析中的改动涉及正在测试的处理方法。即使实验得到了最精心的设计,人们有时也会在实验中根据初步结果改变原始设计,以获得更加完整的结果。根据序列分析的数学原理,科学家可以知道哪些改变不会影响结论的可靠性,哪些改变会影响结论的可靠性。

当局迅速将序列分析的最初研究列为最高机密。所有参与这项研究的统计学家都不允许发表相关成果。直到战争结束几年后,情况才发生变化。20 世纪 50 年代,序列分析以及与之相关的第一批论文开始出现在期刊上,迅速引起了人们的兴趣,这个领域开始飞速发展。今天,序列分析的统计方法已被广泛应用于工业质量控制、医学研究和社会学领域。

序列分析只是二战期间威尔克斯的统计研究小组得到的众多创新成果之一。战后,威尔克斯继续为军队工作,帮助他们提高设备质量,用统计方法改进未来需求规划,并将统计方法应用到了各个军事领域。威尔克斯之所以反对那些继续生活在纯粹抽象世界中的数学家，一个原因就在于他认为这些数学家不爱国。他觉得这些人将国家需要的人才诱拐到了这些毫无目的、毫无用处的抽象领域。这些人才应该把他们的智慧运用到二战以及随后的冷战工作中。

根据现有资料，没有人对威尔克斯发过火。他用同样随和的态度对待每一个人，不管这个人是新来的研究生还是陆军四星上将。他会向你暗示，他只是一个单纯的得州农家孩子，他知道自己还有很多东西需要学习，不过他觉得……接着，他就会对眼前的问题进行详细的分析论证。

抽象统计学

威尔克斯一边努力维持数理统计受人尊重的数学学科地位，一边努力开发它在应用领域的用途。他竭力推动他的数学家同事脱离为了抽象而抽象的冷酷世界。从根本上说，数学抽象的确是美丽的。它把希腊哲学家柏拉图迷得神魂颠倒，柏拉图认为我们看到的和触摸到的万事万物实际上只是绝对真实的投影，只有使用纯粹的推理，才能发现这个世界的本质。今天看来，柏拉图的数学知识相对幼稚，希腊数学家珍视的许多纯粹思想也都存在缺陷。不过，通过纯粹推理发现的数学之美仍然在不断诱惑着人类。

在威尔克斯成为《数理统计年报》编辑以后，《数理统计年报》[①]和《生物统计》上刊登的文章变得越来越抽象。《美国统计学会期刊》（早期致力于介绍政府统计项目）和《皇家统计学会期刊》（早期刊物包含列举整个大英帝国农业和经济领域详细统计数据的文章）发表的文章也是如此。

过去，数学家曾认为数理统计理论对各种实际问题过于纠结；现在，这种理论得到了打磨和清洗，也显现出了数学之美。瓦尔德将各种估计理论统一起来，建立了高度抽象的一般性理论，叫作"决策论"，这个整体框架可以根据不同理论特性得到不同的估计标准。费希尔的实验设计理论用到了有限群定理，能够以迷人的方式比较不同实验。这导致了"实验设计"数学分支的诞生，不过这一领域的论文讨论的实验往往非常复杂，科学家在实际工作中并不会使用这类方法。

最后，随着人们对柯尔莫哥洛夫早期工作的进一步研究，

---

① 20世纪80年代早期，由于统计理论发展迅速，《数理统计年报》分裂成了《统计年报》和《概率年报》两份期刊。

概率空间和随机过程的概念变得越来越统一，也越来越抽象。到了 20 世纪 60 年代，统计期刊发表的论文开始讨论无限集的无限并集和交集组成的"西格玛域"集——其中西格玛域内部还套着西格玛域。它们得到的无限序列收敛于无穷远点，而随机过程则随着时间在小型有限状态集内部永远循环下去。数理统计末世论的复杂程度比任何宗教的末世论有过之而无不及——数理统计的结论不仅是真实的，而且可以得到证明，宗教理论中的真理则无法做到这一点。

20 世纪 80 年代，数理统计学家终于开始意识到，他们的工作距离现实问题太遥远了。为了满足迫切的应用需要，各个大学开始建立生物统计系、流行病学系和应用统计系。人们开始纠正这种将曾经统一的学科分裂开的做法。数理统计研究院开始召开专门研究"实际"问题的会议。《美国统计学会期刊》每期单独留出一部分版面发表应用类的文章。皇家统计学会的三份期刊之一被更名为《应用统计》[1]。不过，

---

[1] 第二次世界大战结束后不久，《皇家统计学会期刊》分裂成了三份期刊，一开始叫《皇家统计学会期刊系列一》《皇家统计学会期刊系列二》和《皇家统计学会期刊系列三》。《系列三》最终更名为《应用统计》。皇家统计学会希望用《系列一》处理与商业、政府有关的一般性问题，用《系列二》处理各种抽象的数理统计问题。为了让《应用统计》保持面向应用的特点，人们花费了不少精力。我们可以在每一期期刊上看到"应用类"文章，这些应用看上去非常牵强，似乎仅仅是为了证明某个美妙而抽象的数学领域具有存在的价值。

抽象思维的诱惑力并没有减弱。成立于20世纪50年代的生物统计学会创办了一份刊物，叫作《生物统计学》，用于发表皮尔逊创办的《生物统计》期刊不予理睬的应用论文。到了80年代，新的《生物统计学》期刊的内容也变得非常抽象，人们只好创办其他期刊，如《医疗统计学》，作为应用论文的发表渠道。

当数理统计刚刚兴起时，美国和欧洲各个大学的数学系错过了这个机会。在威尔克斯的引导下，许多大学建立了独立的统计系。当数字计算机出现时，数学系再次错过了机会，他们瞧不起计算机，认为它仅仅是从事工程计算的机器。新出现的计算机科学系有的源自工程系，有的源自统计系。20世纪80年代分子生物学的发展是涉及数学新思想的又一次伟大革命。我们将在第二十八章看到，数学系和统计系都错过了这次机会。

1964年，威尔克斯逝世，享年58岁。50年来，他的许多学生为统计学的发展做出了重要贡献。为了纪念他，美国统计学会每年都会向符合威尔克斯的数学研究标准并投身到"现实世界"中的优秀个人颁发威尔克斯奖章。得州来的农家孩子终于在学术界留下了自己的印迹。

女士品茶

The Lady Tasting Tea: How Statistics Revolutionized Science In The Twentieth Century

第二十一章 家族中的天才

20世纪的前25年，许多人从欧洲东部和南部迁往英国、美国、澳大利亚和南非。在几百万移民大军中，大多数人来自各个国家最贫困的阶层，他们希望摆脱混乱的政府和高压统治，寻找经济机会。许多人在大城市的贫民区定居，他们希冀孩子凭借教育的魔杖摆脱悲惨的境遇。有些孩子表现出了很大的潜力，有些孩子则是不折不扣的天才。下面要讲述的就是两个移民的孩子，其中一个人获得了一个哲学博士学位和两个理学博士学位，另一个人在14岁的时候就从高中辍学了。

I. J. 古德

　　摩西·古达克（Moses Goodack）出生在沙皇统治下的波兰，但是他既不热爱沙皇，也不热爱波兰这片土地。最重要的是，他不想进入沙皇军队服役。17 岁时，他和一个怀着类似想法的朋友逃到了西方。他们只有 35 卢布和一大块奶酪，买不起火车票，因此睡在火车的座位下面，并用奶酪贿赂检票员。来到伦敦白教堂区的犹太贫民区时，古达克已经身无分文了。他趴在钟表匠的橱窗上观察他们工作（这里的灯光是最明亮的），学会了这门手艺，开了一家钟表店。他对古代的浮雕宝石产生了兴趣，最后在大英博物馆附近开了一家店，专门经营古代珠宝（资金是从未婚妻那里借来的）。他请了一位广告粉刷工在新店的窗户上粉刷店名。粉刷工喝醉了，不知道怎么拼写"古达克"，结果商店的名字变成了"古德浮雕宝石之角"，这家人的姓也变成了"古德"。

1916 年 12 月 9 日，摩西·古达克的儿子 I. J. 古德（I. J. Good）出生于伦敦。他一开始叫伊西多尔（Isidore）。后来，当戏剧《善良的伊西多尔》上演时，大街小巷贴满了宣传海报，年幼的伊西多尔·古德备受捉弄。从此，他改名为杰克（Jack），他出版的论文和书籍则署名 I. J. 古德。

戴维·班克斯（David Banks）1993 年采访杰克·古德时，古德回忆说，他在大约 9 岁时就对数字产生了兴趣，而且非常擅长心算。他得了白喉，只能卧床在家。他的一个姐姐告诉他如何开平方。有一段时期，只有当学生在学校正规课程里学习了长除法之后，才能学习开平方。开平方时，你需要在纸上进行一系列类似于长除法的减半和乘方计算。

古德只能静静地躺在床上，他开始在头脑中计算 2 的平方根。他发现这种计算可以无穷无尽地进行下去。他计算了部分结果的乘方，得到的数只比 2 小一点点。他不断研究新出现的数，希望寻找某种相同的模式，但是没有找到。他意识到，这种运算可以看成两个乘方的差。因此，只有当数据中存在某种模式时，它才能表示成两个数的比值。10 岁的杰克·古德躺在床上，仅仅凭借大脑的思考就发现了 2 的平方根是无理数。在这个过程中，他还发现了一个叫作"佩尔方程"的丢番图问题的一种解法。实际上，古希腊的毕达哥拉斯学派早已发现 2 的平方根是无理数，佩尔方程也已经在 16 世纪得到了解决，不过这并不能掩盖 10 岁小男孩出众的头脑计算能力和卓越的数学才华。

在 1993 年的采访中，杰克·古德若有所思地说："这个发现不是很简单，哈迪（活跃于 20 世纪 20 年代和 30 年代的一位英国数学家）称之为古希腊数学家最伟大的成就之一。我做出一项成果时，常常会发现某个伟人已经在我之前做出了这项成果。不过，被2500年前的人抢先一步的时候并不多见。"

12岁那年，古德进入汉普斯特德市的哈伯达舍·阿斯克学校①，这是一所男子中学，校训是"服务与顺从"。学校是为商店店主的孩子开设的，维持着严格的标准。只有10%的学生能够升到最高年级，他们当中也只有六分之一的人能够接受大学教育。刚进学校时，古德遇到了一位名叫斯马特先生的教师。斯马特先生经常在黑板上写下一组练习题，其中有些题难度很大。他知道学生需要花费一段时间去解题，因此他可以在这段时间里做别的工作。他刚写完最后一道题目，年轻的古德说："我做完了。""你是说你做完了第一道题吗？"斯马特先生有些吃惊地问。"不，"古德回答道，"我全都做完了。"

古德对数学难题书产生了兴趣，他喜欢先看答案，然后

---

① 哈伯达舍·阿斯克学校是哈伯达舍公司建立的7所学校之一。哈伯达舍公司是伦敦一家古老的同业公会，成立于1448年。公司前任领导罗伯特·阿斯克1689年去世时留下了一笔遗产，用于为贫困会员的20个孩子建立一所学校，这笔遗产至今仍然由公司管理。今天，它已经成为一所非常成功的学校，有1300名男学生。学校保留着与哈伯达舍公司的联系，包括校长在内的超过一半的管理人员都是公司员工。

寻找从问题到答案的路径。当他遇到一个关于子弹堆的问题时，他翻看了答案，意识到需要经过冗长的计算才能得到结果。与之相比，他更喜欢研究是否可以归纳出答案。就这样，他发现了数学归纳法原理。这个发现比上一次有所进步。数学家最早做出这个发现的时候距离当时只有 300 年。

19 岁那年，古德进入了剑桥大学，此时大家都已经知道他是个数学天才。不过，在剑桥，他发现了许多和他一样聪明的学生。他在剑桥耶稣学院的数学导师似乎很喜欢演示令人眼花缭乱的证明过程，将证明背后的直观想法完全隐藏起来。而且，他对证明的演示非常快，学生还没有把黑板上的内容抄下来，他已经擦掉了原来的文字，开始书写新的内容，这进一步增加了学生的学习难度。古德在剑桥的表现非常突出，引起了学校一些资深数学家的注意。1941 年，他获得了数学博士学位。他的论文讨论了部分维度的拓扑概念，对勒贝格提出的思想进行了推广（就是令内曼非常敬重但在相遇时却对年轻的内曼非常粗鲁的那个勒贝格）。

当时英国正在进行战争，因此杰克·古德来到了位于伦敦附近的布莱切利公园，在实验室里担任密码分析员，努力破译德国的密码。所谓密码，指的是由消息中的字母转换成的一系列符号或数字。到 1940 年的时候，密码已经变得非常复杂了，不同字母对应着不同的转换模式。例如，假设你想为"战争开始了"（war has begun）这段文字编码，一种方法是为每个字母分配数字，得到"12 06 14 09 06 23 11 19 20 01 13"这样的编码。面对这段密码，分析员可以发现数字 06 出现在了不同的地方，因此可以认为它是重复出现的同一个字母。如果消息足够长，如果分析员对编码语言中不同字母的统计频率有所了解，通过几次幸运的猜测，密码分析员通常能在几个小时内解开这样一组密码。

德国人在一战后期开发了一种机器，可以改变每个字母的编码。第一个字母可能被编码为 12，不过在为第二个字母编码前，机器会选择一个不同的密码，因此第二个字母可能会被编码为 14，下一个字母的编码又会发生变化，依此类推。这样一来，密码分析员就不能将重复数字作为相同字母的指示标志。由于预定的接收方需要破解这种新型密码，因此机器的编码变化必须遵循一定的规律。密码分析员可以研究密码的统计模式，对这种规律进行估计，以此来破解密码。密码分析员的困难还不止于此：既然人们可以用固定方案改变初始编码，他们当然也可以用超级固定方案改变固定方案，这样密码就会变得更加难以破译。

所有这些都可以用一个数学模型表示,这个模型类似于我们在第十三章介绍的贝叶斯层次模型。每一层的编码变化模式可以用参数来表示,这样我们就有了测量值,也就是我们看到的密码中的初始数字,以及描述第一层编码的参数,描述这些参数变化的超参数,描述这些超参数变化的超超参数等。由于密码需要由接收方破解,因此这个层次模型必须要有一个尽头,这里的参数是固定不变的,所以所有密码在理论上都是可以破解的。

古德的重要成就之一就是提出了贝叶斯经验方法和贝叶斯层次方法,这些方法都是源自他在布莱切利公园所做的工作。战争时期的工作让他对数理统计的基本理论培养出了浓厚的兴趣。他在曼彻斯特大学担任了一段时间的教师,不过在英国政府的邀请下,他很快又回到了情报领域,他对于计算机在密码分析领域的使用起到了重要作用。由于当时的计算机已经拥有了检查大量可能组合的能力,因此他开始研究分类理论,这种理论根据"接近程度"的不同定义对观测对象进行组织。

在英国情报局工作期间,古德又收获了两个高等学位,分别是剑桥大学和牛津大学的理学博士学位。他于 1967 年来到美国，在弗吉尼亚理工学院担任"大学杰出教授"，并在那里一直工作到 1994 年退休。

古德总是对显而易见的数字重复巧合非常感兴趣。"我在第七个十年的第七年第七月第七日第七时来到（弗吉尼亚州）布莱克斯堡市，被安排到了第七街区的七号公寓……这一切都不是人为的，"他神秘兮兮地说道，"我有一个不太成熟的想法，那就是，一个人越是怀疑上帝的存在，上帝就越是让这个人看到更多的巧合。上帝为人们展示证据，而不是强迫人们相信他。"正是凭借这种对巧合的关注，古德完成了统计估计理论的工作。他想，既然人眼能够在纯随机数字中发现明显的模式，那么某种明显的模式从何时开始具有真正的意义呢？古德开始探索数理统计模型的深层含义，他后期的论文和书籍似乎变得越来越玄妙。

佩尔西·戴康尼斯

1945 年 1 月 31 日出生在纽约一个希腊移民家庭的佩尔西·戴康尼斯（Persi Diaconis），有着截然不同的人生。和古德一样，佩尔西小时候对数学难题非常感兴趣。古德阅读的是 H. E. 杜德尼（H. E. Dudeney）的作品，这位数学家设计的题目是维多利亚时代英国的大众娱乐项目；戴康尼斯阅读的则是《科学美国人》杂志上马丁·加德纳（Martin Gardner）的"数学娱乐"专栏。后来，还在上高中的戴康尼斯遇到了加德纳。加德纳的专栏经常介绍纸牌作弊技巧和让事物看上去变得不一样的方法，戴康尼斯对这些内容非常感兴趣，尤其是当它们涉及复杂的概率问题时。

由于对纸牌技巧过于着迷，佩尔西·戴康尼斯 14 岁就离家出走了。他从 5 岁就开始表演魔术。在纽约，他经常出入其他魔术师聚集的商店和餐厅。在一家自助餐厅里，他遇到了戴·弗农（Dai Vernon），当时弗农正在举行全国巡回魔术表演。弗农邀请戴康尼斯做他的助手，和他一起表演。"我抓住了这个机会，"戴康尼斯说道，"我直接跟他走了。我没有告诉父母，直接走了。"

当时弗农已经 60 多岁了。戴康尼斯跟着他旅行了两年，学会了他的所有技巧和机关。当弗农在洛杉矶定居下来，开始经营一家魔术商店时，戴康尼斯继续进行个人巡回魔术表演。他的名字读起来很拗口，不容易被人们传扬，因此他给自己起了一个艺名，叫佩尔西·沃伦。他后来回忆道：

> 这段生活不是很精彩，但还凑合。当你在卡茨基尔地区工作时，有人看到你，非常喜欢你，对你说："哎，你愿意去波士顿吗？……我给你出路费，再给你200美元。"……然后你就去了波士顿……住进了一家娱乐行业公寓。到了演出那天，某个经纪人可能又会为你提供另一份工作，然后你又会去另一个地方。

24岁那年，佩尔西·戴康尼斯厌倦了旅行魔术生活，回到了纽约。他并没有高中文凭。他在学校跳过级，14岁辍学时，距离完成高中教育只有不到一年时间。在没有文凭的情况下，他参加了纽约城市学院（CCNY）的通识教育项目。他发现，在他离开家的这些年里，各个技术研究院、大学和军方给他寄来了许多信件，全都是邀请他加入研究院的套用信函，第一句都是"尊敬的毕业生"。原来，虽然他当初不辞而别，但他的老师最终还是决定让他毕业。他们为他没有学完的课程评定了分数，让他自动获得了毕业资格。年轻的戴康尼斯在不知情的情况下成为纽约乔治·华盛顿高中的正式毕业生。

他之所以上大学,是因为一个奇怪的理由。他买了一本研究生水平的概率理论教材,作者是普林斯顿大学的威廉·费勒。他觉得自己很难理解这本教材(费勒的这本《概率理论及应用入门》第一卷①晦涩难懂,大多数尝试阅读此书的人都会有这种感觉)。为了学习正规数学知识,以便理解费勒的思想,戴康尼斯进入了纽约城市学院。1971年,26岁的戴康尼斯获得了纽约城市学院本科学位。

戴康尼斯收到了许多大学发来的数学研究生入学邀请。他曾听人说,没有人从纽约城市学院进入过哈佛大学数学系(这并不是事实),因此他决定申请哈佛大学统计系,而不是哈佛大学数学系。他希望能去哈佛大学。他后来说,当时他觉得如果自己不喜欢统计,"那么,我就转到数学系或者其他什么系。他们会认识到我的过人之处……"并接受转系申请。结果,他对统计学非常感兴趣。他在1974年获得了数理统计学博士学位,然后去斯坦福大学任教,在那里成为正

---

① 数学教材的名称有的时候起得不太符合常理。最深奥的书通常是《××入门》或者《××初等理论》。费勒的书尤其深奥,因为它是一本"入门",而且只有第一卷。

教授。本书写作之时，他还在哈佛大学担任教授职务。

　　电子计算机的出现完全改变了统计分析的基础结构。最初，人们用计算机去从事费希尔、耶茨等人从事过的那种分析，当然，计算机的速度比人类快得多，能够完成更多的工作任务。第十七章介绍过康菲尔德在对一个 24×24 矩阵求逆时遇到的困难。今天，放置在我办公桌上的计算机能够对 100×100 的矩阵求逆（当然，遇到这种问题的人很可能没有把问题定义好）。计算机可以求出病态矩阵的广义逆矩阵，而这在 20 世纪 50 年代还只是一个纯理论概念。计算机可以对多重处理和交叉索引的实验设计得到的数据进行复杂的大规模方差分析。这类工作涉及的数学模型和统计概念来自 20 世纪 20 年代和 30 年代。计算机还可以用来做其他事情吗？

　　20 世纪 70 年代，在斯坦福大学，戴康尼斯和一群年轻的统计学家走到了一起，这些人正在研究计算机和数理统计的结构，他们也提出了这个问题。一个早期的答案是一种叫作"投影寻踪"的数据分析方法。现代计算机给人们带来了一个难题，那就是它可以将具有巨大维度的数据集组织在一起。例如，假设经过诊断，我们发现了一群心脏病患病风险很高的病人，然后对他们进行跟踪。我们每 6 个月将他们带到诊所里观察。每次我们抽取 10 毫升的血液，分析 100 多种酶的含量，其中许多酶被认为与心脏病有关。我们还为病人绘制超声心动图，测量大约 6 个不同指标，并且查看他们的心电图（如让他们戴上某种设备，测量一天之内的 9 万次心跳）。我们还用测量、称重、听诊、探刺的方式检查他们的临床症状和征兆，得到另外三四十项测量结果。

如何处理所有这些数据呢？

假设每个病人每次去诊所都能得到 500 个测量结果，整个研究过程中病人要去诊所 10 次。因此，每个病人可以得到 5000 个测量结果。如果研究中有 2 万个病人，这些数据就可以表示成 5000 维空间里的 2 万个点。不要再去幻想大部分科幻小说里穿越四维空间的说法了，在统计分析的世界里，处理几千维的空间是一件再平常不过的事情。20 世纪 50 年代，理查德·贝尔曼（Richard Bellman）提出了一组定理，他称之为"维度的诅咒"。这些定理认为，随着空间维度的增加，对参数做出准确估计的可能性越来越小。面对 10 到 20 维的空间，如果分析员无法获得几十万个观测值，他就不可能获得任何有意义的结果。

贝尔曼定理是以统计分析的标准思想为基础的。不过，斯坦福研究小组发现，现实中的数据在 5000 维空间中的分布并不是杂乱无章的。这些数据实际上往往聚集在较低维度上。你可以想象三维空间中的一些点分布在一个平面甚至一条线上。现实中的数据也是如此。在临床研究中，每个病人 5000 个观测值的分布存在某种结构。这是因为众多观测值相互之间是存在关联的。（普林斯顿和贝尔实验室的约翰·图基曾经说过，至少在医学领域，数据的真正"维度"常常不超过 5 维。）利用这种思想，斯坦福研究小组研究出了依靠计算机寻找实际维度的方法，其中使用最广泛的就是投影寻踪方法。

与此同时，这种具有结构模式的大量信息的广泛出现也引起了其他科学家的兴趣，许多大学开始研究信息科学。很多时候，这些信息科学家都是工程学出身，不知道数理统计领域的大部分最新成果。因此，计算机科学领域出现了与数理统计领域平行的发展历程，人们有时会重新发现统计学知识，有时还会开启费希尔等人没有发现的新方向。本书最后一章还会讨论这一话题。

女士品茶

The Lady Tasting Tea: How Statistics Revolutionized Science In The Twentieth Century

第二十二章 统计领域的毕加索

我 1966 年完成博士论文时，拜访了许多大学，就我的成果发表演讲，同时接受教师资格面试。普林斯顿大学是我最先拜访的学校之一，当时约翰·图基亲自到火车站来迎接我。

我在求学期间学到过图基对比、图基单自由度交互效应、图基快速傅里叶变换、图基快速检验以及图基引理。这些还不包括图基在探索性数据分析领域的工作或者在接下来的岁月里从他那活跃的头脑中流泻出的任何思想。约翰·图基是统计系主任（同时也在贝尔电话实验室任职），他居然亲自来迎接我，这让我受宠若惊。他穿着斜纹棉布裤和宽松的运动衬衫，脚上穿着网球鞋或者叫运动鞋。我穿着西装，打着领带。60 年代的服装革命还没有波及教师群体，因此我的穿着风格比他更加得体。

图基陪着我走进校园，我们讨论了普林斯顿的生活条件。

他询问了我在完成论文时编写的计算机程序，告诉我如何在程序中巧妙地回避舍入误差。最后，我们来到了礼堂，我要在这里宣读我的论文。在为我做了介绍之后，图基一层一层爬到了大厅最后一排座位上。随后，我开始介绍我的成果。在这个过程中，我注意到图基一直在座位上忙着修改稿件。

我做完汇报后，听众席上的一些人（包括研究生和教员）提出了一些问题，或者对这项成果的后续工作提出了建议。当大厅里不再有人发表意见或提出问题，约翰·图基从最后一排座位上走下来。他拿起一支粉笔，在黑板上完整地写出了这篇论文的中心定理，并且没有漏掉一个符号[1]。接着，他

---

[1] 数学符号表达式由一行带有上标和下标的罗马字母、希腊字母和括号组成，它是非数学家（有时也包括一部分数学家）对数学感到恐惧的原因之一。实际上，这是一种以较小的篇幅向别人传达复杂思想的简便方法。阅读数学论文的"技巧"包括认识到每个符号都有某种含义，在符号引入时就明确它的含义，你还要坚信自己"已了解"它的意义，然后把注意力集中在符号的运用上。要想让数学变得优雅迷人，关键在于以简洁的方式组织符号表达式，使读者能够迅速理解其中的含义。你可以在内曼的论文中发现这种优雅。不过，我的博士论文恐怕远远谈不上优雅。我希望我的符号表达式包含数学模型的所有可能情形，因此这些符号上标套着上标，下标套着下标，有时下标里还带有可变参数。令我吃惊的是，约翰·图基那天下午第一次见到这个定理，就能完全凭借记忆将复杂的符号表达式写出来。（尽管我的符号表达式混乱不堪，图基还是向我提出了邀请。不过我已经有了三个孩子，还有一个即将出生，因此我接受了另外一个报酬更高的岗位。）

展示了定理的另一种证明方法。在此之前，我花了几个月的时间才得到第一种证明方法。"太强悍了，不愧是大师。"我暗想。

约翰·图基1915年出生于马萨诸塞州新贝德福德。他那无法掩饰的波士顿口音令他的演讲别有一番风味。他的父母很早就发现了他的天分，一直在家里教育他，直到他进入布朗大学。他在布朗大学获得了化学学士和硕士学位。接着他对抽象数学产生了兴趣。他在普林斯顿大学继续攻读研究生，并在1939年获得了数学博士学位。他最初研究的是拓扑学，点集拓扑是数学的基础性理论。在这层拓扑基础之下，是一门复杂而深奥的哲学学科，叫作"元数学"。元数学处理的问题包括"解决"一个数学问题意味着什么以及逻辑背后的基本假设是什么。图基对这些晦涩的基础问题进行了研究，发现了"图基引理"，为这一领域做出了重要贡献。

不过，约翰·图基并没有在抽象数学世界里终了此生。威尔克斯也在普林斯顿的数学教员队伍中，他不断推动学生和青年教员进入数理统计领域。图基在取得博士学位后，获得了学校数学系教员资格。1938年，还在为毕业论文而努力的图基发表了第一篇数理统计方面的论文。到了1944年，他几乎完全转移到了这一领域,出版的大部分作品都与数理统计有关。

二战期间,图基进入了火力控制研究办公室,研究炮火瞄准、测距仪器评估以及其他与军械有关的问题。这段经历为他后来的统计研究提供了许多素材,而且让他对现实问题的本质获得了很深的理解。人们都知道他喜欢将重要的经历总结成简短的格言,其中一个来自实践工作的格言是:"对正确问题的近似答案,胜过对错误问题的精确答案。"

全面的数学家

20 世纪早期,巴勃罗·毕加索以他那变化多端的作品震惊了艺术界。他曾一度尝试单色绘画,后来又开创了立体画派,接着开始研究古典风格,然后又去创造陶瓷作品。他的每一段经历都引发了革命性的艺术变革,每当他离开一个领域去追寻其他事物时,他总会在这个领域为人们留下巨大的探索空间。约翰·图基也是如此。20 世纪 50 年代,他研究了柯尔莫哥洛夫的随机过程思想,提出了以计算机为基础分析相关结果序列的"快速傅里叶变换"方法(FFT)。这一成果在科学上的地位与毕加索开创的立体画派相当。即使只做出这一项发明，图基对科学的影响也是十分巨大的。

1945 年，由于战争工作的需要，图基去了位于新泽西州默里山的贝尔电话实验室，在那里接触到了许多实际问题。他在 1987 年录制的一次访谈中表示："我们有一个工程师叫布登博姆，他在制造一种非常先进的新型跟踪雷达，用于追踪飞行目标。他想去加利福尼亚发表一篇论文，希望用一张图片显示跟踪误差的图像。"布登博姆已经把问题转移到了频率范围，但是他不知道怎样获得频率幅值的一致估计。图基在数学上接触过傅里叶变换，但他还没有在工程上使用过这一原理。他提出了一种方法，似乎满足了工程师的要求（还记得图基关于对正确问题给出近似答案的那句格言吗）。不过，图基本人并不满意，他继续对这个问题进行研究。

结果，图基发现了快速傅里叶变换。用图基的话说，这种滤波方法可以从相邻频率那里"借力"，因此只需要很少的数据就能获得良好的估计值。它也是一种经过精心设计的理论解法，具有最优效力。此外，它还是一种效率极高的计算机算法。在 20 世纪 50 年代和 60 年代，这种算法发挥了很大的作用，当时计算机的速度比现在慢得多，内存容量也比现在小。随着计算机的发展，人们开始尝试更加复杂的变换估计方法，不过它们的准确性都比不上快速傅里叶变换，因此这种方法一直延续到 21 世纪。

计算机及其计算能力的改善不断推动着统计研究的发展。我们之前已经看到，计算机可以计算大型矩阵的逆（如果让康菲尔德用机械计算机完成这项工作，需要花费几百年的时间）。计算机还有一个特点，似乎可以推翻整个统计理论，那就是计算机存储分析海量数据的能力。

20 世纪 60 年代和 70 年代早期，贝尔电话实验室的工程师和统计学家率先对海量数据进行分析。通过监视电话线路的问题和随机错误，他们获得了包含数百万条数据项的计算机文件。用于探索火星、木星和其他行星的航天探测器发来的数据让人们获得了另外一堆包含几百万项条目的文件。如何处理这些海量数据呢？如何对它们进行组织，以便研究这些数据呢？

利用卡尔·皮尔逊开创的方法，我们总是可以对概率分布的参数进行估计。这需要我们对分布做出一些假设——例如假设它们属于皮尔逊分布。我们是否能够在不对数据分布做出任何假设的情况下研究海量数据并且从中获得有意义的结论呢？从某种程度上说，优秀的科学家一直在做这样的事情。孟德尔进行了一系列植物杂交实验，仔细研究结果，逐步提出了显性基因和隐性基因理论。尽管许多研究都是先收集数据，再用数据对某种事先确定的具体分布模式进行拟合，但在没有先验知识的情况下先收集数据再悉心分析未知现象也是一种重要而有效的做法。

正如美国数学家埃里克·坦普尔·贝尔（Eric Temple Bell）所说："数字不会撒谎，但是它们往往喜欢将真理隐藏在假象的背后。"[1] 人类对模式规律很敏感，他们常常会在数据中看到某种模式规律，但实际上这些数据只是随机噪声而已。[2]

这个问题在流行病学领域尤其令人头疼。人们在研究数

---

[1] 20世纪40年代和50年代，贝尔写了几本数学畅销书。他的《数学英豪》至今仍然是介绍18、19世纪伟大数学家的经典传记。上面这段文字选自他介绍数字命理学的书籍《数字命理学》。根据他的说法，将他引入数字命理学领域的人是他的女清洁工。

[2] 这种说法的一个典型例子就是波得定律。人们通过经验性的观察发现，太阳系中行星的排列顺序与它们和太阳之间距离的对数之间存在线性关系。实际上，海王星之所以被发现，就是因为天文学家用波得定律预测了下一颗行星的估计轨道并对这个轨道进行了观测。在木星和土星的太空探测器发现靠近这些行星的许多小型卫星之前，人类观测到的木星的卫星似乎符合波得定律。波得定律是一种随机巧合吗？它是否向我们透露了行星与太阳之间还未被发现的某种深刻联系呢？

据时常常会在某个时间或地点发现疾病的"聚集"现象。假设我们发现马萨诸塞州的一个小镇上患有白血病的儿童数量高得出奇,这是否意味着小镇上存在某种导致癌症的因素?还是仅仅是某种可能出现在任何地点的随机聚集现象?假设镇上的人发现一家化工厂一直在向小镇附近的池塘倾倒化学废料。假设他们在小镇的水源地发现了芳香胺的踪迹。这种芳香胺是否有可能是引发白血病的原因?进一步说,我们对数据进行何种程度的肉眼辨别才能发现超越随机幻象的真实规律?

20世纪60年代,约翰·图基开始对这些问题进行严肃的思考,并且提出了一种方法。这种方法和卡尔·皮尔逊的数据处理思想类似,但是更加精炼。图基意识到,我们不需要使用某种概率模型就可以对观测数据的分布进行研究。他先是发表了一系列论文,然后又在各种会议上发表演讲,最后结集出版。他提出的方法叫作"探索性数据分析"。随着图基对问题的研究,他的展示模式开始具有明显的原创性色彩。为了让听众和读者重新审视他们的假设,图基开始用新的名称来表示数据分布的原有特点。他还摒弃了将标准概率分布作为分析出发点的做法,转而研究数据本身的模式。他研究了极值对观测模式的影响方式。为了避免极值给人带来的这种错误印象，他提出了一组展示数据的图形工具。

例如，他指出，展示一组数据分布的标准直方图往往具有误导性，这种图让人更加注意频率较高的一部分观测值。他认为，我们应该绘制的不是观测值的频率，而是频率的平方根。他把这种图称为"平方根图"，以便与直方图相区别。图基还建议将数据的中心区域画成盒子，将极值画成从盒子放射出来的线（他称之为"须"）。他提出的一些工具已经成了许多标准统计软件包的一部分，现在的分析师可以在软件中调用"箱线图"和"枝叶图"。图基丰富的想象力蔓延到了数据分析的各个领域，他提出的许多思想还在各种计算机软件中应用。他有两项发明已经被英语所采纳。"比特"（bit）和"软件"（software）这两个单词都是图基发明的，前者表示二进制位，后者表示与电脑"硬件"相对应的计算机程序。

再世俗的问题也会得到图基的原创性思考，再神圣的观点也会受到图基的大胆质疑。以简单的计数程序为例。大部分读者很可能都使用过计数符号为某样东西计数。通常的做法是先画四条竖线，然后用第五条横线穿过四条竖线。自古以来，每一代的老师都是这么教我们的。你一定在不少动画片里看到过衣衫褴褛的囚犯用粉笔在监狱墙壁上画下一排这种计数符号的情景。

这样标记是很愚蠢的，图基说，想想看你有多么容易犯错误。你可能在三条竖线上画横线，也可能在五条竖线上画横线。这种错误很难被人发现。如果你不仔细检查竖线的个数，它看起来就像正确的符号一样。使用易被发现错误的计数符号更有意义。图基提出了一种包含十个笔画的符号。首先画出四个点，表示正方形的四个角，然后将它们用四条线连起来，形成一个正方形，最后画出正方形的两条对角交叉线。

这些例子，包括快速傅里叶变换和探索性数据分析，仅仅是图基众多成果中的一部分。在艺术界，毕加索先后涉猎了立体主义、古典主义、陶瓷绘画和织物绘画；在数学界，约翰·图基也在 20 世纪下半叶在各个统计领域留下了自己的印迹。他探索了时间序列和线性模型，对于费希尔所遗忘的一些工作进行了推广，研究了稳健估计和探索性数据分析。他先是研究数学基础理论，后来又去解决实际问题，最后又从事探索无结构数据估计。他在每一个领域的工作都产生了极大的影响。在 2000 年夏天去世以前,约翰·图基一直在用新思想和新问题挑战旧有思想,让他的朋友和同事不得不对自己的工作重新审视。

女士品茶

The Lady Tasting Tea: How Statistics Revolutionized Science In The Twentieth Century

第二十三章 污染处理

支撑统计方法的数学定理通常假定科学研究或测量得到的所有观测值具有同等效力。如果分析师对数据进行挑选，仅仅选择那些看上去正确的数据，那么他们的统计分析可能存在严重的错误。当然，科学家经常这么做。20 世纪 80 年代早期，斯蒂芬·施蒂格勒（Stephen Stigler）研究了 18、19 世纪著名科学家的笔记，包括因确定光速而获得 1907 年诺贝尔奖的迈克尔逊。施蒂格勒发现他们所有人都在计算之前丢弃了一些数据。开普勒在 17 世纪早期发现行星以椭圆轨道围绕太阳运行时，使用了一些古希腊天文学家的记录；他常常发现某些观测位置与他所计算的椭圆不符——所以他就把这些问题数据直接忽略掉了。

　　后来，正直的科学家不再丢弃看上去存在错误的数据。统计革命对科学界产生了广泛的影响，科学家现在知道，他们不应该丢弃任何数据。统计学的数学定理要求人们平等对待所有观测值。如果一些观测值具有明显的错误，应该怎么办呢？1972年的一天，一位药理学家来到我的办公室，他也遇到了这样一个问题。他正在比较两种预防老鼠溃疡的疗法。他相信两种疗法具有不同的结果，他得到的数据似乎也可以证明这一点。不过，当他根据内曼-皮尔逊公式进行正式的假设检验时，得到的结果并没有表现出显著性。他相信，问题出在两只老鼠身上，这两只老鼠服用的是效果较差的化合物，但是它们没有患上任何溃疡，因此它们的结果比另一种疗法的最佳结果还要好很多。我们在第十六章介绍了如何用非参数方法处理这类问题。不过，由于异常值出现在错误的方向上，而且一连出现了两个异常值，因此非参数检验也无法得到显著性结果。

如果这件事发生在100年前，药理学家就会丢掉两个错误值，继续计算。没有人会提出反对意见。不过，这位药理学家已经学习了处理测量值的现代统计方法。他知道自己不能这么做。幸运的是，我的桌子上有一本新书，而且我刚刚研究完这本书。这部《位置的稳健估计：调查与进步》描述了约翰·图基领导的基于计算机的大型研究项目，叫作"普林斯顿稳健性研究"。这本书的内容恰好可以回答药理学家的问题。

对美国人来说，在这样的语境下，"稳健"这个词听起来有点奇怪。许多统计学词汇来自英国统计学家，它们往往能够反映英国人的语言使用习惯。例如，我们常常用"误差"来表示数据的微小随机变动[1]。有时，数据中有一些值具有明显的错误，而且人们可以发现产生错误的原因（如某一块土地上没有长出任何作物）。费希尔把这种数据叫作"失误"。

"稳健"这个词语是费希尔的女婿乔治·博克斯根据英国人的用法提出来的。博克斯是在泰晤士河口地区长大的，他有很重的口音。他的祖父是五金商人，生意很好，能够供养

---

[1] 当统计分析报告中的词语既有普通含义又有特定数学含义时，人们往往会对这些词语产生误解。当我刚刚进入制药行业时，我的一份分析报告中有一张用于显示结果的传统表格，其中有一行用于表示数据微小变动导致的不确定性，叫作"误差"。一位高管拒绝将这篇报告寄给美国食品药品监督管理局。"我们怎么能承认数据中存在错误呢？"他指着经过我反复验证确认无误的临床数据问道。我只好解释说，这行数据的名称是一种传统用法。他要求我换一种描述方式，他不会将一篇承认自身存在错误的报告寄给食品药品监督管理局。我联系了康涅狄格大学的 H. F. 史密斯教授，向他描述了我的问题。他建议我把这行数据的名称改为"残差"，因为有些论文将这种数据称为残余误差。我向这一行业的其他统计学家提到了这件事，他们也开始使用这种称呼。最终，这个词语成了大多数医学文献的标准用法。看起来，没有人愿意承认自己的工作存在错误，至少在美国是这样。

博克斯的伯父们上大学，其中有一个伯父成了神学教授。不过，当博克斯的父亲长大成人时，家里的生意失败了，因此他没有上大学，在店里当伙计，用微薄的工资支撑家庭开销。博克斯上的是语法学校，他知道家里永远不可能有钱供他上大学，因此去了一家工业学院学习化学。此时，第二次世界大战爆发了，博克斯被征召到了军队里。

由于博克斯学过化学，因此他被派到化学防御实验站工作，当时英国一些顶尖药理学家和生理学家正在实验站里努力寻找不同毒气的解药。约翰·加德姆爵士（Sir John Gaddum）也在这些科学家当中。加德姆在20世纪20年代后期将统计革命引入药理学领域，他还为一些基本概念奠定了坚实的数学基础。

博克斯成了统计学家

博克斯的上司是个上校，他正在为各种实验得到的一大堆数据而发愁，这些数据是不同毒气的不同剂量对大老鼠和小老鼠产生的影响。他不知道如何处理这些数据。博克斯在1986年回忆道：

一天，我（对上校）说："我们真的需要找一位统计学家来看看这些数据，它们真的非常混乱。"他说："是的，我知道，但是我们找不到统计学家。你知道上哪儿找统计学家吗？"我说："我知道的也不是很多，不过我曾经试着读过一本书，叫作《研究工作者的统计方法》，是一个叫 R.A. 费希尔的人写的。我虽然没看懂，但是我觉得我知道他想要干什么。"上校说："既然你读过这本书，那么这项工作就由你来做吧。"

博克斯联系了军队里的教育小组，想要学习关于统计方法的函授课程。结果，他们没有找到这种课程。统计分析方法还没有进入大学的标准教育体系中。因此，人们给他寄了一份阅读书目。这份书目仅仅列出了当时已出版的一些书籍，其中两本是费希尔的作品，一本介绍教育研究领域的统计方法，一本介绍医学统计方法，此外还有一本书介绍森林和牧场管理。

博克斯对费希尔的实验设计思想产生了兴趣。他在介绍林业管理的书中找到了经过实践检验的具体设计，将这些设计运用到了动物实验中。（科克伦和考克斯的那部对大量实验设计进行详细介绍的作品还没有出版。）书中的设计常常不太符合实际情况，因此博克斯根据费希尔的一般性描述和自己的观察，提出了新的设计方法。有一个实验尤其难以处理。在这个实验中，志愿者用两只胳膊上的小块皮肤接触芥子气，然后接受不同疗法的医治。每位受试者的两只胳膊存在相关性，因此博克斯需要在分析中对这一因素加以考虑。不过，介绍林业管理的书中并没有类似的处理方法，费希尔的书中也没有讨论这一问题。虽然博克斯只在工业学校里接受过不完整的化学教育，但他还是根据基本的数学原理制订出了恰当的实验设计方案。

我们可以通过一个反面例子对博克斯实验设计的威力获得一定的认识。一位美国眼科医师来到了实验站，他认为他带来的解药可以完美地消除路易氏剂的影响。一小滴路易氏剂足以让人失明。他在美国对兔子做了许多实验，并且用了大量笔墨证明他得到了完美的答案。当然，他对费希尔的实验设计一无所知。实际上，他的所有实验都存在严重的缺陷，因为他把药物的治疗效果与杂乱无章的外部实验设计因素完全绞在了一起。由于兔子有两只眼睛，因此博克斯用他刚刚发现的相关区块设计方法制订了一个简单的实验方案。实验结果显示，眼科医师带来的解药是无效的。

人们准备了一份报告，用来描述这些成果。报告作者是一位英国陆军少校。博克斯中士为报告撰写了统计学附录，解释了实验原理。审查报告的官员要求博克斯将附录删除，因为它过于复杂，谁都看不懂（他的意思是审查人员看不懂）。然而，约翰·加德姆爵士读过报告原文，因此当他见到博克斯时，他对博克斯取得的成果表示祝贺。当他得知报告的最终版本将不包含附录时，加德姆拉着博克斯冲进了实验站总部，来到了负责审核报告的委员会会议室。用博克斯的话来说："我感到非常尴尬。这位杰出学者向在场的所有公务员提出了警告，然后说，'请取消这种残忍的做法'。"他们很快照办了。

战争结束时，博克斯认为他应该花点时间学习统计学。他读过费希尔的作品，知道费希尔在伦敦大学学院教书，因此他来到了这所大学。他不知道费希尔已于1943年离开伦敦，成了剑桥大学的遗传系主任。面试博克斯的是埃贡·皮尔逊。费希尔曾对埃贡和内曼的假设检验工作表示过讽刺和蔑视。博克斯开始激动地描述费希尔的工作，解释他所知道的实验设计原理。皮尔逊静静地听着，最后说："你被录取了。不过我想你以后会发现，统计学界不是只有费希尔一个人。"

博克斯在大学学院获得了学士学位，然后攻读硕士学位。他向人们展示了他在实验设计方面所做的一些工作，结果人们告诉他，这些工作足以让他获得博士学位，于是他成了博克斯博士。当时，帝国化学工业公司（ICI）在新型化学物质和药品的开发方面处于英国领先地位，博克斯应邀加入了他们的数学服务小组。1948 年到 1956 年，他一直在帝国化学工业公司工作，其间发表了许多论文（常常是与别人共同完成的），推广了实验设计方法，研究了逐渐调整制造过程产出以提高产量的方法，并且为他后来对柯尔莫哥洛夫随机过程的实际应用打下了基础。

博克斯在美国

博克斯先是在普林斯顿大学担任统计方法研究小组组长，然后又在威斯康星大学成立了统计系。他被所有重要统计组织接纳为会员，凭借自己的成就获得了多个重大奖项，并在退休后继续活跃于学术界。他的成就涉及统计研究的许多理论和实践领域。

博克斯在帝国化学工业公司工作期间认识了费希尔，不过两个人并没有深交。当他在普林斯顿大学领导统计方法研究小组时，费希尔的一个女儿琼来到了美国，她的朋友为她在普林斯顿找到了一个秘书职位。博克斯和她相遇并结为夫妻。1978 年，琼·费希尔·博克斯出版了一本介绍她父亲及丈夫所做工作的权威传记。

博克斯对统计学的贡献之一就是"稳健"这个词语。他注意到许多统计方法背后的数学定理所包含的数据分布特性假设不一定是正确的。我们能否找到在这些定理条件不成立的情况下仍然可以使用的方法？博克斯建议将这类方法称为"稳健"方法。他做了一些初步的数学研究，不过他觉得稳健这个概念非常模糊。他反对为这个概念赋予一个更加明确的含义，因为他觉得拥有一个指导选择过程的总体模糊想法是有好处的。不过，这个概念有着很强的生命力。人们根据错误概率为假设检验的稳健性下了定义。1968 年，斯坦福大学的埃弗龙通过扩展费希尔的几何思想，证明"学生"的 t 检验在这种定义下是稳健的。人们还用皮特曼的方法证明，大部分非参数检验在这种意义下也都具有稳健性。

随后，在20世纪60年代后期，普林斯顿大学的约翰·图基与他的一部分同事和学生对具有明显错误的测量值问题进行了研究。1972年，他们出版了《普林斯顿稳健性研究报告》，这份报告背后的基本思想是污染分布。人们的大部分测量结果本应来自他们想要估计的概率分布，但是这些测量值受到了来自另一分布的少量数据的污染。这就是污染分布的思想。

污染分布的一个典型例子出现在第二次世界大战期间。美国海军开发了一种新型光学测距仪，使用这种仪器时，用户需要观看目标的三维立体影像，并将一个巨大的三角形放在目标"上方"。为了确定这种仪器的统计误差，他们让几百名水兵对距离已知的目标进行测距。在每个水兵用测距仪观测前，他们会根据随机数表重置初始位置，以免之前的测量对他产生影响。

设计这项研究的工程师并不知道20%的人无法看到立体影像，这种现象叫作弱视。测距仪的大约五分之一观测结果完全是错误的。研究人员不知道他们得到的数据哪些来自弱视水手，他们无法将存在问题的数据单独挑出去。

普林斯顿研究小组在一台计算机上通过大型蒙特卡洛研

究[1]模拟了大量污染分布。他们研究了对一个分布的集中趋势进行估计的方法。他们发现,当数据受到污染时,人们平时非常喜欢使用的均值并不是一个很好的衡量参数。一个典型例子是耶鲁大学20世纪50年代对校友毕业十年后收入情况的估计。如果他们对所有收入取平均,得到的收入水平将会非常高,因为有少数校友是百万富翁。实际上,超过80%的校友收入在平均水平以下。

普林斯顿稳健性研究小组发现,即使只有一个来自污染源分布的异常值,也会对均值产生极大的影响。前面提到的药理学家向我请教的老鼠溃疡研究数据就是如此。他所知道的统计方法全都是以均值为基础的。读者可能会提出抗议:这些极值和看上去存在错误的测量值有可能是正确的;它们可能来自我们正在研究的分布,而不是另外一个污染源分布。这样一来,将它们剔除出去只会导致结论出现偏差。

普林斯顿稳健性研究小组提出的解决方法做了两件事:

---

[1] 在蒙特卡洛研究中,人们每次用随机数模拟可能发生的实际事件,从而获得一个测量结果。他们将这个过程重复几千次,并对得到的测量值进行统计分析,以确定具体统计方法在被模拟情形中的效果。蒙特卡洛这个名字源于摩纳哥的著名赌城。

1. 在存在污染观测值的情况下，降低它们的影响；
2. 在观测值没有受到污染的情况下，得出正确的结果。

我建议药理学家使用普林斯顿研究小组提出的一种方法，结果他根据数据得出了合理的结论。在后来的实验中，这位药理学家也得到了一致的结论，说明稳健分析的效果还算不错。

博克斯和考克斯

博克斯在帝国化学工业公司工作期间，经常拜访大学学院的统计小组，他在那里遇到了戴维·考克斯。考克斯已经成了统计学的一位重要开拓者，而且成为卡尔·皮尔逊的期刊《生物统计》的编辑。两个人都非常吃惊，这不仅是因为他们的名字非常相似。实际上，在英国戏院里，"博克斯和考克斯"表示由一名演员饰演的两个龙套角色。而且，有一部英国古典音乐喜剧，剧中的两个人物也叫博克斯和考克斯，他们在一间公寓里租用了同一张床，一个人白天用，一个人晚上用。

乔治·博克斯和戴维·考克斯决定共同撰写一篇论文。不过，他们对统计学的关注点并不在同一领域。随着时间的推移，两个人都希望完成这篇论文，最终他们的兴趣彻底分裂，因此论文中包含了对于统计分析本质的两种不同的哲学立场。1964 年，这篇论文终于出现在了《皇家统计学会期刊》上。从此，这篇被称为"博克斯和考克斯"的论文成为统计方法的一个重要组成部分。在论文中，他们说明了如何对测量结果进行变换，以提高大部分统计研究的稳健性。这种变换被称为"博克斯–考克斯变换"，它已被应用到了研究化学物质对活体细胞突变影响的毒理分析、计量经济分析甚至农业研究中——费希尔的方法正是在农业研究中诞生的。

女士品茶

The Lady Tasting Tea: How Statistics Revolutionized Science In The Twentieth Century

第二十四章　工业的重新缔造者

1980年，美国全国广播公司电视网络播出了一部纪录片，题为《如果日本可以做到，为什么我们不能?》。美国汽车公司正在面对来自日本的巨大挑战。70年代，日本汽车的质量比美国汽车好得多，价格也比美国汽车低。不只是汽车，在钢铁、电子和其他工业领域，日本企业在质量和成本控制上都已超越了美国企业。全国广播公司的纪录片研究了产生这种现象的原因。这部纪录片实际上描述的是一个人对日本工业的影响，这个人就是80岁的美国统计学家爱德华兹·戴明。

　　突然之间，戴明受到了极大的欢迎。1939年，戴明离开美国农业部以后成了一名工业顾问。在他漫长的工业顾问生涯中，戴明曾多次受到邀请，帮助美国汽车公司进行质量控制。对于如何改进工业方法，他有着非常先进的思想，不过这些公司的高管对质量控制的"技术"细节不感兴趣。他们满足于雇用专家，让这些专家进行质量控制——他们并不关心质量控制究竟意味着什么。1947 年，道格拉斯·麦克阿瑟将军被任命为负责日本地区的盟军最高司令官。他强迫日本接受民主宪法，并且召集最先进的"美国方式"专家来教育这个国家。他的下属将戴明作为统计抽样方法专家邀请到了日本，其任务是告诉日本人"我们在美国是怎么做的"。

戴明的工作给日本科学家与工程师联合会（JUSE）主席石川一郎（Ichiro Ishikawa）留下了深刻的印象，他又被请回了日本，在一组为日本各个行业组织的研讨班上讲授统计方法。石川一郎与许多日本公司的高管有来往。在他的邀请下，各大公司管理层经常参加戴明的讲座。当时，"日本制造"意味着对他国产品的低质低价模仿。戴明告诉他的听众，他们可以在 5 年之内改变现状，这种说法令在场的人非常吃惊。戴明告诉他们，只要正确使用质量控制统计方法，他们就可以生产出质优价廉的产品，占领整个世界市场。戴明在后来的访谈中表示，他在预测时犯了一个错误：日本人几乎只用了两年时间就实现了这一结果。

戴明向高管传达的信息

在全国广播公司 1980 年的纪录片放映之后，戴明受到了美国工业界的欢迎。他开办了一系列研讨班，向美国管理者传达他的思想。遗憾的是，大多数美国公司的高管并不理解戴明的工作，他们很少亲自出席，基本都是委派公司里熟悉质量控制的技术专家参加他的研讨班。戴明的信息主要是传达给管理者的，这是一个非常重要的信息。管理者并没有做好自己的本职工作，尤其是高级管理者。为了说明他的思想，戴明让研讨班上的学生参与一项制造实验。

学生被划分为车间工人、检查员和管理者。车间工人需要从事一项简单的工作。他们每人得到了一只桶，里面装着白色的珠子和少量红色的珠子。他们需要反复用力摇晃，将珠子混合均匀。戴明告诉他们，他们的工作重点就是将两种珠子混在一起。接着，他们每人得到了一块带有 50 个小坑的木片，每个小坑足以容纳一颗珠子。工人需要将木片放入桶中，然后带出 50 颗珠子。他们被告知，市场部发现顾客无法容忍 50 颗珠子中出现超过 3 颗红色珠子，他们必须努力实现这一目标。当每名工人取出带有珠子的木板时，检查员都会检查红色珠子的数量并记录下来。管理者需要检查这些记录，对红色珠子数量小于或接近 3 的工人提出表扬，对红色珠子数量超过 3 的工人提出批评。实际上，管理者常常让表现不佳的工人放下手上的工作，观摩优秀的工人，看看他们是怎么做的，学习如何正确完成任务。

桶中五分之一的珠子是红色的。得到 3 颗或小于 3 颗红色珠子的概率不到 1%。得到 6 颗或小于 6 颗红色珠子的概率是 10% 左右。因此，工人经常可以接近 3 颗红色珠子这一奇迹般的目标，但却很难将其实现。平均来说，他们可以获得 10 颗红色珠子，这是管理者不能忍受的；有些工人偶尔会得到 13 颗或 15 颗红色珠子，这显然意味着他们表现不佳，但这并不是他们的错。

戴明认为，管理者常常会制订无法完成的标准，而且并不想知道这些标准是否能够实现，或者如何更换设备才能实现。相反，他认为，美国的高管依靠质量控制专家来维持这些标准，他们没有考虑到车间工人可能会遇到的问题。戴明对席卷美国工业界的管理思潮提出了尖锐的批评。20 世纪 70 年代，这种思潮被称为"零缺陷"，即人们不允许产品出现任何缺陷。戴明认为这是完全不可能实现的。到了 80 年代

(也就是戴明正在对美国工业界产生影响的时候),这种思潮被称为"全面质量管理",或者叫作 TQM。戴明认为所有这些理论都只是管理者空洞的说教,他认为管理者应该去做自己真正应该做的事情。

在《走出危机》一书中,戴明引用了他为某公司管理者撰写的报告:

> 应您的请求,在研究了贵公司正在经历的与产量低迷、成本高企和质量不稳定有关的一些问题后,我撰写了这篇报告……我的第一个观点是,如果最高管理者不能履行自己的职责,那么贵公司永远无法在质量的改善上取得持久的成果……在我看来,贵公司自身的管理者没有接受并履行产品质量方面的职责,这是贵公司陷入当前困境的主要原因……贵公司当前进行的……不是质量控制,而是打游击——没有组织体系,没有对于质量控制的物资支持,没有人认识到质量控制是一种体系。你们正在管理一支消防队,你们的目标就是在火灾发生后及时赶到现场,阻止火势的进一步蔓延……
>
> 你们把公司口号张贴得到处都是,用于督促每个人

把工作做到完美，我不知道你们的员工怎样做到这一点。通过把工作做得更好来实现完美吗？当一个人不知道自己的工作职责或改进工作的方法，他怎么能把工作做得更好呢？当一个人面对原材料缺陷、供应变化或机器故障，他怎么能把工作做得更好呢……另一个障碍是管理者的观念，他们认为生产工人需要为所有问题负责，如果生产工人按照他们所知道的正确方式工作，产品就不会出问题……根据我的经验，大多数生产问题都存在相似的诱发因素，只有管理者能够减轻或消除这些因素。

戴明对于质量控制的主要观点是，生产线的产出是一个变量。它只能是变量，因为这是一切人类活动的基本特点。戴明认为，顾客想要的并不是完美的产品，而是可靠的产品。顾客希望产品的变动程度较小，这样他才能知道自己买到的是一个什么样的产品。分析师可以根据费希尔的方差分析将产品的变化分为两个来源。戴明将一个来源称为"特殊原因"，将另一个来源称为"共同原因"或"环境原因"。他认为美国工业的标准做法是限制产品的总体变化程度。如果产品的变化程度超过规定的限度，他们就会停止生产，寻找出现这种变化的原因。不过，戴明认为，真正的特殊原因很少，而且很容易被发现。相对而言，环境因素是一直存在的，它是管理不善的结果，因为环境因素通常表现为缺乏维护的机器、质量不稳定的原材料或者其他不受工人控制的工作条件。

戴明建议将生产线看作始于原材料终于产品的活动流。每一种活动都可以测量，因此每一种活动都存在源于环境因素的变化。管理者应该查看每一种活动的变化情况，而不是等待最终产品超过规定的变化限度。变动幅度最大的活动应该最先得到关注。这种活动的变动幅度减小以后，另一种活动又会成为变动幅度最大的活动，此时它应该得到关注。质量控制就是这样一个连续的过程，在这种过程中，人们不断关注生产线上变动幅度最大的活动。

根据戴明的质量变动控制方法，日本人生产出了无须大型维修就能行驶10万英里以上的汽车、只需要基本维护的轮船、不同批次具有同等质量的钢材等产品。

质量控制的本质

20世纪20年代和30年代，通过组织美国首批统计性质量控制项目，贝尔电话实验室的沃尔特·休哈特和国家标准局的弗兰克·尤登（Frank Youden）将统计革命引入了工业界。将统计革命引入公司高层办公室的工作则是由戴明完成的。在以缺乏数学知识的管理者为读者群体的《走出危机》一书中，戴明认为管理者的许多思想过于模糊，无法在生产中使用。汽车活塞应当是圆的，这句话当然没有错，不过如果无法测量一只活塞的圆度，这种说法就没有任何意义。要想提高产品质量，必须对产品质量进行测量。要想测量产品的某个特性，必须对这一特性（如圆度）做出明确的定义。由于所有测量值本质上都是可变的，因此我们需要确定这些测量值的分布参数。同卡尔·皮尔逊在参数的变化中寻找进化证据类似，戴明认为管理者有责任监督这些测量值的分布参数，并且改变基本生产条件，以改善这些参数。

我第一次见到戴明是在 20 世纪 70 年代的一次统计会议上。戴明个子很高，当他准备发表重要观点时，他的表情非常严肃。在统计学家中，戴明是一个令人敬畏的人。在演讲结束的提问环节，我很少看到他站起来批评别人，但他在会议结束后常常把一个人叫到一边，批评他没有看到在戴明看来非常明显的问题。我所见到的这位表情严肃的批评者并不是朋友们熟悉的戴明,我见到的是他在公众面前表现出的一面。熟悉他的人都知道,戴明关心体贴同事,具有"稳健"而微妙的幽默感,而且热爱音乐,他参加了唱诗班,能够演奏鼓和笛子,还出版了几支原创圣乐。他的音乐出版物还包括《星条旗之歌》的一个新版本——他认为这个版本比通行的曲子更加适合歌唱。

1900年,戴明出生于艾奥瓦州苏城,他在怀俄明大学学习了数学,其间对工程学产生了很强的兴趣。他在科罗拉多大学获得了数学和物理学硕士学位。他在这所大学遇到了他的妻子阿格尼丝·贝尔(Agnes Belle)。1927年,他们搬到了康涅狄格州,他开始在耶鲁大学攻读物理学博士。

戴明在耶鲁大学读书期间,利用暑假的机会在伊利诺伊州西塞罗市西部电气公司霍桑工厂[①]获得了第一份工业领域

[①] 有一种现象是以霍桑工厂的名字命名的,叫作"霍桑效应"。20世纪30年代,有人想在霍桑工厂比较两种管理方法的差异。这个实验最后失败了,因为在两种方法中,工人都极大地改善了工作效果——他们知道实验人员正在仔细观察自己。从此,人们用"霍桑效应"一词来描述由于实验导致局面发生好转的现象。实际上,用于比较新型疗法与传统疗法的大型临床试验常常会得到病人健康状况大幅改善的结果,这种改善超出了传统疗法根据过去经验得到的预期。这种现象加大了人们检测传统疗法与新疗法效果差异的难度。

的工作。休哈特已经在新泽西州贝尔实验室完成了统计性质量控制方法的基础工作。西部电气属于同一家公司（美国电话电报公司），因此人们试图将休哈特的方法应用到霍桑工厂里。不过戴明发现，他们并没有理解休哈特的本意。质量控制成了以设置产品的允许变化范围为基础的一系列机械操作。他们常常把这种范围设置成 5% 或更少的缺陷产品能够通过质量控制的形式。戴明后来表示，这种形式的质量控制可以保证 5% 的顾客得到不合格的产品。

1928 年，戴明拿着耶鲁大学的学位证去了美国农业部，并在接下来的 12 年里研究抽样技术和实验设计。随后，他离开政府，建立了自己的咨询公司，开始举办研讨班，指导人们正确使用工业领域的质量控制方法。第二次世界大战时期，戴明的事业得到了扩张，他在战争期间培训了大约 2000 名设计师和工程师。这些学生又在各自的公司里开办了研讨班。到战争结束时，师从戴明的质量控制专家已经达到将近 30000 人。

1993 年 12 月 10 日，戴明的最后一次研讨课程在加利福尼亚州举行。93 岁的戴明出席了研讨会，不过课程基本是由比他年轻的助理主持的。12 月 20 日，戴明在华盛顿特区的家中去世。1993 年 11 月，他的家人和朋友建立了爱德华兹·戴明研究所——"帮助人们进一步理解戴明那高深的知识体系，促进商业发展、社会繁荣与世界和平"。

戴明与假设检验

我们在第十一章看到了内曼和皮尔逊提出假设检验的过程以及假设检验在大部分现代统计分析中的统治地位。戴明对假设检验持有很强的批判态度，他对假设检验的广泛使用感到非常可笑。他认为，假设检验关注的是错误的问题。用他的话说："现实中的问题并不是方法一和方法二之间的差异是否显著。如果两种方法之间存在差异……不管差异有多小……我们总是能找到……一组重复实验……得到显著性结果。"因此，对戴明来说，发现显著性差异并不能说明任何问题。真正重要的问题是寻找差异程度。此外，戴明指出，人们在一种实验环境中发现的差异程度可能不会在另一种实验环境中出现。在戴明看来，标准的统计方法本身并不足以解决问题。统计方法的这些局限性是非常重要的。正如戴明所说："统计学家需要关注问题本身，他们需要学会把统计推断方法及其局限性告诉大家。我们对作用于一组结果的某种统计推断方法的局限性理解越深，这种推断方法的作用就越大。"

在本书最后一章，我们将讨论戴明所警告的统计推断方法的局限性。

女士品茶

The Lady Tasting Tea: How Statistics Revolutionized Science In The Twentieth Century

第二十五章　黑衣女子的建议

虽然男性统计学家主导了20世纪早期统计方法的发展，但是到了20世纪60年代，我进入这个行业时，许多女性已经获得了重要地位。工业领域和政界尤其如此。美国氰胺公司的朱迪丝·戈德伯格（Judith Goldberg）和强生制药公司的葆拉·诺伍德（Paula Norwood）领导着药企统计部门。梅维丝·卡罗尔（Mavis Carroll）负责管理通用食品公司的数学和统计服务部。在华盛顿特区，人口普查局、劳工统计局、国家卫生统计中心等机构的领导人也都是女性。英国和欧洲大陆也出现了同样的局面。我们在第十九章已经介绍了一些女性在统计方法的发展中起到的作用。

为统计学做出重大贡献的妇女们经历却并不相似，她们都是非常优秀的个体，每个人的成长和成就都是独特的。你无法在统计学界选出一个具有代表性的女人，就像你无法在统计学界选出一个具有代表性的男人一样。不过，有一位女性的经历值得我们研究一番，她在工业界和政界都取得了突出的地位。这位女士就是英国人斯特拉·坎利夫（Stella Cunliffe），她是皇家统计学会的首位女性主席。本章的许多内容出自她 1975 年 11 月 12 日在学会发表的年度致辞。

认识坎利夫或者与她共事过的人都可以证明，坎利夫具有很强的幽默感和敏锐的直觉，能够将极为复杂的数学模型简化到与她合作的科学家可以理解的程度。这些特点基本可以从她的致辞中体现出来。她在致辞中请求皇家统计学会成员减少发展抽象理论的时间，将更多的时间用于同其他领域的科学家合作。例如，她写道："对于我们这些统计学家来说，仅仅对许多社会学家草率的工作嗤之以鼻是没有意义的。我们应该努力指导他们接受更加科学的思想。为此，我们必须与他们相互交流。"她经常提到实验过程中出现意外情况的例子。"不管一家研究工作站的管理有多严格，只要有一个愚蠢的拖拉机手为了抄近道赶回家喝茶而横穿农田，他们的大麦实验就会被搞砸。"

20 世纪 30 年代后期，坎利夫在伦敦经济学院学习统计学。这是一段激动人心的日子。许多学生和教员自愿参加西班牙内战，对抗法西斯主义者。从纳粹德国逃出来的杰出经济学家、数学家和其他科学家在学院获得了临时职位。坎利夫从学校毕业时，整个世界仍然在遭受大萧条的影响。她只能在丹麦培根公司找到一份工作，"那里很少使用数理统计方法，人们把我这个女性统计学家当成了怪物一样的存在"。二战爆发以后，坎利夫参与到了食品分配问题的研究中，她的数学知识发挥了很大作用。

在战争结束后的两年里，她主动参与到欧洲的救济工作中。当时欧洲已是一片狼藉。她是首批来到荷兰鹿特丹的人，当时这里的德国军队尚未完全投降，平民仍然在挨饿。随后，她又来到刚刚获得解放的贝尔根-贝尔森集中营，为受害者提供援助。最后，她又在英国占领区的难民营工作了一段时间。结束志愿工作后，坎利夫两手空空地回到了祖国。她获得了两份工作邀请，分别来自粮食部的"油脂"部门和吉尼斯酿酒公司。她接受了后一份邀请。还记得吗，以"学生"为笔名发表论文的戈塞特在吉尼斯公司成立了统计部门。坎利夫来到这里时，戈塞特已经去世大约10年了，不过他的影响仍然十分巨大，人们非常尊重他，公司的科学工作也仍然在使用他所开创的实验方法。

吉尼斯的统计学

吉尼斯的工人对他们的产品和不断改善产品的方法怀有坚定的信念。他们：

> 从未停止实验，虽然他们的原材料由于天气、土壤、啤酒花和大麦品种的不同而不断变化，但他们一直在努力用这些原材料以最经济的方式制造稳定的产品。他们对产品非常自负。也许你们不知道，吉尼斯直到1929年才开始做广告，因为公司里的人认为吉尼斯啤酒是世界上最好的啤酒，仅仅凭借质量就能取胜，不需要广告宣传——不喝吉尼斯啤酒的人应该接受的不是宣传，而是同情！当我离职时，这种态度在公司里仍然非常普遍。

坎利夫描述了她刚来到吉尼斯时的情景：

> 当我结束在德国经历的那种自由而且非常激动人心的生活，来到都柏林啤酒厂接受"培训"时，一天早上，我接受了都柏林啤酒厂"女职工"管理者的教导。这是

第二十五章 黑衣女子的建议

一位相貌令人生畏的女士,一身黑衣,紧身胸衣的领子上带着小花边……她向我强调了为吉尼斯工作是一种多么巨大的荣誉,并且提醒我应该穿长筒袜,戴礼帽。她还告诉我,如果我有幸在走廊上遇到那些被称为"酿酒师"的高贵种族,那么我绝不能与他正面对视,必须低头示意,直到他从我身边走过。

这就是1946年吉尼斯酿酒公司的等级世界中妇女所处的地位。

坎利夫在吉尼斯很快证明了自己的价值,她开始深入参与到爱尔兰的农业实验中。她不满足于坐在办公室前分析现场科学家向她发来的数据。她来到实验场地,亲自查看现场情况。(她的做法值得所有新入行的统计学家学习。比实验室工人高出若干级别的人对实验的描述常常与实际情况不符,这是一个非常令人震惊的事实。)

在许多寒冷潮湿的早晨,我都会在早上7点钟出现在一座啤酒花花园里,一边忍受着饥饿和寒冷,一边从事一些至关重要的实验工作。我故意用了"至关重要"这个词，因为我认为只有统计学家将实验看成至关重要的工作，实验人员才会产生与统计学家同样高的热情，否则实验人员就不会把工作做到最好。选择统计学家这门职业的一个主要问题就是我们必须面对各种各样的任务：我们必须做好心理准备，因为我们有时需要帮助微生物学家获得一种新的酵母，有时需要帮助农学家评估加入某种牛饲料的粪肥质量，有时需要与病毒学家讨论新疾病抗体的生产，有时需要帮助卫生人员评估麦芽仓库的灰尘对健康的影响，有时需要对于批量生产的物品沿着传送带移动的实验向工程师提供建议，有时需要在食堂里使用排队论，有时需要帮助社会学家检验他的群体行为理论。

这份涉及不同合作类型的清单可以体现出统计学家在工业领域的工作特点。在我的工作中，我曾经与化学家、药理学家、毒理学家、经济学家、临床医师和管理人员合作（我们为管理人员开发了用于决策的运筹模型）。这也是统计学家每天的工作能够如此精彩的原因之一。数理统计方法无处不在，而统计学家作为数学模型方面的专家，可以与几乎每一个领域的人合作。

预料之外的变化

在致辞中,坎利夫讨论了最重要的变化来源——人类:

> 我很荣幸地负责了大部分品尝和饮用实验,这些实验显然是吉尼斯啤酒这种可口饮品开发过程的一部分。在这些实验中,我逐渐意识到,我们根本不可能找到完全公正的人,没有偏见的人,没有癖好的人。实际上,正是这些可爱的癖好使人们变得与众不同……我们都对某些数字、字母或颜色存在偏见,我们所有人都非常迷信。我们都表现得不够理智。我还记得有一项非常昂贵的实验,用于研究人们最喜爱的啤酒温度。实验人员坐在具有不同室温的屋子里,品尝着具有不同温度的啤酒。穿着白色服装的服务生抱着具有不同水温的、装有啤酒的水桶在楼梯上来回走动,温度计满天飞,好不热闹。啤酒由不同颜色的密封盖标记。这次实验唯一明确的结果……就是,我们的品尝小组认为,他们唯一在意的事情就是密封盖的颜色,他们不喜欢用黄色盖子封装的啤酒。

坎利夫描述了关于小啤酒桶容量的一项分析工作。这些酒桶都是手工制造的，人们需要测量它们的容量，以确定它们是否具有合适的尺寸。测量酒桶的女士需要为空桶称重，然后在桶里装满水，再去称酒桶的重量。如果酒桶的容量比标准容量至少低三品脱或者至少高七品脱，那么这个酒桶就会被返工。作为持续质量控制的一部分，统计学家会跟踪记录酒桶的容量以及被退回的酒桶。在检查容量曲线时，坎利夫发现，刚好符合标准的酒桶数量高得出奇，刚好处于界限以外的酒桶数量也低得让人难以置信。他们研究了为酒桶称重的女工的工作环境。根据要求，这位女士需要将不合格的酒桶扔到高高的酒桶堆上，将合格的酒桶放在传送带上。在坎利夫的建议下，这位女士把称重位置改到了盛放不合格酒桶的容器顶端。现在，她可以很轻松地把不合格的酒桶踢到下面的容器里。于是，刚好合格的酒桶数量恢复正常了。

后来，坎利夫晋升为吉尼斯公司统计部门的主管。1970年，她被英国内政部负责监督警察队伍、刑事法庭和监狱的研究小组挖走。

我来到这个小组时，这里主要关注的是犯罪学问题。我之前在吉尼斯做的是非常精确的工作，需要进行仔细的设计和充分的分析，至于这里的工作，我只能将它描述成社会学家的幻想世界，有时我甚至可以将它称为心理学家的幻想世界……我绝不是贬低内政部研究小组研究人员的能力……不过，这里的状况还是令我很吃惊。建立零假设、仔细的实验设计、充分采样、严谨的统计分析、对结果的详细评估，这些长期以来我一直在遵守的原则似乎并没有得到社会学领域非常严格的接受和应用。

在许多犯罪学"研究"中，人们查看长期积累的数据，以确定公共政策可能产生的影响。其中一项研究对成年男性囚犯的获刑时间与这些人释放两年内重新犯罪的比例进行了比较。结果清晰表明，获刑时间较短的囚犯重新犯罪的比例非常高。人们以此为证据，认为长期刑罚可以让"惯犯"从城市街道上消失。

坎利夫并不满足于一张对重新犯罪率与获刑时间进行简单对比的表格。她希望仔细检查表格背后的原始数据。获刑时间与犯罪率之间看上去非常明显的关系，在很大程度上是由获刑三个月以内的囚犯较高的重新犯罪率导致的。不过，根据仔细检查，坎利夫发现，几乎所有这些囚犯都是"可怜而又可悲的愚蠢老人，他们之所以回到监狱，是因为老人院不收留他们。这群人不断重复着获释、犯罪、服刑的过程"。实际上，由于这些人频繁犯罪，他们在服刑记录里反复出现，而研究人员在制作表格时将这些记录当成了不同的犯人。长期刑罚与犯罪率之间的其他明显关系出现在表格的另一端，服刑十年以上的囚犯重新犯罪的比例不到15%。"这里面有一个很大的年龄因素，"坎利夫写道，"一个很大的环境因素以及一个很大的犯罪程度因素。数额巨大的诈骗和伪造往往会招致长期刑罚，但从事过大型诈骗的人很少会进行第二次诈骗。"因此，在调整了表格两端不正常的数据后，服刑时间与重新犯罪率之间明显的关系消失了。

她写道：

> 我觉得，即使是所谓的"陈旧乏味的内政部统计数据"也非常令人着迷……在我看来，统计学家的工作之一就是查看数据，研究为什么它们会呈现出目前这种状

态……我今天晚上不想把话说得太复杂，不过我想我们有义务提醒人们，数据是有趣的——而且，如果这些人听了我们的话感到很无聊，那么不是我们解释得不好，就是这些数据真的很无趣。我是说，我在内政部接触的数据是非常有趣的。

她对政府官员不仔细检查现有数据就制定决策的趋势提出了批评：

> 我觉得这不是社会学家、社会工程师、规划者的错……不过，我们必须经常把它归咎于统计学家。我们并没有学会为那些我们认为科学成分不足的学科服务，因此，他们并没有把我们当成能帮助他们提高知识水平的人……根据我的经验，统计学家在应用领域的强大作用……在于说服别人提出需要解答的问题，考虑实验者的现有工具是否可以解答这些问题，帮助他制订合适的零假设，以严格的标准约束实验设计。

根据我的个人经验，要想提出一个与数学模型有关的问题，科学家必须深入思考。如果一个人仔细检查现有资源，他常常会发现手上的资源不足以解答这些问题。我曾经劝告别人不要去尝试那些由于缺乏足够的资源而注定要失败的实验，我觉得这是我作为统计学家向社会做出的重要贡献之一。例如，如果一个临床实验提出的医学问题需要研究几十万个病人才能得到回答，那么人们最好重新考虑一下这个问题是否值得研究。

抽象数学与应用统计学

坎利夫强调，为了让统计分析发挥作用，必须付出艰苦的努力。她瞧不起那些华而不实的纯粹数学，批评数学模型：

> 完全出自人们的想象，与现实脱节……有许多公式，有趣的副产品，十足的趣味，巧妙的概念，但也缺乏稳健性，脱离现实。人们对优雅的追求通常是以牺牲实用性为代价的，在我看来，在某种程度上，这种追求是男人的一种天性……我们统计学家都知道应该以数学精度进行计算……但我们并不善于……让外行人知道我们的发现是值得注意的。如果我们只是对一个普通人说

"p 小于 0.001",那么他并不能领会到我们想表达的意思。我们必须用他们的语言来解释我们的发现,我们必须培养说服别人的能力。

坎利夫既没有戴礼帽,也没有对酿酒师俯首帖耳,她就这样进入了统计学世界,快活地追寻着自己感兴趣的方向,不留情面地批评前来听她演讲的数理统计学家。到本书写作之时,她仍然在参加皇家统计学会的各种会议,用她那尖刻的智慧揭露数学的虚荣。

女士品茶

The Lady Tasting Tea: How Statistics Revolutionized Science In The Twentieth Century

第二十六章 鞅的发展历程

充血性心力衰竭是全世界人类的一大杀手。虽然青壮年男女也经常受到这种疾病的困扰，但它主要是一种老年疾病。在美国65岁以上的公民中，几乎一半的人死于充血性心力衰竭及其并发症。从公共卫生的角度看，充血性心力衰竭不仅仅是一种死亡因素，它还会诱发其他许多疾病。用于为充血性心力衰竭患者稳定病情的复杂医疗程序和频繁的住院在国家总体医疗服务成本中占有很大的比例。人们非常希望找到有效的门诊治疗方法，以减少住院需求，提高这类病人的生活质量。

　　遗憾的是，充血性心力衰竭不是一种简单的疾病，它不是由某种传染源引起的，也无法通过阻止某种代谢途径得到缓解。充血性心力衰竭的主要症状是心肌的日益衰弱，病人的心脏越来越无法对激素发出的微妙命令做出反应，以实现正常的心率和收缩强度，满足身体需求的变化。病人的心肌会变得肥大而松弛，肺部和踝关节会出现积液，稍一运动就会呼吸困难。由于病人身体里循环的血液变少，腹部需要血液消化食物时，脑部就会缺血，病人就会长时间昏迷或打瞌睡。

为维持体内平衡，病人的身体只能通过改变心脏的输出来适应这种缺血状况。许多病人体内负责管理心脏和其他肌肉的激素水平发生了改变，达到了某种稳定的状态。同正常人相比，某些激素水平及其引发的反应是"异常"的。如果医生用β肾上腺素激动剂或钙通道阻滞剂等药物治疗这种异常的平衡，病人的状况可能会改善，也可能会因勉强维持的稳定状态被破坏而进一步恶化。过去，充血性心力衰竭病人的一个重要死因就是肺部积液（以前叫水肿）。现代医学用强大的利尿剂控制积液水平。不过，在这个过程中，利尿剂本身又会影响肾脏激素对心脏的调节。

人们仍然在研究有效的治疗方法，以延长这些病人的生命，降低他们住院的频率，提高他们的生活质量。由于有些治疗方法对某些病人具有反作用，因此对这些治疗方法的临床研究必须考虑病人的具体特点。这种研究的最终数据分析可以发现这些治疗方法对哪些病人具有正面影响，对哪些病人则会有消极作用。由此，充血性心力衰竭的统计分析变得异常困难。

对这种研究进行设计时，第一个需要回答的问题就是应该测量什么数据。例如，我们可以测量接受某种治疗方法的病人的平均住院次数。这是一种粗略的整体测量，忽略了病人的年龄、初始健康状况、住院频率和住院时间等重要因素。更好的做法是考虑每位病人的患病过程，统计可能出现的住院次数、住院时间、住院之间的间隔、住院之间的健康指标，并用病人的年龄和可能患有的其他疾病对所有这些结果进行调整。这种方法从医学角度上看可能非常理想，但它为统计学带来了很大的难题。与每个病人相关联的不是一个单独的数字。相反，每位病人的数据是在一段时间内发生的事件，其中有些事件会重复出现，有些事件具有多个测量值。这个实验的"观测值"具有多个层次，其分布函数具有多维结构，我们必须对其参数进行估计。

早期理论工作

第一个解决这个问题的是法国数学家保罗·列维。列维的父亲和祖父都是数学家。他出生于1886年，很早就被看作天才学生。根据法国当时的惯例，他很快完成了一系列为天才学生开设的特殊课程，获得了学术荣誉。他十几岁就获得了希腊语和数学的优等生竞赛奖项，并在圣路易公立中学获得了数学、物理和化学的优秀奖，而且在巴黎高等师范学院和巴黎综合理工大学的入学考试中获得了第一名。1912年，26岁的列维获得了科学博士学位。他以博士论文为基础，写出了一部关于抽象函数分析的重要作品。33岁时，列维已经身为巴黎综合理工大学的全职教授和法兰西科学院院士。他在抽象分析理论方面的工作使他的名声传遍了世界。1919年，学校请他举办关于概率论的一系列讲座，于是他第一次深入研究这一主题。

列维对于由一系列复杂计数方法组成的概率理论并不满意（柯尔莫哥洛夫此时还没有为概率论做出自己的贡献）。列维希望找到某种深层次的抽象数学概念，将这些方法统一起来。他对于棣莫弗正态分布的推导和流传在数学家之间的"通俗定理"感到非常吃惊，这种"通俗定理"认为棣莫弗的结论对于其他许多情形仍然成立——也就是后来的"中心极限定理"。我们之前介绍过，列维（与芬兰的林德伯格）最终于 20 世纪 30 年代早期证明了中心极限定理,确定了该定理成立的必要条件。在这个过程中,列维首先从正态分布公式往回推导,研究这个分布的哪些特点使它能够出现在各种不同的情形中。

接着,列维从另一个方向考虑这个问题,研究导致正态分布的具体情形有什么特点。他确定了保证数据趋向于正态分布的两个简单条件。这两个条件并非产生正态分布的全部途径,不过列维对这两个条件进行了推广,使其覆盖到了所有正态分布,同时也证明了中心极限定理。这两个条件适合一系列按时间顺序随机生成的数据,它们是:

1. 数据的变化范围是有限的,每个值不会变得无穷大或无穷小;
2. 下一个数据的最佳估计是上一个数据的值。

列维将这种序列称为"鞅序列"。列维从赌博术语中选择了"鞅"这个词。在赌博中,鞅指的是赌徒每次失败时加倍下注的做法。如果他赌赢的可能性是 50%,那么他的预期损失就与之前的损失相同。这个词还有另外两个意思。它可以指法国农夫用来让马低头、不让马回头的装置。当农夫用鞅限制马头时，马头可以随机移动，但马头下一时刻最有可能出现的位置恰恰是当前的位置。这个词的第三个含义与航海有关，指的是从帆船的吊杆上垂下来的、用于防止吊杆晃动过于剧烈的重木。同样，吊杆下一时刻最有可能出现在上一时刻的位置上。这个词本身来自法国马提克镇的居民，这些人非常小气，远近闻名，他们下周每天花的钱最有可能和今天花的钱一样多。

于是，马提克的吝啬居民与列维提出的数字序列拥有了同一个名字。1940 年，鞅成了抽象数学理论的一个重要工具。它的条件非常简单，因此人们可以证明，许多类型的随机数字序列都属于鞅序列。20 世纪 70 年代，奥斯陆大学的奥德·奥伦（Odd Aalen）发现，临床实验中病人的反应过程也属于鞅过程。

鞅与充血性心力衰竭

之前我们提到了源自充血性心力衰竭研究的问题。在这些研究中，不同病人的反应往往不尽相同。如何分别解释发生在研究前期和后期（病人年纪会增长）的住院事件呢？如何处理住院频率和住院时间呢？如果将这些按照时间顺序采集的数据流看作鞅过程，那么所有这些问题都可以得到解答。奥伦还特别指出，住院的病人可以从分析中取出，待到病人出院时再放回分析中。同一病人的多次住院可以看成不同的事件。在每一个时间点上，分析师只需要知道一直留在研究中的（或者返回研究中的）病人数量以及最初进入研究的病人数量。

到了 20 世纪 80 年代早期，奥伦与丹麦奥尔胡斯大学的埃里克·安德森（Eric Anderson）、荷兰乌特勒支大学的理查德·吉尔（Richard Gill）合作，对他提出的方向进行深入研究。在本书第一章，我已经指出，科学和数学研究很少是由一个人独立完成的。数理统计的抽象程度很高，很容易犯错误。只有同事之间相互讨论，相互批评，许多错误才会被发现。20 世纪最后几十年，奥伦、安德森和吉尔紧密合作，在该领域斩获丰硕成果。

奥伦、安德森和吉尔的工作得到了理查德·奥尔申（Richard Olshen）和他在华盛顿大学的合作者以及哈佛大学的魏立人（Lee-Jen Wei）的补充，他们共同开发出了分析临床实验中事件序列的一组新方法。其中，魏立人发现，两个鞅过程的差仍然是鞅过程，这一结论减少了分析模型中的许多参数。今天，鞅分析在慢性病长期临床实验的统计分析中占据着主导地位。

马提克居民的吝啬传统是这个故事的起点。法国人列维做出了最初的发现。这一概念得到了其他许多人的关注，其中美国人、俄国人、德国人、英国人、意大利人和印度人都对鞅的发展做出了贡献。一个挪威人、一个丹麦人和一个荷兰人将鞅引入了临床研究领域。两个美国人对他们的工作做了进一步研究，其中一个人出生于中国台湾。要想将20世纪80年代后期开始出现的关于这一主题的论文和书籍的作者完整地列出来，需要占据大量篇幅，涉及更多的国家。数理统计研究的确已经成为一项国际性工作。

女士品茶

The Lady Tasting Tea: How Statistics Revolutionized Science In The Twentieth Century

第二十七章 意向性治疗

20世纪80年代早期，英国一位顶尖生物统计学家理查德·皮托（Richard Peto）遇到了一个难题，当时他在分析比较不同癌症治疗方法的临床实验结果。根据费希尔的实验设计规范，正常的临床实验应该确认一组需要治疗的病人，并为他们随机分配不同的实验性治疗方法。

　　对这种数据的分析应当是相对简单的，人们用费希尔的方法对各个治疗小组存活了5年的病人比例进行了比较。要想进行更加精细的比较，人们还可以使用奥伦的鞅方法分析从研究开始到病人去世的过程。不管使用哪种分析方法，都要以病人与治疗方法之间的初始随机匹配为基础。根据费希尔的说法，病人与治疗方法之间的匹配与研究结果是完全独立的，因此人们可以计算假设检验的p值。

　　皮托的问题在于，不是所有病人都获得了随机的治疗方法。这些病人都是活生生的人，他们正在遭受痛苦，许多人得的是绝症。对他们进行治疗的医生常常觉得自己必须为了病人的利益放弃当前的疗法或者至少做出某种改变。不考虑病人的需要和感受、盲目遵循随机疗法的行为是不道德的。这些研究中的病人常常会接受新的疗法，此时疗法的选择取决于病人的反应，这一做法并不符合费希尔的要求。

这是癌症研究中的一个典型问题。自从20世纪50年代癌症研究首次出现以来，这个问题一直没有解决。在皮托研究这个问题之前，人们通常的做法是只对仍然在接受随机治疗的病人进行分析，将所有其他病人排除在外。皮托发现，这种做法会导致严重的错误。例如，假设我们正在对一种积极疗法与安慰剂疗法进行比较。安慰剂是一种没有任何生物作用的药物。假设我们对没有产生疗效的病人改用标准治疗方法，那么，服用安慰剂后没有效果的病人就会被转走，无法得到分析。只有出于其他某种原因而出现好转的病人才会留在安慰剂组。如果到了分析时，接受安慰剂治疗的病人全都是因为病情好转而留下来的病人，那么人们就会发现安慰剂疗法与积极疗法一样有效，甚至比积极疗法更加有效。

在皮托之前，安德森医院的埃德蒙·吉汉（Edmund

Gehan)研究了这个问题。当时他给出的解决方案只是:这些研究不满足费希尔的实验要求,因此它们不能被看作比较不同疗法的有效实验。不过,这些实验的数据包含接受不同疗法的病人的详细信息,因此,人们至少可以对他们的结果做出整体描述,并对未来的治疗方法提出建议。后来,吉汉还考虑了解决这个问题的其他方法,不过你可以从他得到的第一个结论中看到一个人试图对没有得到良好设计或执行的实验使用统计分析方法时产生的挫败感。

皮托提出了一个简单的解决方法。在研究中,每个病人被随机分配了一种治疗方法。正是由于这种随机分配,我们才可以计算假设检验的 p 值,比较这些疗法。皮托建议在分析时将每个病人随机分配的疗法当成他正在接受的疗法。这样一来,分析师就会忽略研究过程中的所有治疗上的变化。如果病人随机分配到了疗法一,并在实验结束前转而接受其他疗法,这位病人在分析时就会被当作疗法一的病人。如果随机分配到疗法一的病人只接受了一个星期的疗法一治疗,这个病人在分析时也会被当作疗法一的病人。如果随机分配到疗法一的病人没有服用疗法一的一颗药片,在研究开始时直接接受了住院治疗,那么这位病人在分析时也会被当作疗法一的病人。

乍一看，这种方法似乎非常愚蠢。你可以举出一个例子，比如对一种标准疗法和一种实验性疗法进行比较。如果接受实验性疗法的人不见好转，他们就会转而接受标准疗法。这样一来，如果实验性疗法没有价值，那么接受这种疗法的大部分甚至所有人都会转而接受标准疗法，分析师就会发现两种疗法具有同样的效果。不过，皮托在提出这种方法时已经明确说明，这种分析研究结果的方法不能用于确定不同疗法具有同样的效果，它只能用于确定不同疗法具有不同的效果。

皮托的解决方法被称为"意向性治疗"方法。人们之所以给它起这个名字，原因在于：如果我们希望获得的结果是推荐使用某种疗法的医疗政策，那么我们必须让医生拥有在适当的情况下改变疗法的自由。如果使用皮托的解决方案，我们就可以在临床实验的分析中确定推荐某种疗法作为初始疗法是否是一个好的公共政策。对于政府资助的用于确定公共政策的研究来说，使用意向性治疗分析方法是一个不错的选择。

遗憾的是，有些科学家在使用统计方法时往往不知道或者不理解它们背后的数学原理，这种现象常常出现在临床研究中。皮托已经指出了他的方法所具有的局限性，尽管如此，意向性治疗方法还是被许多大学奉为圭臬，成为临床实验中唯一的正确统计方法。许多临床实验被用于说明一种新疗法至少和标准疗法一样好，同时具有更少的副作用，尤其是癌症实验。许多实验的目的是说明两种疗法具有同样的效果。正如皮托所说，他的方法只能用于寻找差异，实验结果没有差异并不意味着不同疗法具有同样的效果。

在某种程度上，这个问题来自人们刻板遵守内曼-皮尔逊公式的保守态度。基础统计教材中内曼-皮尔逊公式的标准版本往往以某种固定的方式展示假设检验过程，许多随意选择的处理方式被当成了无法改变的标准。

许多随意选择的处理方式可能不适合临床研究[1]，但一

---

[1] 1963年，耶鲁大学的弗朗西斯·安斯孔提出了一个完全不同的方法，这个方法更加符合医学领域的需要。内曼-皮尔逊方法的目标是降低分析师犯错误的次数比例。安斯孔认为，统计分析师的长期错误概率与确定有效医疗方法这个目标之间并没有直接的联系。他认为，得到治疗的病人数量是有限的，其中只有很少的人会出现在临床实验中，其他病人会接受临床实验所确定的"最佳"疗法的治疗。如果我们在实验中观察的病人数量过少，那么我们关于最佳治疗方法得到的结论可能是错误的，这样一来，其他所有病人都会接受错误的治疗。如果我们在实验中观察过多的病人，那么实验中分配到非最佳疗法的所有病人都会接受错误的治疗。安斯孔认为，应该以接受非最佳治疗的病人总数量（包括实验中的病人和随后接受治疗的病人）的最小化作为分析标准。

些医学家认为他们必须使用"正确"的方法，因此他们将内曼-皮尔逊公式极其僵化地固定下来。人们只能提前固定一个临界 p 值，并在研究过程中严格遵守这个 p 值。这也是费希尔反对内曼-皮尔逊公式的一个原因。他认为不应该以如此刻板的方式使用 p 值和显著性检验。他尤其反对内曼提前固定一个误判概率并以这个概率作为判断标准的做法。费希尔在《统计方法与科学推理》一书中暗示，p 值的显著性应当根据具体情况来判断。我用了"暗示"一词，因为费希尔从未明确表示如何使用 p 值。他只是告诉我们如何判断具体案例。

考克斯的观点

1977 年，戴维·R. 考克斯（也就是第二十三章博克斯和考克斯里的考克斯）接过了费希尔的工作，对费希尔的观点进行了扩展。为了区分费希尔的 p 值和内曼-皮尔逊公式，他把费希尔的方法叫作"显著性检验"，把内曼-皮尔逊的方法叫作"假设检验"。考克斯撰写论文时，统计显著性的计算（使用 p 值）已经成了科学研究中使用最广泛的方法之一。

因此，考克斯认为，这种方法已经得到了科学的检验，它的确是有用的。尽管费希尔和内曼之间存在激烈的争论，尽管以戴明为代表的一些统计学家坚持认为假设检验是没有意义的，尽管新兴的贝叶斯统计没有使用 p 值和显著性，尽管数理统计学家提出了许多批评意见，显著性检验和 p 值仍然在不断被人使用。不过，考克斯问道，科学家真的在使用这些检验方法吗？他们怎么知道这些检验的结果是真实而有用的呢？考克斯发现，科学家在实际使用假设检验时，主要是通过取消不必要的参数来改善对现实的理解，或者主要是在两种不同的现实模型中做出取舍。

博克斯的方法

乔治·博克斯（博克斯和考克斯的另一半）以一种略微不同的角度考虑这个问题。他注意到，科学研究包含不只一个实验。做实验的科学家拥有大量先验知识，或者至少对结果拥有一个先验预期。实验的目的是改善这种知识，因此实验设计取决于你要想获得什么样的改善。到此为止，博克斯和考克斯的观点基本是一致的。此外，在博克斯看来，每个实验都是一系列实验的一个组成部分，人们需要将每个实验的数据与其他实验的数据进行比较，那么早先的知识就会在新的实验中和对以往实验的重新分析中得到重新审视。科学家一直在根据新的研究重新考虑之前的实验，以便改善他们对这些实验的解释。

举一个博克斯方法的例子，假设一家造纸厂使用调优运算（EVOP）——博克斯做出的重大贡献之一。根据这种方法，造纸厂商将实验引入了生产过程，他们对湿度、速度、硫黄含量和温度进行各种形式的微调。结果，纸张强度的变化并不显著。如果纸张强度的变化范围很大，产品就无法销售了。不过，根据费希尔的方差分析，这些微小的变化可以用于支持另一种实验，在这种实验中，每次制造的纸张平均强度都会得到微弱提升，每一轮新的制造过程都可以用于寻找进一步微弱提升纸张强度的方向。人们对调优运算每个阶段的结果与之前的结果比较，如果一项实验得到的结果看上去是有问题的，那么他们就会重新再做一遍。这个过程一直持续下去——没有"正确"的终极解决方案。在博克斯的模型中，对数据反复进行研究的实验是不会结束的——这里并没有终极的科学真理。

戴明的看法

戴明和其他许多统计学家完全拒绝使用假设检验。他们认为,费希尔的估计方法应当被看作统计分析的基础,真正需要估计的是分布参数。通过 p 值和武断的假设对这些参数进行间接分析是没有意义的。这些统计学家仍然使用内曼的置信区间来衡量结论的不确定性,不过他们认为内曼-皮尔逊的假设检验以及卡尔·皮尔逊曾经使用的方法应当被人们永远地丢到历史的垃圾箱中。有趣的是,内曼自己撰写的应用论文中很少使用 p 值和假设检验。

这种对假设检验的抵制以及博克斯和考克斯对费希尔显著性检验概念的重新解读可能会让我们对皮托解决癌症临床研究问题的方法产生怀疑。不过,皮托面临的基本问题依然存在。当人们可以根据治疗方法的结果改变这些治疗方法时,我们应该如何处理呢?瓦尔德已经提出了如何用序列分析方法对某种改变方式进行处理。在皮托的问题中,肿瘤医师并没有遵守瓦尔德的序列方法,他们在需要时会使用不同的治疗方法。

科克伦的观察性研究

在某种程度上，约翰·霍普金斯大学的威廉·科克伦在20世纪60年代也遇到了这个问题。巴尔的摩市希望确定公共住房是否会对穷人的社会态度和自身进步产生影响。他们请约翰·霍普金斯大学的统计小组帮助他们设计一个实验。根据费希尔的方法，约翰·霍普金斯大学的统计学家提出了一个方案：他们可以选择一群人，随机为其中一些人分配公共住房并拒绝为另一些人分配公共住房，不管这些人是否对公共住房提出了申请。这种想法让市政府的官员感到非常震惊。过去，他们通常根据先到先得原则分配住房，唯有这样才能做到公平。他们不能根据计算机产生的随机分配方法拒绝那些"最先"提出申请的人。不过，约翰·霍普金斯大学的统计小组指出，最先赶来申请住房的人通常是最有活力、最有追求的人。这样一来，即使住房本身没有任何作用，住在公共住房里的人也会比其他人表现得更好。

科克伦认为，他们无法使用经过设计的科学实验。相反，通过跟踪进入公共住房和没有进入公共住房的家庭，他们可以进行一项观察性研究。这些家庭在许多方面存在差异，如年龄、受教育程度、宗教和家庭稳定性。他提出了对这些观察性研究进行统计分析的方法。在这种方法中,他可以根据这些不同的因素调整每个家庭的观测结果。他可以建立一个数学模型,其中包含年龄因素、表示家庭是否完整的因素、宗教因素等。一旦估计出所有这些影响因素的参数,他就可以用余下的差异确定公共住房的影响。

人们宣布他们在临床研究中调整了病人年龄和性别的影响时,研究人员实际上使用了科克伦的某些方法,通过去除病人与疗法的不平衡匹配产生的影响对疗法本身的影响进行了估计。几乎所有的社会学研究都在使用科克伦的方法。这些研究人员可能不知道他们使用的方法来自科克伦,而且许多具体的方法在科克伦研究这个问题以前就出现了。科克伦为这些方法建立了坚实的理论基础,他所发表的关于观察性研究的论文影响了医学、社会学、政治学、天文学以及其他所有由于现实原因和道德原因无法对"治疗方法"随机分配的领域。

鲁宾的模型

20 世纪 80 年代和 90 年代,哈佛大学的唐纳德·鲁宾

（Donald Rubin）提出了解决皮托问题的另一种方法。鲁宾的模型假设每个病人对每种疗法拥有一种可能的反应。如果一共有两种疗法，那么每个病人都可能对疗法一和疗法二产生两种反应。我们只能对接受一种疗法的病人进行观测，这种疗法是实验分配给病人的疗法。我们可以建立一个数学模型，其中每一种可能的反应在公式里都对应着一个符号。鲁宾对这个数学模型的成立条件进行了推导，以便估计病人接受另一种疗法治疗时可能发生的情况。

现代统计分析可以使用鲁宾的模型和科克伦的方法，因为人们可以用计算机进行大规模的数字计算。即使这些方法在费希尔时代被人提出，它们也不会得到使用。它们之所以需要用到计算机，是因为这些数学模型非常复杂烦琐。它们常常涉及迭代，此时计算机需要进行数千次甚至数百万次估计，直到估计序列收敛到最终结果上。

科克伦和鲁宾的这些方法高度依赖于模型。也就是说，如果这些方法使用的复杂数学模型没有准确描述现实，那么它们就不会得到正确的结果。这就需要分析师设计出在大部分甚至所有方面与现实吻合的数学模型。如果现实与模型不符，那么分析结果就可能是错误的。要想使用科克伦和鲁宾等人的方法，必须确定结论的稳健性。目前，数学家正在研究模型与现实偏离多大程度时结论开始不成立的问题。科克伦在1980年去世之前也在研究这些问题。

我们可以把所有统计方法组成的集合想象成一把尺子，尺子的一端是科克伦和鲁宾提出的那种与模型高度相关的方法，另一端是以最通用的模型研究数据的非参数方法。在尺子的一端，在计算机的帮助下，人们才可以使用这些高度依赖模型的方法；在尺子的另一端——在几乎没有数学结构、数据不会受到事先确定的模型束缚、人们只对数据本身进行解读的非参数端——也发生了一场计算机革命。这类方法具有很花哨的名字，如"靴襻"法。它们是下一章讨论的主题。

女士品茶

The Lady Tasting Tea: How Statistics Revolutionized Science In The Twentieth Century

第二十八章 将自己提起来的计算机

圭多·卡斯泰尔诺沃出生于一个高贵的意大利犹太家庭，他的祖先可以追溯到古罗马最初的皇帝时代。1915年，作为罗马大学的数学教员，卡斯泰尔诺沃正在进行一场孤独的战斗。他希望在研究生课程中开设关于概率和精算的课程。当时，在柯尔莫哥洛夫为概率论奠定基础以前，数学家认为概率论仅仅是一组涉及复杂计数技巧的方法。它是一个有趣的数学方向，常常被包含在代数课程中，但是根本不值得在研究生课程中讲授。当时，人们正在为璀璨华丽的纯粹抽象数学编写教材。与之相比，精算数学是最低贱的应用数学，这门学科只是用相对简单的代数方法计算寿命和事件的频率，这是当时人们的普遍观点。

除了在抽象的代数几何领域做出了开创性工作，卡斯泰尔诺沃对应用数学也具有浓厚的兴趣。在他的坚持下，人们同意让他开设这样一门课程。在教授这门课程的过程中，卡斯泰尔诺沃于1919年出版了涉及统计应用的概率论早期教材之一《概率和应用计算》。这本书得到了意大利其他大学类似课程的使用。1927年，卡斯泰尔诺沃在罗马大学成立了统计与精算科学学院。20世纪20年代和30年代，意大利参与精算研究的统计学家队伍不断壮大，并与瑞典一个类似的群体之间一直在进行活跃的交流。

1922年，贝尼托·墨索里尼将法西斯主义带到了意大利，开始对人们的言论进行严格的控制。他们对大学里的学生和教员进行了检查，以驱逐"国家敌人"。这种驱逐不含种族因素，因此卡斯泰尔诺沃虽然是犹太人，但也没有引起人们的注意[①]。在法西斯政党执政的前11年里，他仍然可以继续工作。1935年，根据意大利法西斯主义者与德国纳粹主义者达成的协定，意大利通过了反犹法律，70岁的卡斯泰尔诺沃被解雇了。

卡斯泰尔诺沃的职业生涯并没有结束，这位不知疲倦的学者一直活到了1952年。在纳粹党人的鼓动下，意大利颁

---

① 最初，意大利法西斯政党非常支持家庭主义。因此，只有已婚人士才可以担任政府工作，包括大学教师职位。1939年，聪明的菲尼蒂在一次全国竞赛中获胜，从而获得的里雅斯特大学的全职数学教授职位。不过人们不允许他接受这个职位，因为他当时还是单身。

布了一系列种族主义法律，许多颇具潜力的犹太研究生也被大学开除了。卡斯泰尔诺沃在自己家里和其他曾经担任教授的犹太人家里组织了专业课程，帮助研究生继续深造。卡斯泰尔诺沃 87 岁时去世。在生命的最后几年，他不仅撰写了关于数学史的书籍，而且研究了决定论与机会论之间的哲学关系，还试图解释因果概念——这些主题我们在之前的章节中有所触及，我还会在本书最后一章对其进行进一步的研究。

卡斯泰尔诺沃培养出的意大利统计学派拥有坚实的数学基础，不过他们将实际应用中的问题作为大多数研究的出发点。与卡斯泰尔诺沃处于同一时代但比他年轻的科拉多·基尼（Corrado Gini）是罗马统计中心研究所的主席，这个研究所是保险公司为进一步研究精算学而成立的一个私人组织。基尼对各种应用领域都非常感兴趣，这让他接触到了 20 世纪 30 年代数理统计领域的大部分意大利年轻数学家。

格里文科 - 坎泰利引理

其中一位数学家就是弗朗西斯科·保罗·坎泰利（Francesco Paolo Cantelli，1875—1966），他几乎先于柯尔莫哥洛夫建立了概率理论的基础。坎泰利对于基础问题的研究不是特别感兴趣（如概率的意义是什么这类问题），没能像柯尔莫哥洛夫那样深入研究基础理论。坎泰利满足于根据18世纪棣莫弗将微积分方法引入概率领域时产生的那种概率计算问题推导基本数学定理。1916年，坎泰利发现了所谓的"数理统计基本定理"。这个发现非常重要，但它却拥有一个不起眼的名字，叫作"格里文科-坎泰利引理"[①]。坎泰利首先证明了这个定理，他深知这个定理的重要性。柯尔莫哥洛夫的一个学生约瑟夫·格里文科（Joseph Glivenko）也出现在了定理的名字里面，因为他在1933年（在一份意大利数学期刊上）发表的一篇论文中利用刚刚被人提出的被称为"司蒂吉斯积分"的数学符号表示法对这个结果进行了推广。

格里文科-坎泰利引理属于那种看上去很直观，但如果没有人发现你就永远也想不到的结论。如果我们对生成一组

[①] 18世纪，欧几里得《几何原本》中的正规数学理论被翻译成了几何教材，逻辑推理模式也得到了规范化。根据这种规范，"定理"一词用于描述与眼前问题相关的结论。为了证明某些定理，人们常常需要证明一些中间结果，这些中间结果可以用于这个定理的证明，也可以用于证明其他定理。这种中间结果叫作引理。

数据的概率分布一无所知，那么我们可以用这些数据本身构造一个非参数分布。这是一个丑陋的数学函数，充满了不连续性，谈不上任何美感。不过，虽然它结构丑陋，但是坎泰利发现，随着观测数量的增长，这个丑陋的经验性分布函数越来越接近真实的分布函数。

人们很快发现了格里文科-坎泰利引理的重要性。在接下来的 20 年里，人们通过反复使用这个引理，证明了许多重要的定理。这个引理属于那种几乎总是可以在证明过程中得到使用的数学研究工具。20 世纪上半叶，数学家在使用这个引理时需要巧妙而熟练地使用计数技巧。构造一个经验性分布函数的过程包含一系列涉及简单算术的机械步骤。如果没有聪明的技巧，要想用经验性分布函数估计大量数据样本的参数，需要每秒能够进行数百万次操作的梦幻般的机械计算机。20 世纪 50 年代和 60 年代，这样的计算机并不存在。即使到了 70 年代，计算机仍然达不到这种性能要求。到了 20 世纪 80 年代，计算机终于将这种构想变成了现实，格里文科-坎泰利引理成了一种只存在于高速计算机世界的统计方法的基础。

埃弗龙的"靴襻"

1982年，斯坦福大学的埃弗龙发明了"靴襻"法。这种方法以格里文科-坎泰利引理的两个简单应用为基础。这些应用在概念上很简单，但它们需要依靠计算机进行反复计算。即使使用最强大的计算机，用于中等数据集的典型靴襻分析可能也要花上几分钟的时间。

埃弗龙之所以把他的方法称为靴襻法，是因为在这种方法中，我们可以认为数据用自己的解靴带把自己提了起来。这种方法之所以能够得到使用，是因为计算机并不在乎从事机械而重复的算术计算。它可以不断去做同样的事情，永远也不会抱怨。在现代晶体管芯片的帮助下，计算机可以在几微秒的时间里完成一次计算。埃弗龙的靴襻法背后有一些复杂的数学原理。他在最初发表的论文中证明，如果数据的真实分布符合某些假设，那么这种方法就相当于标准的方法。这种方法涉及的领域非常广泛，自1982年以来，几乎每一期数理统计期刊都至少有一篇文章涉及靴襻法。

重复采样及其他计算机密集型方法

靴襻法还有其他版本,这些不同版本的靴襻法和其他相关的方法具有一个共同的名字,叫作重复采样。实际上,埃弗龙发现,费希尔的许多标准统计方法也可以看作重复采样方法。另一方面,重复采样又是另一类范围更广的统计方法的一部分,这类方法叫作"计算机密集型"方法。计算机密集型方法利用现代计算机的能力进行大量计算,对同样的数据反复处理。

一种计算机密集型方法是20世纪60年代国家标准局的琼·罗森布拉特(Joan Rosenblatt)和得州农工大学的伊曼纽尔·帕仁(Emmanuel Parzen)分别提出的。他们的方法被称为"核密度估计"。人们又根据核密度估计提出了基于核密度的回归估计。这些方法包含两个任意参数,一个叫"核",一个叫"带宽"。这些思想出现后不久,1967年(距离能够应用这些方法的计算机出现还需要很长时间),哥伦比亚大学的约翰·范·里津(John van Ryzin)开始用格里文科-坎泰利引理确定这些参数的最优配置。

数理统计学家提出各种理论并在自己的期刊上发表论文

时，工程领域独立发现了罗森布拉特和帕仁基于核密度的回归方法。在计算机工程师当中，它被称为"模糊逼近"。这种方法使用了一种被里津称为"非最优核"的核，而且只有一个非常主观的带宽选择。在工程实践中，人们并不需要寻找理论上的最优方法，他们只需要找到一种可行的方法。理论家还在为抽象的最优标准殚精竭虑时，工程师已经开始在现实世界中行动了，他们用模糊逼近开发出了基于计算机的模糊系统。模糊工程系统被用到了智能照相机中，用于自动调节焦距和彩虹光圈。它们还被用到了新式建筑中，用于维持稳定而舒适的温度，温度在不同的房间里可能会根据不同的需要而变化。

工程领域的一位私人顾问巴特·科斯克（Bart Kosko）是模糊系统最勤奋的推广者之一。在他所著书籍的参考文献中，我既可以看到戈特弗里德·威廉·冯·莱布尼兹这样的18世纪主流数学家，也可以看到对随机过程理论及其在工程领域的应用做出贡献的维纳。不过，我看不到罗森布拉特、帕仁、里津或者后来对核回归理论做出贡献的任何学者的名字。模糊系统与基于核密度的回归方法拥有几乎相同的计算机算法，但它们似乎完全是独立发展出来的。

统计模型的胜利

到了 20 世纪末,统计革命已经传播到了科学界的各个角落,工程领域对计算机密集型统计方法的使用就是一个例子。数理统计学家不再是这场运动的唯一参与者,甚至算不上是最重要的参与者。科学家和工程师并不知道过去 70 年来数理统计期刊上出现的许多完备的理论,不过他们仍然在使用这些理论。最重要的定理往往会被人们反复重新发现[1]。

有时,基本定理甚至没有得到重新证明。它们从直观上看是正确的,因此使用者就认为它们是正确的。在少数情形中,人们甚至使用了已经被证伪的定理——因为它们从直观上看是正确的。这是因为,概率分布概念已经深深地渗透到了现代科学教育中,概率分布已经成了科学家和工程师的思考方式。一百多年前,卡尔·皮尔逊提出,所有观测值全都来自概率分布,科学的目标就是估计这些分布的参数。在此

---

[1] 我的博士论文用到了一类分布,这类分布被统计学家称为"复合泊松分布"。当我为研究这一主题而查阅文献时,我在经济学、运筹学、电子工程和社会学领域发现了同样的分布。在某些地方,它被称为"口吃泊松分布",在另一些地方,它被叫作"泊松二项分布"。在一篇论文中,它又成了"第五大道公车分布"。

之前，科学界相信宇宙遵循各种定律，如牛顿运动定律，观测值的任何明显变化都是误差导致的。渐渐地，皮尔逊的学说成了主流观点。结果，20世纪任何接受过科学方法培训的人都把皮尔逊的观点看成理所当然的事情。它已经深深地渗透到了现代科学的数据分析方法中，很少有人愿意专门去把这种思想说清楚。许多科学家和工程师使用这些方法时也从来不会考虑这种观点背后的哲学内涵。

不过，当"概率分布才是科学研究的真正对象"这种概念广为传播时，哲学家和数学家发现了一些严重的基本问题。我在之前的某些章节简单讨论了其中一些问题。下一章我将专门介绍这些问题。

女士品茶

The Lady Tasting Tea: How Statistics Revolutionized Science In The Twentieth Century

第二十九章　建立在沙土上的摩天大厦

1962年，芝加哥大学的托马斯·库恩（Thomas Kuhn）出版了《科学革命的结构》。这本书对哲学家和工作人员看待科学的方式产生了深远的影响。库恩认为，现实是非常复杂的，人们构造的科学模型永远也无法完整地描述现实。他认为，科学家往往会提出一个现实模型，这个模型看上去符合现有数据，而且可以用于预测实验结果。由于任何模型都无法做到完全正确，因此随着数据的积累，人们需要对模型做出修改，以满足新的发现。于是，模型变得越来越复杂，增加了对特殊情况的处理和看上去不成立的扩展。最终，模型变得不再适合实际使用。此时，具有创造性的思想家会提出一个完全不同的模型，引发一场科学革命。

　　统计革命就是这种模型更替的一个例子。根据19世纪科学的决定论观点，牛顿物理用少数具有精确定义的运动定律和引力定律有效地描述了行星、卫星、小行星和彗星的运动。人们在化学定律的探索方面也取得了一定的成功,达尔文的自然选择定律似乎也为人们理解进化过程提供了一个有用的起点。人们甚至试图将科学定律的研究扩展到社会学、政治学和心理学领域。当时,人们认为寻找这些定律的主要障碍在于测量值的精确程度。

19世纪早期,以拉普拉斯为首的数学家指出,天文测量值包含微小的误差,这种误差可能是由于大气条件或人为错误造成的。拉普拉斯提出,这些误差可能具有概率分布,这一观点拉开了统计革命的序幕。对库恩来说,这是为了适应新数据而对机械宇宙模型做出的修改。19世纪的比利时学者兰伯特·阿道夫·雅克·凯特莱(Lambert Adolphe Jacques Quételet)在统计革命爆发之前提出,人类的行为规律在本质上具有概率性。他没有提出卡尔·皮尔逊的多重参数方法,也不知道最优估计方法的必要性。他的模型极其简单。

最终,伴随着更加精确的测量,决定论模型的预测值与实际观测值之间的差距变得越来越大,决定论的科学体系终于轰然倒塌了。人们进行更加精确的测量时,拉普拉斯所预想的干扰人们观测行星真实运动的误差不仅没有减小,反而显示出了越来越大的变化幅度。此时,卡尔·皮尔逊带着他的参数分布在科学舞台上登场了。

本书前面各章已经展示了皮尔逊的统计革命在所有现代科学领域中占据主导地位的过程。分子生物学似乎具有明显的决定论特点,因为人们发现基因可以导致细胞生成特定的蛋白质,不过这门学科的实验数据充满了随机性,所谓的基因实际上只是这些数据的分布参数。现代药物对人体功能的影响似乎是非常精确的,一毫克或两毫克的剂量就可以引起血压或神经的巨大变化。不过,药理学研究已经证明,这些影响因素是用概率分布理论设计和分析的,它们实际上也只是这些分布的参数而已。

类似地,计量经济学的统计方法被用于模拟一个国家或一个公司的经济活动。我们所认为的电子和质子等亚原子颗粒被量子力学描述成了概率分布。社会学家用来自整个人群的加权平均值描述个体之间的相互作用——这种作用仅仅具有概率意义。在许多科学学科中,统计模型已经成了研究方法的一个重要组成部分,因此在人们的论述中,这些分布参数就好像是真实可测的事物一样。不断变化、无法确定的测量值的集合作为这些科学学科的出发点，被隐藏在了计算之中，人们在结论中提到的参数永远也无法得到直接的测量。

统计革命脱离了统计学家的控制

统计革命对现代科学的影响非常深远，甚至脱离了统计学家的控制。没有参考过数理统计文献的分子遗传学家独立提出了概率计算方法。新的信息学学科源自计算机积累大量数据的能力以及处理这些大型信息"图书馆"的需要。信息学期刊的文章很少提到数理统计学家所做的工作，《生物统计》和《数理统计年报》多年前研究的许多分析方法又被人们重新提了出来。统计模型在公共政策问题中的应用孕育出了一门新的学科，叫作"风险分析"，这门新学科的期刊往往也对数理统计学家之前的工作视而不见。

现在，几乎所有学科的科学期刊都要求作者在结果表格中添加对结论的统计不确定性的某种度量。在大学里，这些科学学科的研究生课程也都包含标准的统计分析方法，而且这些活动通常不需要惊动同一所学校里的统计系。

在卡尔·皮尔逊发现偏态分布之后的一百多年里，统计革命不仅扩展到了大多数科学领域，而且将许多思想传播到了大众文化中。当电视里的新闻主播宣布一项医学研究证明被动吸烟会让非吸烟者的"死亡风险翻番"时，几乎所有收看节目的人都认为自己知道这是什么意思。当人们宣布一项民间测验的结果显示认为总统工作表现不错的公众比例为65%上下浮动3个百分点时，大多数人都觉得自己知道这里的65%和3%代表什么含义。当气象员预测明天下雨的可能性是95%时，大多数计划外出的人都会带上一把雨伞。

统计革命不仅让我们开始以似懂非懂的方式谈论概率和比例这些概念，而且对大众思想和文化产生了更加微妙的影响。我们能够接受基于参数估计的科学研究的结论，即使没有任何一个实际测量值与结论完全相符。我们愿意根据大量数据的平均值制定公共政策，组织个人规划。我们理所当然地认为统计死亡和出生数据不仅是一种恰当的程序，而且很有必要。我们并不担心统计人口这一行为会引起天神的愤怒。在语言层面，我们经常使用"相关"和"有关联"这些词语，就好像它们具有某种含义而且我们知道它们的含义一样。

至此，我已经努力就这场革命向非数学专业读者做出了一定的解释。我努力描述了这场革命背后的基本思想、它被一些科学领域采纳的过程以及它最终对几乎所有科学学科的控制。我努力对一些数学模型做出了解释，读者无须阅读复杂的抽象数学符号就能理解我的语言和我所列举的例子。

统计革命是否已经走到尽头？

"客观"世界极其复杂，充满了各种意外、混乱和轰动性事件。根据库恩的观点，我不相信仅凭人类的智慧就能组织出一个能够近似描述真实客观世界的思想体系。任何此种尝试都将具有本质上的错误。到了最后，这些错误将会变得越来越明显，人们只能不断修改科学模型并最终将其抛弃，选择另一个更加精妙的模型。我们可以想象，统计革命最终将会走到尽头，被另一种体系取代。

在结束本书之前，我应该讨论一下统计方法在各个学科领域传播过程中产生的哲学问题。下面，我们将踏上一段哲学之旅。读者可能觉得奇怪，哲学与科学和现实生活有什么关系呢？对此，我的回答是，哲学不是被称为哲学家的怪人所从事的某种神秘的学术研究，哲学关注的是我们日常生活中的文化思想和活动背后的基本假设。我们根据自身文化所学到的价值观是由微妙的假设决定的，但我们很少有人注意到这一点。哲学研究可以让我们发现这些假设，研究它们的合理性。

我在康涅狄格学院数学系教过一门课程。这门课程拥有正式的名称，但系里的人都把它叫作"诗人数学"。这是一门为期一个学期的课程，用于让文科专业的学生了解数学的基本思想。课程开始的时候，我向学生介绍了16世纪意大利数学家吉罗拉莫·卡尔达诺（Girolamo Cardano）的《大术》。《大术》是首部介绍当时新出现的代数方法的出版物。在序言中，卡尔达诺指出，这些代数方法并不是新知识。他表示，自己并非没有自知之明。他知道，自从人类堕落以来，人类的知识一直在减少，亚里士多德掌握的知识远远比卡尔达诺时代的任何人高深得多。他知道这个世界上不可能有新的知识。不过，由于他过于无知，他无法在亚里士多德的作品中找到这些具体的代数学思想，因此他将这些过去似乎不存在的思想呈现给读者。他相信某个更有学问的读者一定会在某一部古代作品中找到这些思想。

我的学生感到非常震惊，在他们所经历的文化氛围中，人们不仅相信新事物可以被创造出来，而且鼓励创新。相比之下，卡尔达诺的说法是多么愚蠢啊！我告诉他们，在16世纪，欧洲的世界观受到了基本哲学假设的限制。在他们的世界观中，一个重要的思想就是人类的堕落和随之而来的世界的不断衰落——道德、知识、工业，一切都在衰落。这种观念已经深深地镌刻在了人们的潜意识里，因此很少被人提及。

我问学生，在他们的世界观里面，哪些基本假设有可能被500年后的学生嘲笑？他们回答不上来。

当统计革命的表层思想主导现代文化，越来越多的人在不考虑基本假设的情况下相信这些思想，让我们用统计学的世界观思考一下下面三个哲学问题：

1. 统计模型可以用于制订决策吗？
2. 在现实生活中，概率意味着什么？
3. 人们真的理解概率吗？

统计模型可以用于制订决策吗？

牛津大学的L. 乔纳森·科恩（L. Jonathan Cohen）一

直是他所说的"帕斯卡方法"的尖锐批评者。帕斯卡方法指的是用统计分布描述现实的方法。在1989年出版的《归纳和概率的哲学导论》(*An Introduction to the Philosophy of Induction and Probability*)一书中,科恩提到了彩票悖论。他认为这个悖论是康涅狄格州米德尔顿市卫斯理大学的西摩·屈贝格(Seymour Kyberg)提出来的。

假设我们接受假设检验或显著性检验的思想。我们认为如果某个关于现实的假设概率非常小,那么我们就可以拒绝这个假设。具体来说,我们认为0.0001是一个非常小的概率。现在我们组织一次公平的抽奖活动,活动中共有1万张带有序号的彩票。1号彩票中奖的概率为0.0001,所以我们拒绝了1号彩票中奖的假设。2号彩票中奖的概率也是0.0001,我们也拒绝了这个假设。对于任何一张彩票,我们都会拒绝这张彩票中奖的假设。根据逻辑法则,如果A为假,B为假,C为假,那么(A或B或C)也为假。也就是说,根据逻辑法则,如果每一张彩票都无法中奖,那么这场活动就不会有中奖的彩票。

在之前出版的《概率与证明》一书中,科恩根据普通法的判决问题提出了这个悖论的一个变形。在普通法中,如果民事诉讼的原告占有证据上的"优势",那么他就可以胜诉。法庭采取这种做法,源于他们觉得具有证据优势的原告说法属实的概率大于50%。对此,科恩提出了逃票者悖论。假设人们在一座拥有1000个席位的大厅举办一场摇滚音乐会,主办方卖出了499张票。当音乐会开始时,全场座无虚席。根据英国普通法,主办方有权向会场的每个人收钱,因为每个人逃票的概率都是50.1%。这样,主办方就可以凭借只能容纳1000人的大厅获得1499张门票的收入。

这两个悖论说明,根据概率观点制订的决策并不是符合逻辑的决策。逻辑和概率观点是不相容的。费希尔对精心设计的实验进行显著性检验,以此证明在科学领域使用归纳推理的合理性。科恩的悖论说明,这种归纳推理是不符合逻辑的。康菲尔德通过各种证据的叠加来证明吸烟导致肺癌这一观点的合理性,因为如果吸烟不是导致肺癌的原因,那么到目前为止这些研究得到的结果出现的概率将会非常小。吸烟致癌这个结论是否符合逻辑呢?

我们不可能通过寻找科恩悖论中的错误假设来解释基于统计的决策不符合逻辑的现象。这个问题源于逻辑的核心内涵。(科恩建议将概率模型替换为某种复杂的数理逻辑,叫作

"模态逻辑",不过我想这个办法制造的问题比解决的问题还要多。)在逻辑世界里,一个命题要么为真,要么为假,二者之间存在清晰的界限。在概率体系中,情况就不一样了:某些命题很可能为真,或者几乎为真。由此带来的一点点不确定性让我们无法用极其精确的实质蕴涵方法处理因果关系。在临床研究中,人们提出了解决这个问题的一种方法,他们认为每一项临床研究都为某种疗法的效果提供了一些信息。这些信息的价值不仅取决于每项研究的统计分析,而且取决于研究的质量。人们用研究质量这个额外的衡量因素来确定根据哪些研究得出最终结论。研究质量这一概念非常模糊,不是很容易计算。不管怎么样,前面提到的悖论依然存在,它就像阴云一样不断在统计方法上空徘徊。这团"不一致性"的阴云会引发 21 世纪的一场暴雨吗?

在现实生活中,概率意味着什么?

柯尔莫哥洛夫确定了概率的数学含义:概率是抽象事件空间中的一种集合测度。概率的一切数学特性都可以根据这个定义推导出来。我们想要将概率应用到现实生活中时,需要确定当前具体问题的抽象事件空间。天气预报员宣布明天下雨的概率是 95% 时，他使用的抽象事件集合是什么呢？如果是每一个明天出门的人组成的集合，那么 95% 的人会淋雨。如果是每一时刻的集合，那么人们在 95% 的时间里会淋雨。如果是某一地区每一平方英寸土地的集合，那么 95% 的土地会淋雨。当然，它不可能是这些集合。那么，这个集合到底是什么呢？

在柯尔莫哥洛夫之前，卡尔·皮尔逊认为，只要收集到足够多的数据，就可以观测到概率分布。我们已经看到了这种方法的问题。

戈塞特曾经试图描述设计型实验的事件空间，他认为这个空间是实验所有可能结果的集合。这种说法在学术上也许可以令人满意，但是它缺乏实际使用价值。我们必须以足够的精确性描述实验结果的概率分布，以便进行概率计算，完成统计分析。如何根据所有可能结果的集合这一模糊的概念得到具体的概率分布呢？

费希尔起初同意戈塞特的观点，不过后来他提出了一个更好的定义。在他的实验设计中，不同处理方法是随机分配给实验对象的。如果我们想要比较肥胖老鼠动脉硬化的两种治疗方法，我们会将疗法一随机应用于一些老鼠，将疗法二应用于其他老鼠。实验启动后，观察结果。假设两种疗法具有相同的内在效果。由于动物与疗法的匹配是随机的，因此任何其他分配方式都会得到类似的结果。随机的疗法标签对结果没有影响，可以在动物之间调换——前提是两种疗法具有同样的效果。因此，对费希尔来说，事件空间指的就是可以实现的所有可能随机分配方式的集合。这是一个有限事件集合，每个事件具有相同的概率。我们可以根据所有处理方式具有相同效果这一零假设计算结果的概率分布。这种方法叫作"置换检验"。费希尔提出这种方法时，人们还无法计算所有可能的随机分配的数量。费希尔证明，他的方差分析公式可以对正确的置换检验进行良好的估计。

这都是高速计算机出现以前的事情。现在，我们不需要根据费希尔的公式进行方差分析，因为我们可以直接进行置换检验（计算机在从事简单计算时是不会喊累的）。过去人们证明的许多巧妙的数理统计定理也都失去了用武之地。只要数据结果来自随机对照实验，所有显著性检验都可以在计算机上用置换检验实现。

显著性检验被应用到观测性数据时，情况就不同了。这也是费希尔反对吸烟与健康研究的一个主要原因。这些研究人员用统计学的显著性检验来证明他们的观点。在费希尔看来,统计学的显著性检验只能与随机化实验共同使用。美国法庭的歧视性案件经常以统计学的显著性检验作为判决的基础。美国最高法院曾规定,这种方法可以用于确定是否存在由于性别和种族歧视导致的巨大差异。如果费希尔听到这个消息,他一定会提出强烈的反对意见。20世纪80年代后期,美国国家科学院发起了一项研究,主题是法庭对于作为证据的统计方法的使用。在卡内基·梅隆大学的斯蒂芬·费恩伯格(Stephen Fienberg)和明尼苏达大学的塞缪尔·克里斯洛夫(Samuel Krislov)的领导下,研究委员会于1988年发布了报告。这份报告中的许多论文批评了在歧视性案件中使用假设检验的做法,其理由与费希尔反对人们证明吸烟致癌时使用的观点类似。如果最高法院想要支持在诉讼案件中使用显著性检验的做法,那么它必须确定计算这些概率所依据的事件空间。

寻找柯尔莫哥洛夫事件空间的另一种解决方法出现在抽样调查理论中。我们想要对人群进行随机抽样以确定这个人群的某些特点时,会对要研究的人群做出明确的定义,然后确定一种选择方案，根据这种方案随机抽样。我们得到的结论具有不确定性，并可以用统计方法量化这种不确定性。这种不确定性之所以存在，源于我们所处理的只是总体的一个样本。我们所研究的总体的真实值是固定而未知的，如美国选民支持总统政策的真实比例。允许我们使用统计方法的事件空间是我们所选择的所有可能随机样本的集合。这仍然是一个有限集，其概率分布是可以计算出来的。在抽样调查领域，概率在现实生活中的含义是非常明确的。

统计方法被用于天文学、社会学、流行病学、法律或者天气预报等观测性研究时，这一含义就没有那么明确了。由于不同的数学模型会得出不同的结论，因此这些领域常常会出现争议。如果我们不能确定我们所计算的概念的事件空间，那么我们就无法证明一个模型比另一个模型更加合理。在许多诉讼案件中，两位专业统计学家可能会对同样的数据得出不同的分析结论。随着越来越多的观测性研究用统计模型来帮助政府和社会组织制定社会决策，这种基本的概率歧义性问题必将使人们对这些方法的价值产生怀疑。

人们真的理解概率吗？

对于概率在现实生活中究竟具有什么含义这一问题，一种解决方法就是使用"个人概率"概念。美国的萨维奇和意大利的菲尼蒂是这一观点最重要的支持者。萨维奇 1954 年出版的《统计学基础》一书对这种思想进行了最详细的介绍。根据这种观点，概率是一个普遍存在的概念，人们天生就知道用概率来管理自己的生活。在从事一项冒险之前，人们凭借直觉判断各种结果出现的概率。如果一个人认为遇到危险的概率非常大，那么他就不会采取这种行动。对萨维奇和菲尼蒂来说，概率是一个很普通的概念。我们不需要将概率与柯尔莫哥洛夫的数学体系联系起来。我们只需要确定通用的规则，以保持个人概率的一致性。为此，我们只需要保证人们不会对各种事件的概率做出不一致的判断。根据这一假设，萨维奇推导出了保持内在一致性的规则。

根据萨维奇和菲尼蒂的观点，每个人的个人概率都是不同的。面对同样的数据，一个人可能认为下雨的概率是 95%，另一个人可能认为下雨的概率是 72%。利用贝叶斯定理，萨维奇和菲尼蒂证明，面对同样的数据序列，具有一致个人概率的两个人最终会获得同样的概率估计。这是一个令人满意的结论。他们似乎在说，每个人都是不同的，但他们都具有理性。这些有理性的人即使一开始具有不同的意见，面对足够多的数据，他们最终也会达成一致。

凯恩斯在 1921 年发表的博士论文《论概率》中提出了处理个人概率的另一种思想。在凯恩斯看来，概率衡量的是所有接受某种文化教育的人为某种情形赋予的不确定性。概率是由一个人所处的文化环境决定的，不是由他的内心直觉决定的。这种观点很难分辨 72% 的概率与 68% 的概率之间的区别。总体上的文化共识永远也无法达到这种精确程度。凯恩斯指出，在制订决策时，我们很少需要知道某一事件的精确概率数值，能够为事件的概率排序通常就已经足够了。根据凯恩斯的说法，如果我们知道明天下雨的概率比下冰雹大，或者下雨的概率是下冰雹的两倍，那么我们就可以制订决策了。凯恩斯指出，不同事件的概率可能具有偏序关系。我们不需要拥有比较任意两个事件的能力。例如，我们不需要对扬基队夺冠的概率与明天下雨的概率进行比较。

因此，概率含义问题的两个解决方案的关键在于人类量化不确定性的总体模式，或者至少在于人类以粗略的方式量化不确定性的总体模式。在《论概率》中，凯恩斯为他的偏序个人概率提出了一个正式的数学体系。在他做这项工作时，柯尔莫哥洛夫还没有为数学上的概率奠定坚实的理论基础，因此凯恩斯并没有试图将自己的公式与柯尔莫哥洛夫的工作联系在一起。凯恩斯在 1921 年表示，他所说的概率与概率数学的那些计数公式中所说的概率是不一样的。要想使用凯恩斯的概率，人们仍然需要遵守萨维奇的一致性标准。

对于想要利用统计模型制订决策的人来说，这种看待概率的观点也许可以为他们提供一个良好基础。根据这种观点，概率并非以事件空间为基础，相反，它是相关人员根据个人感觉得到的数字。接着，耶路撒冷市希伯来大学的心理学家丹尼尔·卡尼曼（Daniel Kahneman）与阿莫斯·特沃斯基（Amos Tversky）开始从心理学角度研究个人概率。

20 世纪 70 年代和 80 年代，卡尼曼和特沃斯基研究了个体对概率的解读方式。他们在与 P. 斯洛维奇共同撰写的《不确定情形下的判断：直观推断与偏见》一书中对他们的研究工作进行了总结。他们向大学生、大学教员和普通市民展示了一系列概率场景。他们发现，没有一个人的表现符合萨维奇的一致性标准。相反，他们发现大部分人甚至无法对不同概率数值的含义保持一致的看法。他们还发现，人们只能对50%的概率和"几乎一定"的含义保持一致的感觉。根据卡尼曼和特沃斯基的观点，我们可以认为，天气预报员实际上无法判断90%和75%的降雨概率有什么区别，收看节目的观众对于这种差别的含义也没有一致的看法。

1974年，特沃斯基在皇家统计学会的一次会议上展示了这些结果。在随后的讨论中，来自斯坦福大学的帕特里克·萨普斯（Patrick Suppes）提出了一个简单的概率模型，既符合柯尔莫哥洛夫的公理，又与卡尼曼和特沃斯基的发现类似。这意味着使用这个模型的人可以保持一致的个人概率。萨普斯的模型只有五个概率：

绝对正确

正确的可能性比错误高

正确与错误的可能性相同

正确的可能性比错误低

绝对错误

这引申出了一种了然无趣的数学理论。这个模型只能推导出大约六个定理，它们的证明过程连傻瓜都看得懂。如果卡尼曼和特沃斯基的结论是正确的，那么唯一有用的个人概率定义对于完美的数学抽象来说没有任何意义，只能得到一个几乎没有任何用处的统计模型。如果萨普斯的模型是唯一符合个人概率的模型，那么被人们奉为标准的许多统计分析方法都会变得毫无意义，因为它们所研究的概率分辨率已经超出了人类的感受能力。

概率真的有存在的必要吗？

统计革命的基本思想在于，科学研究的真实对象是数据的分布，这种分布可以用参数来描述。从数学上看，将这一概念融入概率理论之中进而研究概率分布是很方便的。通过将数据的分布看作概率数学理论的一部分，我们可以确定估计这些参数的最优标准，解决用数据描述分布时产生的数学问题。由于概率看上去是分布的固有概念，因此人们花了很大的精力用于让人们理解概率，试图将概率的数学思想与现实生活联系起来，并用条件概率工具解释科学实验与科学观测的结果。

分布的思想可以脱离概率理论而存在。实际上，不规则分布（无法满足所有概率分布要求的分布）已经得到了量子力学和一些贝叶斯方法的使用。在排队论中，上一个人与下一个人到达队列的平均时间间隔等于队列中每个人的平均服务时间，每个进入队列的人需要等待的时间服从的就是不规则分布。在这个例子中，我们虽然将概率的数学理论应用到了现实生活中，但是并没有涉及概率分布。

21 世纪将会发生什么？

在人生的最后阶段，柯尔莫哥洛夫希望用有限符号序列的特性描述概率。在这种思想中，信息论不是概率计算的结果，而是概率的起源。也许有一个人会接过他留下的火把，开创一种以数字计算机的本质为哲学基础的分布理论。

也许在某个地方，另一位费希尔已经出现在了当今科学的前沿领域，他很快就会以人们从未想过的见解和观点给世界带来巨大的惊喜。也许，在中国中部的某个地方，另一位勒卡姆已经出生在了一个不识字的农民家庭。也许，在北美，另一位只有高中学历的技术工人博克斯正在独自钻研和学习。

也许，另一位格特鲁德·考克斯很快就会放弃传教士梦想，对科学和数学问题产生兴趣。也许，另一位戈塞特正在努力寻找酿酒问题的解决方案，另一位内曼或皮特曼正在印度某个不知名的地方学院一边教书，一边思考深奥的问题。谁知道下一个伟大的发现将会来自何方呢？

当我们进入21世纪时，科学领域的统计革命仍然保持着胜利姿态。除了少数几个阴暗的角落，统计思想几乎在所有学科中完全击败了决定论。统计方法得到了极其广泛的使用，其基本假设已经成了西方大众文化不言而喻的一个组成部分。不过，虽然统计学取得了辉煌的胜利，但它脚下的根基并不稳固。在未来某个阴暗的角落，另一场科学革命可能正在蓄势待发，随时准备推翻统计学的统治，而这场革命的领导者现在可能就在我们中间。

后 记

在撰写本书时，我把对这个领域有所贡献的人分成了两类：我所提到的人和我没有提到的人。第一类人可能会提出抗议，因为我基本上只描述了他们所做工作中很小的一部分。第二类人可能会提出抗议，因为我根本没有提到他们的工作。为了适当照顾这两类人的心情，我必须解释一下我在对本书内容做出取舍时使用的方法。

对于第一类人，我之所以忽略他们的大部分工作，是因为现代科学的范围已经变得极其广阔，任何一个人都无法了解其所有分支。因此，某些研究领域可能使用了统计方法，但是我几乎没有听说过。20 世纪 70 年代早期，我对计算机在医疗诊断领域的使用进行了一次文献检索，发现了三个完全独立的圈子。在每一个圈子里，人们都会相互引用，并在相同的期刊上发表作品。没有任何迹象表明每个圈子里的科学家对其他圈子的工作有一丁点儿了解。这还只是在规模相对较小的医学领域。在整个科学范围内，很可能有一些我从未听说过的群体正在使用某些统计方法并在期刊上发表文献。我对统计革命的知识来源于我对主流数理统计文献的阅读。就像提出模糊集合论的那些工程师一样，许多科学家从来也不看我所阅读的期刊或者从未在这些期刊上发表文章，他们可能正在进行重要的工作。不过，由于他们的文章发表在我所不知道的科学期刊或数学期刊上，因此我根本无法在这本书中提到他们的工作。

此外，我还舍弃了一些我所不了解的领域。我并不是要撰写一部全面的统计方法发展史。本书的目标群体是几乎没有经历过数学培训的读者，因此我只能选取那些无须使用数学符号、只用文字便可解释的例子。这进一步限制了我的选择范围。此外，我还希望本书各个部分保持某种内在联系。如果可以使用数学符号，我就可以说明许多主题之间的联系，但如果不使用数学符号，这本书很容易变成看上去没有任何联系的各种思想的堆砌。因此，本书的各个主题之间需要拥有某种线索。在20世纪纷繁复杂的统计学发展史中，似乎有无数条线索可以选择。一旦本书的线索确定下来，我就只能舍弃统计学的其他许多主题，尽管它们的趣味性可能并不亚于本书介绍的内容。

许多人的名字没有出现在这本书中，这并不代表他们所做的工作不重要，也不代表我认为他们所做的工作不重要。这仅仅说明我无法将他们的工作纳入本书的框架之中。

我希望本书能够激发一部分读者进一步探索统计革命的热情。我甚至希望某些读者在本书的激励下开始钻研这门学科，进入统计研究领域。

我还要感谢弗里曼出版社的工作人员，他们帮助我完成了本书最后阶段的完善工作。我要感谢唐·格策维克兹（Don Gecewicz）为整本书所做的信息核实和编辑工作；感谢埃莉诺·韦奇（Eleanor Wedge）和薇薇安·韦斯（Vivien Weiss）对最终版本的编辑和进一步的信息核实；感谢帕特里克·法拉斯（Patrick Farace），是他发现了本书的潜在价值；感谢维多利亚·托马塞利（Victoria Tomaselli）、比尔·佩奇（Bill Page）、卡伦·巴尔（Karen Barr）、梅格·库赫塔（Meg Kuhta）和朱莉娅·德罗莎（Julia DeRosa）在装帧设计方面所做的工作。

大事年表

年份	事件	人物
1857	卡尔·皮尔逊出生	K. 皮尔逊
1865	圭多·卡斯泰尔诺沃出生	G. 卡斯泰尔诺沃
1866	格雷戈尔·孟德尔的植物杂交成果正式发表	G. 孟德尔
1875	弗朗西斯科·坎泰利出生	F. 坎泰利
1876	威廉·戈塞特出生	W. 戈塞特（"学生"）
1886	保罗·列维出生	P. 列维
1890	罗纳德·费希尔出生	R. 费希尔
1893	普拉桑塔·马哈拉诺比斯出生	P. 马哈拉诺比斯
1893	哈拉尔德·克拉默出生	H. 克拉默
1894	耶日·内曼出生	J. 内曼
1895	偏态分布被发现	K. 皮尔逊
1895	埃贡·S. 皮尔逊出生	E. S. 皮尔逊
1899	切斯特·布利斯出生	C. 布利斯
1900	格特鲁德·M. 考克斯出生	G. M. 考克斯
1900	孟德尔的工作被重新发现	W. 贝特森
1902	《生物统计》创刊	高尔顿、K. 皮尔逊、韦尔登

年份	事件	人物
1903	安德雷·柯尔莫哥洛夫出生	A. 柯尔莫哥洛夫
1906	塞缪尔·威尔克斯出生	S. 威尔克斯
1908	《均值的概然误差》("学生"t 检验)	W. 戈塞特
1909	弗洛伦斯·南丁格尔·戴维出生	F. N. 戴维
1911	弗朗西斯·高尔顿爵士去世	F. 高尔顿
1911	《科学的规范》发表	K. 皮尔逊
1912	杰罗姆·康菲尔德出生	J. 康菲尔德
1912	费希尔发表第一篇作品	R. 费希尔
1915	相关系数的分布	R. 费希尔
1915	约翰·图基出生	J. 图基
1916	格里文科-坎泰利引理首次出现	坎泰利
1917	L. J. 萨维奇出生	L. J. 萨维奇
1919	《概率和应用计算》出版	G. 卡斯泰尔诺沃
1919	费希尔来到洛桑实验站	R. 费希尔
1920	关于勒贝格积分的论文首次发表	H. 勒贝格
1921	《论概率》	J. M. 凯恩斯
1921	《收成变动研究一》	R. 费希尔
1923	《收成变动研究二》	R. 费希尔
1924	《收成变动研究三》	R. 费希尔
1924	费希尔发表第一篇关于优生学的文章《消除智力缺陷》	R. 费希尔
1925	《研究工作者的统计方法》第一版问世	R. 费希尔
1925	《统计估计理论》(最大似然估计)	R. 费希尔
1926	费希尔发表关于农业实验设计的第一篇论文	R. 费希尔
1927	《收成变动研究四》	R. 费希尔
1928	内曼和皮尔逊发表关于假设检验的第一篇论文	J. 内曼、E. S. 皮尔逊

年份	事件	人物
1928	三条极值渐近线	L. H. C. 蒂皮特、R. 费希尔
1928	《收成变动研究六》	R. 费希尔
1930	《数理统计年报》创刊	H. 卡弗
1930	《自然选择的遗传理论》	R. 费希尔
1931	印度统计研究院成立	P. 马哈拉诺比斯
1933	概率的公理化	A. 柯尔莫哥洛夫
1933	《印度统计年报》创刊	P. 马哈拉诺比斯
1933	布利斯完成概率单位分析工作	C. 布利斯
1933	威尔克斯来到普林斯顿大学	S. 威尔克斯
1934	内曼的置信区间	J. 内曼
1934	中心极限定理的证明	P. 列维、J. 林德伯格
1934	布利斯在列宁格勒研究所研究植物保护学	C. 布利斯
1935	鞅理论首次出现	P. 列维
1935	《实验设计》出版	R. 费希尔
1936	卡尔·皮尔逊去世	K. 皮尔逊
1937	人们用随机抽样法对美国失业率进行普查	M. 汉森、F. 斯蒂芬
1937	戈塞特去世	W. 戈塞特("学生")
1938	《生物学、农学和医学研究的统计表格》	R. 费希尔、F. 耶茨
1940	《统计方法》教材	G. W. 斯内德克
1941	勒贝格去世	H. 勒贝格
1945	用于总结费希尔所做工作的《统计学的数学方法》	H. 克拉默
1945	威尔科克森发表关于非参数检验的第一篇论文	F. 威尔科克森

1947	序列估计理论在公共领域首次出现	A. 瓦尔德
1947	非参数检验的曼-惠特尼公式	H. B. 曼、D. R. 惠特尼
1948	皮特曼发表关于非参数统计推断的成果	E. J. G. 皮特曼
1949	科克伦发表关于观察性研究的成果	W. G. 科克伦
1950	科克伦和考克斯关于实验设计的书问世	W. G. 科克伦、G. M. 考克斯
1952	卡斯泰尔诺沃去世	G. 卡斯泰尔诺沃
1957	费希尔为吸烟的危害辩护	R. 费希尔
1958	《极值统计学》出版	E. J. 耿贝尔
1959	博克斯开始使用"稳健"一词	G. E. P. 博克斯
1959	假设检验的权威公式	E. L. 莱曼
1960	《组合机会》	F. N. 戴维、巴顿
1962	萨维奇和菲尼蒂提出了个人概率理论	L. J. 萨维奇、B. 菲尼蒂
1962	费希尔发表关于遗传学性别差异的最后一篇论文	R. 费希尔
1962	费希尔去世	R. 费希尔
1964	威尔克斯去世	S. 威尔克斯
1964	《变换分析》	G. E. P. 博克斯、D. R. 考克斯
1966	坎泰利去世	F. 坎泰利
1967	哈耶克提出秩检验	J. 哈耶克
1969	全国氟烷研究（包括对数线性模型的工作）	Y. M. M. 毕晓普等人
1970	南希·曼首次发表关于可靠性理论与威布尔分布的成果	N. 曼
1970	《游戏、上帝与赌博》	F. N. 戴维
1971	列维去世	P. 列维

1971	萨维奇去世	L. J. 萨维奇
1972	关于稳健估计的普林斯顿研究（普林斯顿稳健性研究）	D. F. 安德鲁斯、P. J. 比克尔、F. R. 汉佩尔、P. J. 休伯、W. H. 罗杰斯、J. 图基
1972	马哈拉诺比斯去世	P. 马哈拉诺比斯
1975	坎利夫被选为皇家统计学会主席	S. V. 坎利夫
1976	《科学与统计学》，对于使用显著性检验的一种看法	G. E. P. 博克斯
1977	考克斯对显著性检验的看法	D. R. 考克斯
1977	《探索性数据分析》出版	J. 图基
1978	格特鲁德·M.考克斯去世	G. M. 考克斯
1979	布利斯去世	C. 布利斯
1979	康菲尔德去世	J. 康菲尔德
1979	珍妮特·诺伍德被任命为劳工统计局局长	J. 诺伍德
1980	埃贡·S.皮尔逊去世	E. S. 皮尔逊
1981	内曼去世	J. 内曼
1982	混沌理论的现代版本出现	R. 亚伯拉罕、C. 肖
1983	人们在研究中发现，个人概率具有本质上的局限性	A. 特沃斯基、D. 卡尼曼
1985	哈拉尔德·克拉默去世	H. 克拉默
1987	柯尔莫哥洛夫去世	A. 柯尔莫哥洛夫
1987	人们用基于核的回归方法为照相机聚焦（"模糊系统"）	T. 山川
1989	科恩对统计模型和统计方法提出批评	L. J. 科恩
1990	《观测性数据的样条模型》	G. 沃赫拜

1992	鞅方法在医学研究领域的充分发展	O. 奥伦、E. 安德森、R. 吉尔
1995	弗洛伦斯·南丁格尔·戴维去世	F. N. 戴维
1997	人们将科克伦的方法推广到序列分析领域	C. 詹尼森、B. W. 特恩布尔
1999	人们用 EM 算法解决涉及奥伦-安德森-吉尔模型的问题	R. A. 贝顿斯基、J. C. 林德赛、L. M. 瑞安
2000	图基去世	J. 图基

图书在版编目（CIP）数据

女士品茶 /（美）戴维·萨尔斯伯格著；刘清山译.
北京：九州出版社，2024.9. —— ISBN 978-7-5225-3247-9

Ⅰ. C8-49
中国国家版本馆CIP数据核字第2024CE3689号

THE LADY TASTING TEA: How Statistics Revolutionized Science in the Twentieth Century
by David Salsburg
Copyright © 2001 by W. H. Freeman and Company
Published by arrangement with Henry Holt and Company, New York.
All rights reserved.

版权登记号：01-2024-5694

女士品茶

作　　者	［美］戴维·萨尔斯伯格　著　刘清山 译
责任编辑	陈丹青
出版发行	九州出版社
地　　址	北京市西城区阜外大街甲35号（100037）
发行电话	（010）68992190/3/5/6
网　　址	www.jiuzhoupress.com
印　　刷	天津中印联印务有限公司
开　　本	889毫米×1194毫米　32开
印　　张	15
字　　数	220千字
版　　次	2024年9月第1版
印　　次	2025年1月第1次印刷
书　　号	ISBN 978-7-5225-3247-9
定　　价	75.00元

★ 版权所有　侵权必究 ★